통계 분석 너머 R의 무궁무진한 활용

통계 분석 너머 R의 무궁무진한 활용

워드/PDF/HTML 문서, 웹 사이트,
웹 애플리케이션, 다이내믹 데이터 시각화,
웹 북, 대시보드, 클라우드와 도커까지

고석범 지음

i!i
에이콘

| 지은이 소개 |

고석범

가톨릭대학교 의과대학을 졸업한 신경과 전문의다. 병원에서 느끼고 배운 것을 바탕으로 컴퓨터를 공부했다. 융합을 하려면 자신부터 융합되어야 한다고 생각한다. 지금은 병원을 떠나 바이오 벤처 회사의 대표직을 맡고 있다. 미래의 가치 기반 의료를 지원하는 헬스케어 플랫폼을 제공하기 위해 ㈜시클리드를 창업했다.

저서로는 에이콘출판사에서 출간한 『R과 Knitr를 활용한 데이터 연동형 문서 만들기』(2014)가 있으며, 번역서로는 『R과 Shiny 패키지를 활용한 웹 애플리케이션』(2014), 엑셀을 이용한 머신 러닝에 대해 설명한 『Data Smart』(2015), 웹 프레임워크 중 하나인 미티어Meteor에 관련된 『미티어 인 액션』(2016)이 있다.

| 감사의 글 |

첫 번째 책인 『R과 Knitr를 활용한 데이터 연동형 문서 만들기』(에이콘, 2014)를 호평해 주신 독자들께 감사드린다. 독자들의 격려가 없었다면 이 책을 출간하지 못했을 것이다.

그리고 책을 낼 수 있는 기회를 주신 에이콘출판사 임직원들께 감사드린다. 에이콘 출판사는 나에게 여러 가지 조언을 해 주었고, 좀 더 도전적인 작업을 시도해 볼 수 있는 기회를 주었다.

| 차례 |

4장   팬독   145

5부	클라우드와 도커	459

18장	클라우드 환경에서 R 사용하기	461

| 들어가며 |

이제 R은 데이터 분석을 말할 때 빠지지 않는 중요한 언어가 되었다. 나는 2014년 R로 다이내믹 문서를 만드는 방법을 소개한 『R과 Knitr를 활용한 데이터 연동형 문서 만들기』라는 책을 냈다. 책을 낸 이후도 관련된 주제와 툴들이 바뀌는 것들을 지속적으로 업데이트하려고 노력했다. 이 주제는 특히 R 커뮤니티에서는 유명한 RStudio 통합 개발 환경을 개발한 RStudio.com 회사의 주된 관심사여서 거기 멤버들이 내놓는 결과물이나 자료들을 중심으로 공부했다. 이와 관련된 내용은 비약적으로 발전했고, 이제는 그런 툴들이 상당 부분 안정기로 접어든 느낌이어서 내용들을 재정리할 시기가 된 것 같다는 생각이 들었다. 얼마나 많이 바뀌었는지는 책의 내용으로 확인할 수 있을 것이다.

이 책 전체에 걸친 주제는 재현 가능 연구법^{reproducible research}이다. 이렇게 말하면 마치 이 책의 내용은 전문가가 논문 등을 작성하는 툴을 소개하는 방법이라고 오인할 수 있을 것이다. 사실은 전혀 그렇지 않다. 직장에서 오피스 대신 사용할 수도 있고, 작가들의 저술 활동은 물론, 정말 논문 같은 전문적인 글을 쓸 때도 도움이 되는 도구라고 말하고 싶다. 참고로 이 책은 출판사로 원고를 넘기기까지 이 책에서 설명하는 방법 그대로 사용하여 저술했다.

이 책이 그렇다고 어떤 저술 도구를 설명하는 데서 끝나지 않는다. 솔직히 말해서 글 쓰는 도구 이상을 설명할 것이다. 다음과 같은 글이 있다.

> "글쓰기는 결국 내면을 표현하는 일입니다. 집을 설계하고 노래 만들고, 그림을 그리는 행위가 그런 것처럼 말이죠. 어떤 형식으로든 생각과 감정을 표현하려면 그에 필요한 기술을 익혀야 합니다.
>
> – 유시민 글, 정훈이 그림, 『표현의 기술』 중에서

우리 앞에 주어진 문제가 있고, 그것을 해결할 수 있는 좋은 아이디어가 있는데, 그것을 결과물로 만들어 내려면 그에 필요한 기술을 익혀야 한다고 생각한다. 나는 그 기술에 코딩이 포함될 것이라 생각한다. 컴퓨터를 팍팍한 일의 도구만으로 남길 것이 아니라, 우리의 아이디어를 구현할 수 있는 창작 도구가 되었으면 한다. 나는 작가님들의 그 말과 이 말이 서로 떨어져 있다고 생각하지 않는다.

이 툴들을 잘 다루려면 R 언어에 대한 지식이 조금 필요하다. 정말 R 언어에 대한 지식이 많이 필요한 것은 아닌데, 처음 접하는 사람들에게는 정말 큰 장애가 된다는 것을 잘 알고 있다. 그렇지만 일단 두려움을 접고 시작해 볼 것을 권하고 싶다. 실제로 하지 못하는 것은 R이 정말 어렵다기보다는 어려울 것이라는 두려움인 경우가 많다. R을 권하면 가장 많이 받는 질문이 배워서 어디에 쓰느냐는 것이다. 계산기로도 쓰고, 문서도 만들고, 예쁜 그래프도 만들 수 있고, 통계 분석도 하고, 웹도 만들 수 있고, 인공지능 알고리즘도 짤 수 있는 등 너무 많아서 한마디로 대답하기는 힘들다. R을 배우면 이 책과 같은 실용적인 활용을 넘어 더 넓은 영역을 경험할 수 있으리라 장담한다. R의 대가인 Hadley Wickham은 다음과 같이 이야기했다.

> *The bad news is that when ever you learn a new skill your going to suck. It's going to be frustrating. The good news is that is typical and happens to everyone and it is only temporary. You can't go from knowing nothing to becoming an expert without going through a period of great frustration and great suckiness*(안 좋은 사실은 새로운 기술을 배우려 할 때마다 항상 막다른 길에 다다르게 되어 있다는 것이다. 그래서 좌절하게 된다. 좋은 사실은 이것은 누구나 경험하는 현상이며 단지 일시적이라는 것이다. 깊은 절망의 늪이라는 경험을 거치지 않고, 아무것도 모르는 상태에서 시작해서 전문가가 될 수는 없다).

이 책은 일반 문서를 만드는 방법을 소개한다. 특히 데이터를 가지고 뭔가를 자주 해야 하는 경우라면 큰 도움이 될 것이다. 데이터를 가지고 분석하고 그 결과물을 바로 문서에서 처리할 수 있기 때문에 효율이 높고, 신뢰성 높은 문서를 작성할 수 있다. R은 강력한 데이터 시각화 툴로도 잘 알려져 있다. 이것을 이용하면 자기가 표현하고자 하는 것을 자유롭게 만들 수 있을 것이다.

이 책은 웹Web과 관련된 내용을 많이 다룬다. 그래서 웹과 관련된 HTML, CSS, 자바스크립트 등을 알고 있으면 더 잘 활용할 수 있을 것이다. 정적인 웹 문서나 웹 사이트, 웹 북, 웹 대시보드 등을 만드는 방법, 더 나아가 클라우드 환경에서 R을 사용하는 방법도 소개하고, 도커Docker 컨테이너라는 개념적으로 컴퓨터 속의 아주 작은 컴퓨터에 R을 담아 사용하는 방법도 소개한다.

웹Web과 관련해서 빼놓을 수 없는 부분이 사용자 인터랙션이다. 데이터 과학 쪽에서는 다이내믹한 데이터 시각화를 위한 자바스크립트 라이브러리들이 수없이 개발되고 있다. 이것들을 R로 가져오는 htmlwidgets라는 방법도 소개된다. 움직이는 그래프를 가지고 프레젠테이션 툴 속에 담아 데이터 속에 담겨 있는 이야기를 전달하는 자신을 상상해 보기 바란다.

나는 전문 개발자가 아닌 그냥 한 명의 R 유저다. 오랫동안 R을 가지고 생각하고 써 왔다는 것과 지극한 애정이 있어서 책까지 쓰게 되었다. 아무쪼록 이 책의 R의 저변을 확대하는 데 도움이 되기 바란다.

책의 구성

제1부: 다이내믹 문서

제1부에서는 이 책에서 소개하는 방법의 원리와 그것을 가능하게 해 주는 중요한 니터, 알마크다운 R 패키지, 팬독을 설명한다. 그리고 이런 기능들을 잘 활용할 수 있는 작업 공간을 마련해 주는 RStudio 통합 개발 환경에 대해 설명한다. 간단한 문서를 사용하여 가볍게 시작할 수 있도록 했다.

제2부: 다양한 포맷의 문서

제2부는 제1부에서 설명한 원리를 사용하여 가장 기본이 되는 문서 포맷을 설명한다. 하나의 보고서를 작성하는 경우에는 이렇게 하나의 파일로 이루어진 문서들이 유용할 것이다. 이런 문서들을 모아 웹 사이트나 웹 북 등과 같이 복잡한 문서들도 만들 수 있기 때문에 기본 내용들을 잘 숙지하는 것이 좋다. 이 밖에도 우리 주변에서 흔히 사용되는 HTML, PDF, Word 문서를 만드는 방법과 조금 생소할 수도 있는 프레젠테이션 만드는 방법을 설명한다.

제3부: 인터랙티브 툴(shiny와 htmlwidgets)

제3부에서는 사용자 인터랙티브 툴을 소개한다. R을 사용하여 강력한 웹 애플리케이션을 구현할 수 있는 샤이니Shiny 패키지를 자세하게 설명한다. 이 책에서 샤이니에 관련된 모든 것을 설명할 수는 없지만, 비교적 최근까지 개발된 내용을 정리하여 설명한다. 샤이니를 Rmd 파일에 포함시켜 사용하는 방법도 자세하게 소개한다.

최근 들어 데이터 시각화의 중요성과 맞물려 데이터 시각화와 관련된 수많은 자바스크립트 라이브러리들이 개발되었다. 이 책에서는 이런 자바스크립트 라이브러리들을 R 패키지로 만드는 htmlwidgets 패키지의 원리를 간략하게 소개했다. htmlwidgets으로 개발된 패키지들은 매우 많기 때문에 일일이 설명하기 어렵다. 하지만 이는 해당 패키지 자료를 참고하면 되기 때문에 이 책에서는 그 원리만 설명했다.

제4부: 복합 문서

제4부에서는 제2부에서 다룬 기본적인 포맷들을 바탕으로 좀 더 복잡한 것들을 만드는 방법을 소개한다. 그 예로는 웹 사이트, 깃북과 같은 웹 북, 대시보드 등을 들 수 있다.

제5부: 클라우드와 도커에서 R의 사용

제5부에서는 R을 클라우드에서 사용하는 방법을 설명한다. 이 책에서는 대부분 웹과 관련된 내용을 다루고 있는데, 이런 것들은 개인 컴퓨터를 넘어 인터넷, 클라우드 환경에서 사용될 때 더욱 큰 가치를 지닌다. 비록 엔터프라이즈 수준의 환경에는 못 미치지지만, 그렇게 되기 위한 연습은 될 수 있을 것이라 생각한다.

또한 제5부에서는 도커 환경에서 R을 사용하는 방법을 설명한다. 도커는 컨테이너라는 개념을 사용하여 마이크로 환경에서 소프트웨어들이 실행될 수 있는 환경을 제공한다. 이 기능들은 클라우드 등으로 옮겨 사용할 수도 있다. 이런 연습을 통해 R을 좀 더 넓은 환경에서 사용하는 개념을 이해할 수 있을 것이라 생각한다.

이 책의 대상 독자

이 책은 R 언어를 이미 알고 있는 사람 또는 R 언어를 배우고자 하는 사람들에게 도움이 될 수 있을 것이라 생각한다.

R 사용자

이미 많은 사람들이 R을 사용한다. 교육 현장은 물론, 회사에서도 R을 사용하는 사람들이 점점 늘어나고 있다. 연구자들은 통계 분석을 위해, 회사에서는 크고 작은 데이터 분석을 위해 R을 사용한다. 빅데이터 또는 머신 러닝, AI 등의 단어와 함께 데이터 과학이 점점 더 중요해지고 있는 상황에서 이는 어쩌면 당연한 현상일 수도 있다.

이 책은 R의 사용 폭을 한층 높이는 데 도움을 줄 수 있을 것이다. 데이터 분석에도 고객이 있고, 이 책은 그런 데이터를 고객에게 어떤 형태로 전달할 수 있을지를 설명하기 때문이다. 그리고 좀 더 넓은 차원에서 R을 사용할 수 있는 방법을 모색해 보기 위해 쓰였기 때문에 개인적인 수준을 넘어 더 넓은 수준에서 R을 활용할 수 있는 동기를 부여하고자 노력했다.

R을 배우려는 독자

알파고는 우리에게 많은 충격을 안겨 주었고, 우리 주변에서 알파고가 무엇을 의미하는지에 대해 논하는 사람들이 많아졌다. 미래가 어떻게 바뀔지 아무도 모르지만 적어도 정보 과학, 데이터 과학의 역할이 점점 더 커질 것이라는 데는 모두 공감하고 있다. 내가 R을 권하는 이유는 바로 이 때문이다.

R의 용도는 일상의 문서 작업은 물론 통계에서도 쉽게 찾을 수 있다. 자신이 만든 코드를 뭔가 의미 있는 것에 적용할 수 있다면 문서 작업이 대단히 재미있게 느껴질 것이고, 효율도 높아질 것이다.

학생과 직장인의 보고서, 교사의 교육 자료, 작가의 책, 연구자의 논문까지

나는 이 책이 학생과 직장인의 보고서를 쓰는 데 도움이 될 것이라 생각한다. 엑셀로 데이터를 모은 후 통계 패키지 등으로 분석하여 결과를 출력하고, 이를 워드프로세서로 옮기는 일련의 작업 과정을 하나의 파일에서 일관되게 마칠 수 있는 방법을 제공한다.

나는 이 도구가 교육적인 목적을 위해 활발히 사용되기를 바란다. 오피스나 워드프로세서를 가르치면서 그것이 컴퓨터 교육이라고 생각하고, 워드프로세서나 스프레드시트가 반드시 있어야 한다고 생각하는 사고의 틀을 벗어나지 못하면 우리의 코딩 교육 발전은 기대할 수 없을 것이다. 이 책의 도구들이 교육자의 이런 편견을 없애는 데 도움이 되길 바란다.

나는 이 책에 소개하는 방법이 작가들이 책을 쓰는 데에도 도움이 된다고 생각한다. 나는 비록 작가가 아니지만 이런 책을 이미 써 본 적이 있고 지금도 쓰고 있다.

때로는 번역도 한다. 가끔은 내가 '이 정도로 많은 분량의 글을 어떻게 이렇게 짧은 시간에 정리했지?' 하는 생각이 들 때도 있는데, 이는 이 책에서 소개하는 방법이 없었다면 불가능했을 것이다. 이 방법은 어떤 일에 몰입하는 데 많은 도움이 된다. 나는 작가들도 R 같은 컴퓨터 언어를 배우는 것이 좋다고 생각한다. 컴퓨터 언어도 언어의 일종이기 때문에 '어쩌면 작가들이 일반 사람들보다 훨씬 더 잘하지 않을까?' 하는 생각을 한다.

이 책은 연구자들이 논문을 작성하는 데에도 도움이 된다고 생각한다. 연구자들은 데이터를 모은 후 그 데이터에서 유의미한 패턴을 발견하고, 그것을 논문과 같은 형태로 발표한다. 이러한 과정에 이 책에서 소개하는 방법을 사용하면 좀 더 효율적이고, 의미가 있으며, 신뢰성 높은 결과를 얻을 수 있을 것이라 생각한다. 그리고 이러한 내용들을 더욱 발전시켜 연구의 지평을 더욱 넓힐 수 있을 것이라 생각한다.

| 1부 |

다이내믹 문서

1

다이내믹 문서의 기초와 RStudio 통합 개발 환경

이 책에서는 워드프로세서 등에서 주로 사용하는 복사하기/붙이기 패러다임에서 벗어나 R 코드로 원래의 데이터에서 결과물까지 모든 것을 다이내믹하게 연결하는 방법을 사용하는데, 이를 재현 가능 연구법reproducible research이라 한다.

우리가 만들고자 하는 문서들은 PDF, 워드 문서, HTML 문서뿐만 아니라 프레젠테이션 슬라이드, 책, 웹 사이트 등과 같이 매우 다양한 형식을 가지고 있다. 우리는 문서의 포맷에 상관없이 하나의 소스파일을 가지고 작업한다.

RStudio.com(https://www.rstudio.com)은 R 커뮤니티에서 사실상의 표준이 된 RStudio 통합 개발 환경을 만들었을 뿐만 아니라 재현 가능 연구법과 관련된 여러 패키지들을 개발해 왔다. RStudio는 이런 다이내믹 문서를 생산하는 최적의 환경을 제공한다.

이 장에서는 다이내믹 문서 제작의 원리와 관련된 RStudio 기능들도 설명한다.

다이내믹 문서

복사하기/붙이기는 대부분의 사람들이 일하는 방식이다. 심지어 컴퓨터로 문서를 작성한다는 것 자체가 이것이라고 생각하는 경우도 많다. 사람들은 데이터를 엑셀이나 좀 더 전문적인 통계 패키지를 이용하여 분석한 후 그래프나 내용을 복사하고 워드나 한글 문서, 파워포인트 등을 사용하여 최종 문서를 만든다. 이 책은 기존의 이런 패러다임을 벗어던질 것을 요구한다.

이 책은 복사하여 붙이기 패러다임이 아니라 다이내믹 패러다임으로 문서를 만드는 방법을 소개한다. 이 방법을 사용하는 이유는 다음과 같은 장점이 있기 때문이다.

- 현재 데이터를 그대로 반영한 문서를 얻을 수 있다. 데이터가 바뀔 때마다 다시 분석하고, 표를 다시 정리하는 등의 반복적인 작업을 하지 않아도 되기 때문에 일의 효율성이 높아진다. 또한 현재의 데이터가 바로 반영되기 때문에 문서의 신뢰도가 높아진다.
- 데이터에서 결과물까지를 다이내믹하게 연결하면 오류를 줄일 수 있다. 복사하여 붙이기 과정은 비롯 사소한 것이라도 오류가 생길 가능성이 높다.
- 하나의 소스로 다양한 포맷의 문서를 생산할 수 있다. 같은 내용을 가지고 워드 문서와 웹 페이지를 만든다고 가정했을 때, 포맷에 따라 같은 과정을 반복하는 것은 비효율적이다.
- 문서를 만드는 재미를 준다. 보통 어떤 프로그래밍 언어를 배우고 이것을 이용하여 뭔가 유용한 것을 만들어 보기까지는 상당한 노력과 지식이 필요하다. 하지만 이 책에서 설명하는 방법을 사용하면 바로 유용한 것을 만들어 볼 수 있기 때문에 재미와 함께 성취감을 느낄 수 있다.

이제 다이내믹 문서 제작의 원리를 간단히 알아보자.

다이내믹 문서의 제작 원리

다이내믹 문서 제작은 크게 두 가지 단계를 거친다.

먼저 문서의 소스를 만드는 과정이다.

- 하나의 파일에 코드와 텍스트를 섞어 소스파일을 만든다.

마치 워드와 엑셀을 하나의 파일에서 사용하는 것과 비슷하다. 그런 다음, 이 파일
을 처리하여 원하는 문서를 만든다.

- 소스파일을 두 번 컴파일한다.
  - 첫 번째는 컴퓨터가 이해할 수 있는 코드를 뽑아 실행한다. 그리고 이를
    텍스트와 다시 결합한다.
  - 두 번째는 첫 번째 컴파일 결과물을 사람이 읽을 수 있는 문서로 렌더
    링한다.

그림 1.1은 이 과정을 나타낸 것이다.

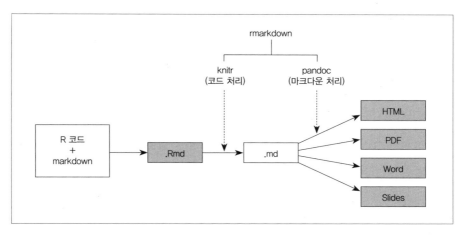

그림 1.1 재현 가능 문서 제작법에 따른 작업 흐름

이 과정을 좀 더 자세히 알아보자.

코드와 텍스트를 섞어 사용

재현 가능한 방법으로 다이내믹 문서를 제작할 때는 코드와 텍스트를 하나의 플레인 텍스트 파일로 작성한다. 코드는 프로그래밍 언어로, 텍스트는 마크업 언어로 작성한다. 이 책에서 사용하는 프로그래밍 언어는 R이고, 텍스트에 사용되는 마크업 언어는 알마크다운[r markdown]이다.

R 코드와 알마크다운을 섞어 만들기 때문에 .Rmd라는 확장자를 사용한다. 이 책에서는 이 파일을 .Rmd라 부를 것이다. 따라서 다음과 같이 알아 두는 것이 좋을 것 같다.

Rmd = R + md(R markdown)

.Rmd 파일이 워드와 같은 바이너리 파일이 아닌 플레인 텍스트 파일이라는 점도 중요하다. 왜냐하면 플레인 텍스트 파일은 깃[Git]과 같은 버전 관리 시스템으로 관리하기가 무척 쉽고 저장 용량도 작다. 이 책에서는 깃[Git]에 대해 설명하지 않지만, 버전 관리는 재현 가능 연구에서 중요한 위치를 차지한다. 원하는 지점에서 문서의 버전을 쉽게 저장할 수 있고, 필요하면 나중에 돌려놓을 수도 있다.

마크다운[markdown]은 웹의 핵심을 구성하는 HTML[Hypertext markup language] 언어를 간단하게 변형시킨 것이다. 이 마크업 언어를 간단하게 만들었다는 의미에서 업을 다운으로 바꿔 마크다운이라는 재미있는 이름을 붙였다. 나중에 살펴보면 알겠지만 아주 간단한 몇 개의 규칙만 알아도 일관된 포맷을 갖춘 문서를 만들 수 있다.

두 번의 컴파일

앞에서 만든 파일이 example.Rmd라 가정하고, 이를 실제 문서로 변환할 때에는 기본적으로 두 단계를 거친다.

- 1단계: 문서 안에 있는 R 코드들을 실행한 후 그 결과를 주변의 텍스트와 다시 배치하는 단계다. 이 단계는 R 코드를 이미 실행한 상태이기 때문에 확장자에서 R이 빠져 .md라는 확장자를 가진 파일이 생성된다.
- 2단계: 단계 1에서 컴파일되어 나온 example.md 파일을 원하는 형태의 출력 포맷으로 전환하는 단계다. 출력 포맷output format은 .html, .docx, .pdf 등과 같이 매우 다양하게 지정할 수 있다.

이런 일들을 해 본 적이 없기 때문에 겁이 날 수도 있지만 안심해도 좋다. 사용자가 이들 과정을 직접 조작할 일은 거의 없을 것이다. 왜냐하면 우리가 사용할 RStudio 에는 간단한 클릭만으로도 이런 과정을 진행시킬 수 있는 기능이 포함되어 있기 때문이다. 이 책에서는 그런 과정들이 어떻게 이루어지는지 자세하게 소개한다. 이 책의 내용을 잘 이해하면 도구를 좀 더 효율적으로 활용할 수 있다.

재현 가능 저술의 간단한 역사

이 책에서 소개하는 재현 가능 저술 방법을 처음 제안한 사람은 스탠포드 대학의 도널드 커누스Donald Knuth다. 그는 『컴퓨터 프로그램의 예술』이라는 책을 쓰고, '텍TeX'이라는 조판 시스템을 만든 컴퓨터 과학의 대가 중 한 사람이다. 그는 '문학적 프로그래밍Literate Programming'이라고 명명한 방법에서 '거미줄(WEB)'이라는 파스칼 프로그래밍 언어와 '텍'이라는 조판 시스템을 결합한 시스템을 내놓았다.

그 개념이 발전하여 프로그래밍 언어와 텍스트 마크업 언어가 다양해졌다. 하지만 그 원리는 모두 비슷하다. 프로그래밍 언어와 마크업 언어를 하나의 파일 안에서 혼합하여 사용하는 개념은 그대로다. 이 책에서는 R 프로그래밍 언어와 마크다운 마크업 언어를 조합하여 사용한다. 비슷한 방법을 사용하는 툴은 파이썬 등과 같은 다른 언어에도 존재한다.

문학적 프로그래밍 방법을 R 언어에 처음 적용한 도구는 '스위브Sweave'다. 스위브는 R 언어의 부모 격인 S 언어와 레이텍^{LaTeX} 조판 시스템을 엮어 사용하는 도구다. R과 함께 설치되도록 디폴트로 포함되어 있다. 스위브를 사용할 때의 문서 확장자는 .Rnw다. 이는 R과 noweb[1]라는 문학적 프로그래밍 도구를 결합한다는 것을 암시한다.

스위브는 R과 관련된 첫 재현 가능 연구 도구라는 측면에서 매우 중요하다. 그런데 레이텍^{LaTeX}을 사용해야 한다는 점뿐만 아니라 그래픽 처리, 캐시 기능 부재 등과 같은 여러 가지 한계를 지니고 있었다. 2012년 1월에 기능이 향상된 knitr 패키지가 나오기 전까지는 많은 사람들이 스위브를 사용하여 R 매뉴얼 등을 만들고 CRAN 등에 올려놓곤 했다.

knrtr 패키지는 이 책에서 핵심적인 역할을 하기 때문에 계속 설명될 것이다. 처음에 발표된 knitr도 기본적으로 R과 레이텍을 결합하는 방법이었다. 문서 포맷도 그대로 .Rnw였다. 레이텍은 뛰어난 조판 능력을 가지고 있지만, 배우기 어려운 단점이 있다. 이런 한계를 극복하게 해 준 것이 마크다운^{markdown}이다. 특히 R 환경에 적합하게 만들어진 알마크다운^{rmarkdown} 패키지 덕분에 이런 한계는 거의 없어졌다.

레이텍으로 만들어 내는 문서는 PDF 문서인 반면, 마크다운은 기본적인 웹 문서인 HTML 문서를 겨냥한다는 점이 다르다. 웹 문서는 문서의 활용도면에서 PDF 문서보다 훨씬 유연하고, 모든 것들이 웹을 중심으로 이루어지는 요즈음의 추세와도 맞아떨어진다.

초기의 알마크다운에서 제공하는 문법은 간단하다는 장점이 있었지만, 표현력면에서는 많은 한계를 보여 주었다. 이런 단점은 팬독^{pandoc}을 채택하여 보완했다. 팬독은 레이텍에 버금가는 표현력을 가진 마크다운 문법을 제공했으며, 마크다운 문서를 중심으로 다양한 양식의 문서로 쉽게 변환할 수 있는 능력까지 갖추었다.

---

1 http://www.cs.tufts.edu/~nr/noweb/

2014년에 내가 출판했던 『R과 Knitr를 활용한 데이터 연동형 문서 만들기』라는 책을 읽어 본 독자라면 잘 알고 있겠지만, 당시는 팬독을 채용하지 않았던 때였다. 따라서 PDF 문서를 만들 때는 R과 레이텍을 결합하여 작업했고, 웹 문서를 만들 때는 R과 마크다운을 결합하여 작업했다. 하지만 팬독 덕분에 이런 작업 흐름이 완전히 바뀌었다. 소스파일은 R과 마크다운으로 작업하고, 이를 컴파일한 마크다운 파일을 원하는 포맷으로 변형할 수 있게 된 것이다. 이는 매우 큰 변화였다.

다이내믹 문서 제작 환경 설정

이제 원리를 알았으니 필요한 작업 환경을 구축해 보자.

필요한 도구들

이런 다이내믹 문서 제작 과정을 구성하는 데에는 다음과 같은 도구들이 필요하다.

- R
- 핵심 R 패키지: knitr, rmarkdown
- RStudio 통합 개발 환경(pandoc이 내장됨.)
- LaTeX: MacTeX(맥), MikTeX(윈도우)

우선 가장 중요한 프로그래밍 언어로, R이 필요하다. R은 패키지를 통해 기능을 확장한다. 이 책의 주제에서 가장 핵심적인 역할을 하는 R 패키지는 knitr와 rmarkdown이다. knitr는 '니터'라고 읽으며, 앞에서 설명한 단계 1에서 핵심적인 역할을 한다. 또한 rmarkdown은 '알마크다운'이라고 읽으며, 다이내믹 문서 생산 과정 전반을 조절한다.

이와 더불어 R에는 독립적인 팬독pandoc이라는 도구가 필요하다. 팬독(http://pandoc.org)은 R 패키지가 아니라 별도의 툴이다. 따로 설치하여 사용할 수도 있지만 RStudio에 내장되어 있기 때문에 RStudio로 작업하면 별도로 설치할 필요가 없다.

팬독은 확장된 `markdown` 문법과 `markdown` 문법으로 된 문서를 다양한 형식의 문서로 변환하는 역할을 한다. `rmarkdown` 패키지가 이 도구에 대한 래퍼^{wrapper} 역할을 하기 때문에 독자들이 팬독을 직접 다룰 일은 거의 없을 것이다.

보통의 R 콘솔을 가지고도 작업할 수 있지만, 이런 도구들의 기능을 손쉽게 사용할 수 있는 RStudio 통합 개발 환경(https://www.rstudio.com)은 다이내믹 문서를 제작하기 위한 최적의 환경을 제공한다.

이 책에서 소개하는 방법으로 PDF 포맷의 문서를 만들기 위해서는 레이텍이 필요하다. 맥 사용자라면 맥텍^{MacTeX}(https://tug.org/mactex/)을, 윈도우 사용자라면 믹텍 라이브^{MikTeX Live}(https://miktex.org)를 설치할 필요가 있다. 레이텍을 사용하는 독자라면 이들을 설치할 수 있을 것이기 때문에 별도로 설명하지 않는다.

작업 환경 만들기

R과 RStudio를 설치해 보자. 설치는 간단하다. 맥(Mac OS X)과 윈도우, 리눅스에서 아무런 문제 없이 설치된다. 다만 윈도우 사용자라면 다음과 같은 한 가지를 고민해야 한다.

- RStudio를 사용하는 경우, 한글 윈도우 사용자는 계정 이름을 한글이 아닌 영문으로 사용하고, 또한 이 계정을 관리자 계정으로 사용해야 한다.

계정 이름에 한글을 사용하면 RStudio가 제대로 실행되지 않는다. 한글이 들어가면 RStudio가 경로 등을 제대로 인식하지 못한다. 이미 한글 계정으로 사용하고 있고, 한글을 반드시 사용해야 한다면 윈도우 레지스트리에서 경로 등을 수정해야 한다. 구글링을 하면 자료들을 찾을 수 있을 것이다. 반드시 한글 이름을 유지할 필요가 없는 경우라면 영문 계정을 만든 후에 RStudio를 설치할 것을 권한다.

리눅스 설치는 별도로 설명하지 않지만, 이 책의 후반부에서 R을 설치해 볼 수 있을 것이다.

1. 먼저 R을 CRAN(https://cran.r-project.org) 사이트에 다운로드하여 설치한다. 설치할 때 특별히 주의할 부분은 없다.

2. RStudio 통합 개발 환경을 https://www.rstudio.com/products/rstudio/에서 다운로드하여 설치한다.

■ RStudio 설정

RStudio가 발전하면서 사용자 인터페이스가 조금씩 바뀌는 경우가 있는데, 이 책에서는 RStdudio 버전 1.0.44을 기준으로 한다. RStudio를 설치한 후 작업 환경에 맞도록 RStudio를 설정해 보자.

RStudio를 실행한 후 메뉴에서 Tools | Global Options...를 선택한다. 그러면 다음과 같은 글로벌 설정 창이 열린다.

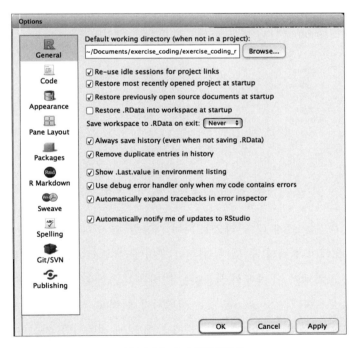

그림 1.2 RStudio 글로벌 설정 창

여기서는 이 책과 관련된 중요한 부분만 설명한다. 윈도우 사용자라면 가장 먼저 텍스트 저장 인코딩을 UTF-8로 설정하자. 맥, 리눅스와 함께 사용할 경우를 위해 텍스트 저장 인코딩을 유니코드로 맞출 필요가 있다. 그림 1.3의 설정 창에서 왼쪽 Code를 선택한 후 Saving 탭을 선택하고, 다음과 같이 Default text encoding을 UTF-8로 설정한다.

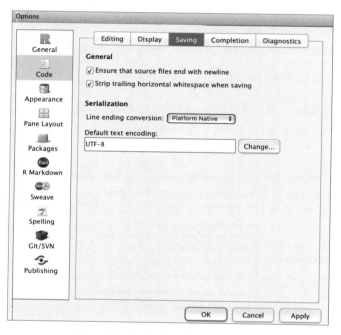

그림 1.3 텍스트 저장 인코딩을 UTF-8로 맞춘다.

RStudio는 화면을 크게 네 구역으로 나눠 사용할 수 있다. 이 부분은 설정 창의 Pane Layout에서 선택할 수 있다. 자신의 구미에 맞게 얼마든지 커스터마이징할 수 있다. 참고로 내가 이 책에서 사용하는 방법은 다음과 같다. 기본적으로 왼쪽에는 Viewer, 오른쪽에는 Source를 놓는 방법이다. 이렇게 놓고 사용하는 이유는 렌더링된 문서를 RStudio 뷰어 창에서 볼 때 크게 보기 위해서다. 자신의 선호에 맞게 선택한다.

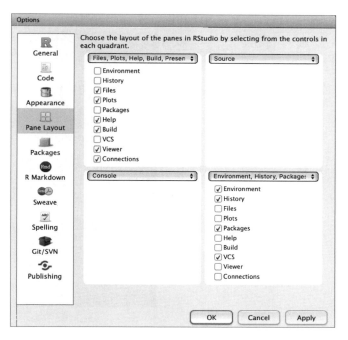

그림 1.4 나의 RStudio 창 레이아웃

텍스트를 편집할 때 사용할 폰트도 선택할 수 있다. 한글 고정 폭 폰트는 그렇게 많지 않은데, 나는 네이버에서 만든 "D2Coding"(http://dev.naver.com/projects/d2coding)을 주로 사용한다. 사이트에서 다운로드하여 설치한 후 RStudio 설정 창의 왼쪽에서 Appearance를 선택하고 해당 코드를 선택한다.

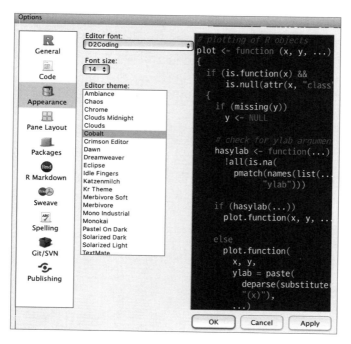

그림 1.5 한글 고정 폭 폰트인 D2Coding을 선택

다음은 결과물을 확인할 창을 선택해 보자. 결과물은 RStudio의 Viewer라고 하는 창에서 확인하는 방법을 사용한다. 뷰어 창은 하나의 작은 브라우저다(실제로 그렇다). 그래서 웹 콘텐츠인 경우에는 결과물을 이 창에서 볼 수 있다. 왼쪽의 R Markdown을 선택한 후 그림과 같이 Show output preview in을 Viewer Pane으로 선택한다.

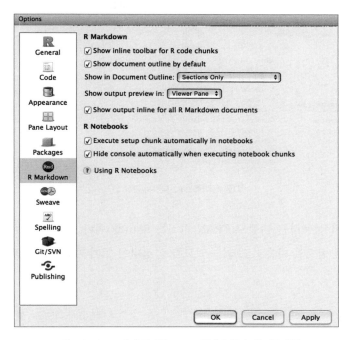

그림 1.6 RStudio에서 결과를 Viewer 창에서 볼 수 있도록 설정

적어도 이 정도만 설정하면 무리 없이 작업할 수 있다.

필요한 R 패키지의 설치

앞에서 설명한 바와 같이 우리에게 반드시 필요한 핵심 패키지는 knitr, rmarkdown 이다. 팬독은 RStudio에 내장되어 있기 때문에 신경 쓰지 않아도 된다. RStudio R 콘솔에서 다음과 같은 명령을 실행하여 설치할 수 있다.

```
> install.packages(c("knitr", "rmarkdown"))
```

RStudio에서는 패키지 관리를 편리하게 해 주는 Packages라는 사용자 인터페이스 창을 제공한다. 이 창에서 패키지를 설치, 업데이트, 로딩, 삭제, 정보 제공 등과 같은 패키지와 관련된 거의 대부분의 기능을 제공한다.

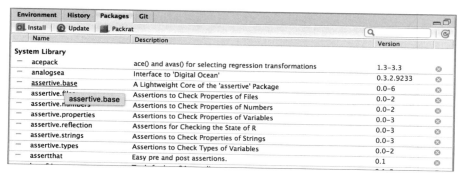

그림 1.7 RStudio 패키지 관리 창

RStudio에서 사용하는 디폴트 CRAN 미러는 RStudio이다. 또한 기본적으로 보안이 강화된 방법으로 다운로드할 수 있도록 설정되어 있기 때문에 그대로 사용해도 충분히 빠르다.[2]

처음 만드는 다이내믹 문서

앞에서 재현 가능 문서 방법에 대한 배경 지식을 배웠고, 도구들도 설치된 상태이기 때문에 실제 문서를 만들어 보자.

.Rmd 파일 생성

RStudio에서 첫 번째 다이내믹 문서를 만들어 보자. File | New File | R Markdown... 메뉴를 선택하면 다음과 같은 창이 열린다. markdown, knitr 패키지 등을 설치하지 않았다면, 필요한 패키지들을 설치한다.

---

2   물론 이 부분은 글로벌 설정 창에서 바꿀 수 있다.

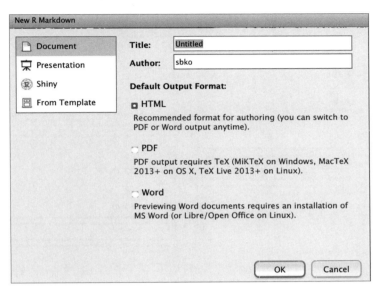

그림 1.8 New R Markdown 창

Title과 Author 부분에 원하는 내용을 입력하고, OK 버튼을 클릭한다. 그러면 RStudio에 내장되어 있는 문서 하나가 편집 창에 열린다. 아직은 이름이 부여되지 않아서 Untitled.Rmd라고 되어 있을 것이다. 편집 창의 툴 바에 있는 저장 버튼을 클릭하여 원하는 파일로 저장한다.

그런 다음, 편집 창의 툴 바에 있는 Knit라는 버튼을 클릭하면 뷰어^{Viewer} 창이나 새 로운 창에서 렌더링된 문서를 볼 수 있을 것이다. 이는 Knit 버튼 옆에 있는 톱니 모양의 설정 버튼에서 Preview in Window 또는 Preview in Viewer Pane을 선택했 는지에 따라 다르다. R 콘솔 창 옆에 R Markdown이라는 창이 생기고 그 안에 문 서 렌더링 과정에 대한 내용이 출력되어 있음을 알 수 있다. 이 창은 주로 문서 생 성 과정에 문제가 생겼을 때 참고한다.

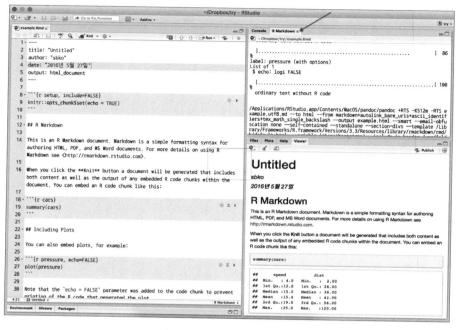

그림 1.9 R Markdown 렌더링 진행 창

소스파일과 렌더링 결과 비교하기

아직 자세한 것은 배우지 않았지만, 소스파일과 렌더링된 문서도 비교해 볼 수 있다.

.Rmd 파일에서 R 코드는 다음과 같은 울타리 안에 존재하는데, 이를 코드 청크code chunk라고 부른다.

```
```{r cars}
summary(cars)
```
```

텍스트는 대부분 코드 청크 밖에 있으며, 이는 다음과 같다.

```
## R Markdown
This is an R Markdown document. Markdown is a simple formatting syntax
for authoring HTML, PDF, and MS Word documents. For more details on using
R Markdown see <http://rmarkdown.rstudio.com>.
```

이는 마크다운^{Markdown}으로 작성된 텍스트인데, 일반 워드에서 작업하는 것과 크게 다르지 않다는 것을 알 수 있다. 바로 이것이 마크다운의 장점이다. 참고로 # 하나는 HTML에서 ⟨h1⟩ 태그에 해당하는 것으로, 가장 큰 제목을 말한다.

렌더링은 두 단계로 이루어진다.

첫 번째 컴파일은 "tangle" 기능을 가지고 있으며, 소스파일에서 R 코드만을 꺼내 실행한다. 그 결과는 다시 코드가 있는 곳으로 보내진다.

두 번째 컴파일 과정은 마크다운을 HTML으로 변환하는 과정이다. 여기에서 팬독^{pandoc}이 사용된다.

이 과정은 R Markdown 창에 다음과 같이 표시된다.

```
  ordinary text without R code


  |.................................................            |
86%
label: pressure (with options)
List of 1
 $ echo: logi FALSE


  |............................................................|
100%
  ordinary text without R code


/Applications/RStudio.app/Contents/MacOS/pandoc/pandoc +RTS -K512m -RTS
example.utf8.md --to html --from markdown+autolink_bare_uris+ascii_
identifiers+tex_math_single_backslash --output example.html --smart
```

```
--email-obfuscation none --self-contained --standalone --section-divs
--template /Library/Frameworks/R.framework/Versions/3.3/Resources/
library/rmarkdown/rmd/h/default.html --variable 'theme:bootstrap'
--include-in-header /var/folders/np/5jyr7fn53gs6ypc2w3dk517m0000gn/T//
RtmpBQpRLG/rmarkdown-str436b4359f7a3.html --mathjax --variable 'mathjax-
url:https://cdn.mathjax.org/mathjax/latest/MathJax.js?config=TeX-AMS-MML_
HTMLorMML' --no-highlight --variable highlightjs=/Library/Frameworks/R.
framework/Versions/3.3/Resources/library/rmarkdown/rmd/h/highlight
--variable navigationjs=/Library/Frameworks/R.framework/Versions/3.3/
Resources/library/rmarkdown/rmd/h/navigation-1.1
output file: example.knit.md
```

```
Output created: example.html
```

앞 부분이 R 코드를 실행하는 과정이고, 그 다음 복잡한 부분이 팬독pandoc 명령이다. 이 과정을 거쳐 HTML 문서가 완성된다.

만약 마이크로소프트 워드 포맷으로 만들고 싶다면, 편집 창의 오른쪽에 있는 아래쪽 화살표를 클릭하면 열리는 창에서 Knit to Word를 선택한다.

그림 1.10 워드 문서로 렌더링

이를 선택하면 워드 문서로 자동 렌더링되고, 컴퓨터에 워드가 설치되어 있다면 워드에서 내용을 볼 수 있다.

여기에서는 HTML 문서와 워드 문서만을 설명했지만, PDF 문서, 프레젠테이션도 이와 비슷한 방법으로 만들 수 있다. 실제로 만들어진 문서들은 알마크다운 갤러리

페이지(http://rmarkdown.rstudio.com/gallery.html)에 잘 정리되어 있다. 이 책에서는 여기서 소개된 대부분의 포맷들을 만드는 방법을 차근차근 설명한다.

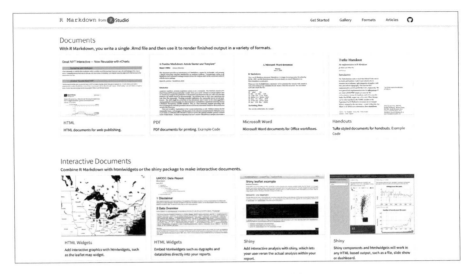

그림 1.11 rmarkdown 갤러리 사이트

다이내믹 문서를 위한 RStudio 활용

RStudio는 문서 작업뿐만 아니라 R 패키지 개발 등 다양한 목적으로 사용하는 통합 개발 환경이다. 앞에서 환경 등을 설정하는 방법을 설명했지만 다이내믹 문서 만들기에 초점을 두고 도움이 될 만한 RStudio 기능을 설명한다.

새로운 .Rmd 파일 생성

앞에서 설명했지만 새로운 .Rmd 파일을 시작할 때에는 RStudio의 메뉴를 사용할 수 있다. 그렇지만 그림 1.12와 같이 버튼을 사용하는 것이 편리할 것이다. 클릭 횟수를 조금이라도 줄일 수 있기 때문이다.

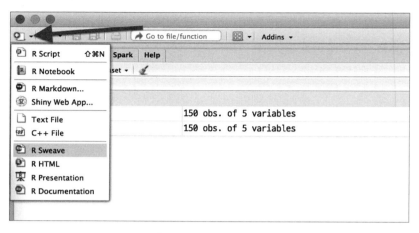

그림 1.12 새로운 Rmd 파일 생성

그런데 이와 같은 방법으로 시작하면 항상 RStudio에 내장되어 있는 샘플 문서로 시작된다. 처음 시작하는 사람들에게는 이것이 도움이 된다. 일단 된다는 것을 보여 주기 때문이다.

그렇지만 복잡한 문서들을 만들 때는 샘플 콘텐츠를 삭제하는 일이 귀찮아질 수 있다. 이 경우에는 R 콘솔에서 R 베이스 함수인 file.edit() 함수로 시작하는 것이 좋다.

```
> file.edit("myFile.Rmd")
```

전체 문서의 목차와 접기 기능

.Rmd 문서로 작업하다 보면 내용이 길어진다. 내용이 길어지면 해당 목차를 찾아 다니는 것도 꽤 귀찮은 일이 된다. RStudio는 목서의 전체 목차를 위계에 맞게 보여 주는 그림 1.13과 같은 기능이 있다.

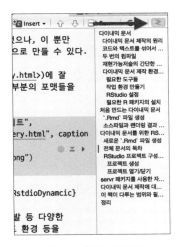

그림 1.13 전체 문서의 목차

그림 1.13의 버튼은 토글로 작동하고, 원하는 제목을 클릭하면 커서가 해당 위치로 이동한다.

이와 관련하여 접기와 펴기 기능이 있다. 그림 1.14와 같이 제목의 왼쪽 행 번호 옆에는 화살표가 있는데, 이를 클릭하면 폴딩/언폴딩이 된다. 해당 제목에 해당하는 모든 내용이 폴딩된다. 이를 사용하면 현재 작업하는 내용에 집중할 수 있다.

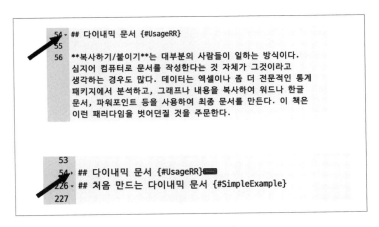

그림 1.14 접기와 펴기

RStudio 프로젝트 기능

RStudio로 작업할 때 가장 먼저 해야 할 일은 작업 프로젝트 폴더를 만드는 것이다. 프로젝트는 어떤 목적을 가진 디렉터리를 말한다. 이렇게 프로젝트를 구성하여 작업하면 얻는 이점이 많다.

- 작업 내용들이 뒤죽박죽 섞이는 것을 방지해 주기 때문에 잘 정돈된 서랍처럼 폴더들을 잘 정리할 수 있다.
- RStudio가 프로젝트 리스트를 관리하기 때문에 어떤 프로젝트들이 있는지 쉽게 알 수 있을 뿐만 아니라 해당 프로젝트로 바로 이동할 수 있다.
- 깃^{Git}과 같은 버전 관리 시스템은 폴더 단위로 내용을 관리하기 때문에 이런 도구를 사용할 때도 편리하다.

이 밖에도 이점은 무수히 많다. 그래서 작업을 할 때는 프로젝트를 구성해 놓고 시작하는 습관을 들일 것을 권고한다.

RStudio에 프로젝트 폴더를 구성하는 것은 간단하다. File | New Project 메뉴를 선택하거나 RStudio 오른쪽 끝머리를 보면 안에 R이 쓰여진 파란색 버튼이 있는데, 이를 클릭한 후 New Project를 선택한다. 그러면 다음과 같은 창이 나타난다.

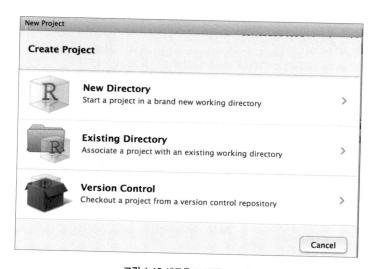

그림 1.15 새로운 프로젝트 선택

- New Directory: 처음부터 완전히 새로운 프로젝트 폴더를 만들 때 사용한다.
- Existing Directory: 기존 작업 디렉터리를 R 프로젝트로 구성한다.
- Version Control: 깃허브GitHub 등에 있는 저장소를 바탕으로 프로젝트를 구성할 때 사용한다.

완전히 새로운 프로젝트 폴더를 구성할 것이므로, New Directory를 클릭한다. 그러면 다음과 같은 창이 나타난다.

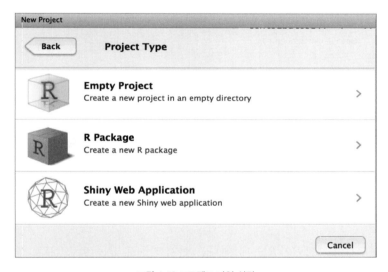

그림 1.16 프로젝트 타입 설정

RStudio는 R 통합 개발 환경을 제공한다. 이 창에서는 어떤 프로젝트를 실행할 것인지 선택한다. R Package는 R 패키지를 개발할 때 사용하고, Shiny Web Application은 뒤에서 소개할 샤이니 웹 애플리케이션을 개발할 때 사용한다. 일반적인 다이내믹 문서를 작성할 때는 Empty Project를 선택한다.

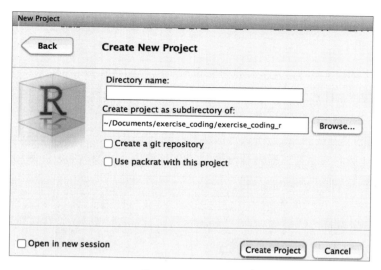

그림 1.17 프로젝트 이름 설정

Directory name: 사용할 프로젝트 디렉터리 이름을 입력한다.

Create project as subdirectory of: 문자 그대로 지금 만드는 프로젝트가 어느 디렉터리에 위치할 것인지를 선택하는 것이다. 이는 보통 RStudio의 디폴트 워킹 디렉터리를 기반으로 채워진다. 원하는 위치를 다시 선택하더라도 아무런 문제가 발생하지 않는다.

아래에는 2개의 체크란이 있는데, 하나는 현재 만들고 있는 프로젝트로 폴더를 깃 저장소로 만들 것인지를 묻는다. 이는 버전 관리 시스템을 사용할 것인지를 묻는 것이다. 우선은 그냥 체크하지 않은 채로 둔다. 나머지 하나는 팩랫packrat을 적용할 것인지를 묻는 것인데, 이는 프로젝트를 완전히 재현할 수 있도록 도와준다. 이를테면 프로젝트에 사용된 정확한 버전의 R과 R 패키지 등을 정해 놓을 수 있다. 우선은 체크하지 않은 채로 둔다.

Open in new session은 프로젝트를 생성하면서 현재의 상태를 닫고 새로운 프로젝트를 열 것인지, 현재의 프로젝트를 열어 둔 상태로 놓고 새로운 프로젝트를 열 것인지를 결정한다. 우선은 체크하지 않은 채로 둔다.

Directory name에 "LearningDynamic"이라고 입력하고, Create Project를 클릭한다.

클릭하고 나면 RStudio가 "LearningDynamic"이라는 프로젝트로 설정되면서 다시 실행된다. 이 과정에서 중요한 일들이 발생한다.

- 우리가 선택한 "LearningDynamic"이라는 폴더가 생성된다.
- 이 폴더 안에서는 `LearningDynamic.Rproj`이라는 파일이 생성된다. 이 파일은 프로젝트에 관한 일반적인 설정들이 들어 있다. 이 파일은 삭제하거나 조작하면 안 된다. 그대로 유지하는 것이 제일 좋다.
- RStudio R 콘솔의 워킹 디렉터리working directory가 "LearningDynamic" 디렉터리의 경로로 설정된다. 따라서 프로젝트를 닫고 다시 나중에 프로젝트를 열면 워킹 디렉터리가 자동으로 설정되기 때문에 무척 편리하다. 콘솔에서 `getwd()`로 확인해 보기 바란다.

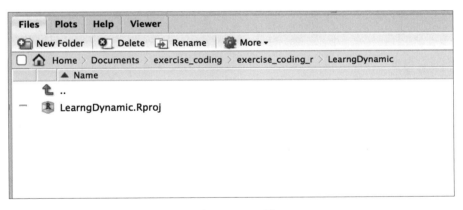

그림 1.18 .Rproj 파일

이렇게 만들어진 프로젝트는 다양한 방법으로 열어 활용할 수 있다.

- RStudio를 닫은 후 RStudio를 다시 시작하면 마지막에 열었던 프로젝트가 열린다.

- 탐색기 사용: RStudio를 닫은 후 윈도우 탐색기나 맥 파인더를 통해 해당 디렉터리로 이동해 보면 처음 만들었던 `LearningDynamic.Rproj`이라는 파일이 보일 것이다. 이 파일을 클릭하면 RStudio가 이 프로젝트로 열린다.[3]
- 프로젝트 관리 버튼 사용: RStudio 프로젝트 생성할 때 사용했던 오른쪽 끝에 있는 파란색 버튼을 클릭하면 프로젝트 리스트들을 볼 수 있는데, 이 리스트 중에서 선택하여 프로젝트를 열 수 있다.
- 복수의 프로젝트 동시에 열기: 어떤 경우에는 동시에 여러 프로젝트를 열어 놓고 작업하는 경우가 편리할 수 있다. 이 경우에는 RStudio 오른쪽 끝에 있는 파란색 프로젝트 관리 버튼을 클릭한 후 Open project in new sesssion을 클릭하여 파일 시스템에서 프로젝트를 선택할 수도 있고, 이 버튼을 클릭하여 나타난 프로젝트 리스트를 보면 나타나는 리스트 끝에 화살표가 있는 창 모양 버튼을 선택해도 된다.

어떤 경우라도 새로운 프로젝트가 열렸다는 것은 R 콘솔의 워킹 디렉터리가 해당 프로젝트의 경로로 재설정되었다는 것을 의미한다. 따라서 해당 프로젝트 안에 다른 서브 디렉터리를 만드는 경우나 그 안에 있는 파일들에 접근하는 경우에는 프로젝트의 루트 디렉터리에 대한 상대 경로를 사용하게 된다. 즉, data라는 서브 폴더에 example.csv라는 파일이 있는 경우에는 R 코드에서 `read.csv("data/example.csv")`와 같이 사용할 수 있게 된다.

깃 버전 관리

깃[Git]은 버전 관리 시스템 중 하나로, 개발자들이 가장 즐겨 사용하는 도구 가운데 하나다. 버전 관리 도구를 사용하면 소스의 변화를 모두 기록할 수 있게 해 준다. RStudio에도 깃을 편리하게 사용할 수 있게 해 주는 간단한 GUI들이 준비되어 있

---

3 이 행동은 RStudio Global Options에서 재설정할 수 있다.

다. 관련된 내용이나 사용법은 http://r-pkgs.had.co.nz/git.html을 참고하기 바란다.

엑셀 등에서 데이터 읽기

많은 사람들이 컴퓨터에서 계산할 때 엑셀을 많이 쓰기 때문에 R에서 엑셀 데이터를 읽을 수 있는지 궁금해한다. 결론적으로 말하면 흔히 사용하는 거의 모든 소프트웨어의 데이터를 읽을 수 있다.

RStudio에서 Environment 창을 선택하면 Import Dataset이라는 버튼이 보일 것이다. 이것을 클릭하면 여러 소프트웨어에서 데이터를 읽을 수 있도록 안내해 준다.

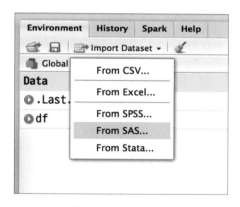

그림 1.19 Import Dataset 창

이를 사용할 때 SPSS, SAS, Stata 등은 haven이라는 패키지를 사용하고, 엑셀을 사용할 때는 readxl이라는 패키지를 사용한다. 필요한 경우, 이것들을 컴퓨터에 설치한 후에 사용한다.

그런 다음, 창에 들어가 보면 여러 가지 옵션들을 선택할 수 있는 창과 이와 관련된 코드가 나타난다. 처음 부를 때는 이 방법을 사용하고, 나중에는 코드를 복사하여 사용한다.

필요한 파일로 바로 이동

하나의 프로젝트에서 여러 개의 파일로 작업하는 경우, 원하는 파일로 바로 이동할 수 있다면 일의 효율이 높아질 것이다. 그림 1.20과 같은 편집 창의 상단을 보면 Go To File 기능이 있는 창이 있다. 여기에 파일 이름을 앞의 몇 개의 알파벳을 적어 넣으면 해당 파일들을 검색해 준다. 여기에서 원하는 파일을 바로 선택할 수 있다.

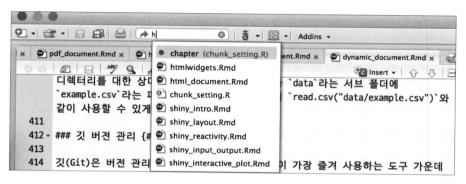

그림 1.20 원하는 파일로 바로 이동

이 밖에도 RStudio에는 편리한 기능들이 많다. 좀 더 자세한 내용은 https://support. rstudio.com/hc/en-us/categories/200035113-Documentation?version=1.0.4 4&mode=desktop 등을 참고하기 바란다.

servr 패키지를 사용한 자동 렌더링과 리로딩

servr 패키지를 사용하면 자동으로 렌더링된 결과를 보면서 작업할 수 있다. servr 패키지에서 주로 사용할 함수는 rmdv2() 함수다.

이 함수는 현재의 디렉터리에 있는 .Rmd 파일들을 모두 렌더링하고, 이들을 로컬 웹 서버로 서빙하는 역할을 한다. 포트는 4321을 사용한다.

RStudio 프로젝트의 R 콘솔에서 다음과 같이 실행한다.

```
> servr::rmdv2(daemon=TRUE)
```

그러면 현재 디렉터리에 있는 모든 .Rmd 파일이 렌더링되고, 현재 디렉터리를 4321 포트를 통해 서빙하게 된다. 결과를 보려면 웹 브라우저를 열고 http://localhost:4321을 주소 창에 입력하면 된다.

이것이 실행되고 있는 상황이라면 .Rmd 파일을 수정하고 별도의 조치를 하지 않아도 자동으로 렌더링되고, 웹 브라우저가 리로딩되기 때문에 문서 작업에 좀 더 집중할 수 있다.

여기에서 daemon=TRUE라는 옵션을 설정하지 않으면 현재의 R 세션이 블록된다. 이 옵션을 주면 서빙이 배경에서 실행되기 때문에 R 콘솔을 계속 사용할 수 있다.

데몬daemon을 사용했다면 서빙을 중지하기 위해 servr::daemon_stop()이라는 함수를 사용할 수 있다. 데몬을 사용하지 않았다면 RStudio에서 빨간 버튼이 켜지는 것을 볼 수 있는데, 이를 클릭하면 서빙이 중단된다.

다이내믹 문서 제작에 대한 정보

다이내믹 문서 제작에 대한 자세한 정보는 다음에서 찾을 수 있다. 처음 시작하는 독자라면 우선 이 책을 중심으로 뼈대로 세우고, 나중에 좀 더 자세하게 공식적인 내용을 확인하고 싶을 때 참고하는 것이 좋을 것 같다. 이 책에서는 가급적 그런 시행착오를 줄일 수 있도록 내용을 단계별로 구성했다.

- 니터 패키지: http://yihui.name/knitr/
- 알마크다운 패키지(rmarkdown): http://rmarkdown.rstudio.com
- 팬독pandoc: http://pandoc.org
- RStudio: RStudio에서 Help | RStudio Docs 메뉴를 선택하면 RStudio 도움말 사이트로 이동한다.

이 책이 다루는 범위와 필요한 배경 지식

이 책은 내가 처음에 썼던 『R과 Knitr를 활용한 데이터 연동형 문서 만들기』보다 훨씬 많은 내용을 다루고 있다. 간단한 정적인 문서(HTML, Word, PDF)에서 시작하여 좀 더 복잡한 형태의 웹 사이트, 책 모양의 웹 사이트, 대시보드도 만들어 볼 것이고, 샤이니를 활용한 웹 애플리케이션도 만들어 볼 것이며, 더 나아가 클라우드 환경에서 작업하는 방법까지 소개한다. 그리고 다이내믹 데이터 시각화 도구들도 많이 소개할 것이다.

이 주제가 재미있는 이유는 알고 있는 지식을 조금씩 확장해 나가면서, 같은 원리를 가지고 뭔가 새로운 것을 만들 수 있다는 점이다.

이것이 가능하도록 하려면 어떤 지식이 필요할까? 가장 중요한 것은 구체적인 지식이 아니라 '마음가짐'이다. 코딩이라는 것을 몰랐을 때의 나와 같이 오픈소스 프로그램을 쓰고, 웹 검색 등만을 위해 컴퓨터를 사용한다는 마음으로는 한발짝도 앞으로 나아갈 수 없다. 좀 더 열린 마음으로 지금까지 해 왔던 방법을 개선해 보려는 마음가짐이 중요하다.

초보자라도 R 언어 지식이 많이 필요하지는 않을 것이다. R과 함께 설치되는 "An Introduction to R"(https://cran.r-project.org/doc/manuals/R-intro.pdf)만 읽어도 바로 시작할 수 있다.

기본적인 R 언어 체계를 익히고 난 후에는 해들리 위컴의 『Advanced R』(http://adv-r.had.co.nz)을 권한다. 이 책을 읽으면 R 언어를 중급 이상으로 이해하는 수준이 될 것이다.

이 밖에도 알면 좋은 것들이 많다. 특히 HTML, CSS, JavaScript와 같은 웹의 언어를 공부할 것을 권한다. 내가 HTML을 안 지는 불과 몇 년밖에 되지 않는다. 간단한 HTML로 index.html 파일에 내용을 작성하고, 브라우저로 열어 보는 아주 간단한 예가 있다. 다음과 같은 코드를 이해하고 있다면 좋을 것이다.

```
<!DOCTYPE html>
<html>
<head>First</head>
<body>
  <p>Hello World!</p>
</body>
</html>
```

정리

이 장에서는 다이내믹 문서의 원리와 간단한 역사, 그리고 R 언어 환경에서 이들을 구현하는 패키지와 필요한 툴들을 소개했다. 그리고 RStudio 통합 개발 환경에 있는 예제 문서를 이용하여 실제로 다이내믹 문서를 만들어 보았다. 지금 당장 해당 내용들이 잘 이해되지 않는다고 해서 걱정할 필요는 없다. 자주 사용하다 보면 익숙해질 것이다.

2

Rmd 소스파일로
시작하기

다이내믹 문서는 .Rmd 소스파일을 만드는 데서 시작한다. 이 장에서는 소스파일을 구성하는 요소들을 살펴보고, 그것들이 어떻게 최종 문서로 렌더링되는지 설명한다. 이 과정에서 앞 장에서 설명한 패키지의 역할을 설명할 것이다.

그림에 나타난 문서는 RStudio 메뉴에서 File | New File | R Markdown을 선택했을 때 편집 창에 열리는 예제 .Rmd 파일이다. RStudio 왼쪽 상단에 있는 초록색 바탕에 흰색 플러스 기호가 있는 버튼을 클릭해도 된다. 대개 이 버튼을 많이 사용한다.

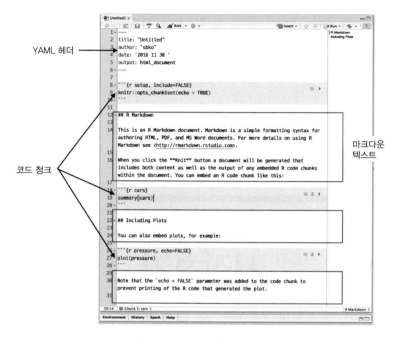

그림 2.1 .Rmd 소스파일 들여다 보기

YAML 헤더

하나의 .Rmd 파일에 필요한 메타데이터들은 YAML 헤더에서 지정할 수 있다. 여기서 메타데이터란, 문서의 제목, 저자, 작성일, 파라미터 그리고 중요한 출력 포맷 등의 정보를 말한다. YAML 헤더는 다음과 같이 들여쓰기가 매우 중요하다.

여기서 기억해야 할 것은 YAML 헤더를 작성하는 문법과 이 정보들이 rmarkdown 패키지에 있는 문서를 렌더링하는 출력 포맷 함수에 활용된다는 점이다.

YAML[1]은 데이터를 기술하는 방법의 하나로, 자체적인 문법 체계를 가지고 있다.

---

1 https://ko.wikipedia.org/wiki/YAML

우선 이 부분은 ---으로 둘러싸인 부분에 작성한다. 이 부분에서 다음과 같은 형태를 가진다.

```
---
men: [John Smith, Bill Jones]
women:
  - Mary Smith
  - Susan Williams
---
```

위 YAML 데이터 표현은 여러 가지 규칙을 포함하고 있다. 중요한 규칙은 다음과 같다.

- 상하 관계hierarchy는 공백 문자를 이용한 들여쓰기로 표현한다. 들여쓰기 공백은 스페이스 키를 이용해야 하며, 탭 문자는 사용하지 않는다.
- 각 필드는 콜론 기호를 이용하여 키:값의 형태로 한 줄에 하나씩 입력한다.
- 키:값 관계에서 복수의 값을 가지는 경우에는 두 가지로 표현할 수 있다. 한 줄로 모아 쓸 때는 대괄호([]) 안에 값을 쓰고, 쉼표로 구분한다. 여러 줄로 표현할 때는 하이픈으로 시작하는 줄마다 하나의 값을 쓴다.
- 간단한 값(스칼라 값)은 보통 아무런 표시를 하지 않아도 되고, 큰따옴표 ("")나 작은 따옴표('')를 이용해 둘러쌀 수 있다. 특수한 기호 등이 있을 때에는 따옴표를 사용한다.

YAML 헤더의 내용이 이 규칙에 어긋나면 문서를 렌더링할 때 오류가 발생한다. 문법에는 맞고 사전에 설정된 키를 사용하지 않는 경우에는 오류가 발생하지 않지만, 아무런 효과도 나타나지 않는다. 효과가 나타나려면 사전에 정의된 키를 사용해야 한다. 이들 키는 (1) 사용되는 문서의 템플릿과 (2) rmarkdown 패키지의 출력 포맷 함수에 의해 지정된다. 왜냐하면 여기서 정한 값들이 이들 템플릿과 함께 함수에서 사용되도록 만들었기 때문이다. 이는 팬독pandoc이 문서 변환 옵션들로 사용하기도 한다.

실제로 작업할 때 가장 문제가 되는 것은 어떤 필드를 사용할 수 있는지를 아는 것인데, 이 정보를 얻기 위해서는 rmarkdown 패키지에 있는 출력 포맷 함수의 도움말을 확인하는 것이 좋다. 예를 들어 설명하면 다음과 같다.

- output: html_document 항목을 사용할 때는 rmarkdown을 로딩(library(rmarkdown))한 후 ?html_document를 검색해 본다.

도움말을 보면 theme라는 옵션이 있다는 것을 알 수 있다. theme는 문서의 스타일을 지정하는 방법으로, 도움말을 보면 "flatly"와 같은 것들을 지정할 수 있다고 되어 있다. 이를 YAML 헤더에서 사용할 때는 YAML 형식에 맞게 사용한다.

```
---
output:
  html_document:
    theme: flatly
---
```

가장 중요한 필드부터 하나씩 살펴보자.

문서 포맷을 정하는 output 필드

YAML 헤더에서 문서 포맷은 output:이라는 필드에서 선언한다. 이 output: 필드 값에는 rmarkdown 패키지가 제공하는 여러 가지 출력 포맷 함수의 이름을 써 준다. 이는 출력 포맷 함수 이름에 대한 서브 필드로, 그 옵션들을 YAML 방식으로 지정한다. 앞에서 설명한 바와 같이 서브 필드는 들여쓰기로 표현한다.

알마크다운 패키지가 제공하는 출력 포맷 함수들은 매우 많다. 가장 기본적인 함수는 다음과 같다.

- html_document: HTML 문서
- pdf_document: 레이텍을 사용한 PDF 문서

- `word_document`: 워드 문서

그래서 HTML 문서를 만드는 경우에는 다음과 같이 한다.

```
---
output: html_document
---
```

또는 다음과 같이 한다.

```
---
output:
  html_document: default
---
```

그런데 다음과 같이 하면 안 된다. 그 이유는 YAML 문법 체계 때문이다.

```
---
output:
  html_document
---
```

이렇게 지정하는 것은 알마크다운 패키지에 들어 있는 `html_document()` 함수를 사용하여 문서를 렌더링하고, 별도의 추가 옵션을 주지 않았기 때문에 이 함수의 디폴트 설정 값을 사용한다는 의미다. R 콘솔에서 알마크다운rmarkdown 패키지를 로딩한 후 `?html_document`를 실행하여 어떤 디폴트 값이 있는지 확인해 본다. 자세한 내용은 뒤에서 문서의 포맷별로 사용하는 방법을 설명할 때 다시 확인할 수 있다.

추가 옵션을 지정할 때는 다음과 같이 해야 한다. 예를 들어 `toc`이라는 옵션은 문서의 차례를 포함시킬 때 사용하는 것으로, 디폴트 값이 FALSE로 되어 있다. 이를 변경해 보자. 여기서 주의할 점은 YAML의 항목 간 위계는 들여쓰기로 정한다는 것이다. 들여쓰기는 보통 2개의 빈칸을 사용한다.

```
---
output:
  html_document:
    toc: true
---
```

여기에 제목에 번호를 넣을 것인지 결정할 수 있는 number_sections라는 옵션을 추가하려고 한다. 이 값은 FALSE로 정해져 있다.

```
---
output:
  html_document:
    toc: true
    number_sections: true
---
```

toc와 number_sections는 대등한 지위를 차지하고 있기 때문에 html_document와 같은 들여쓰기 위치로 표현한 것이다.

다음은 전형적인 YAML 헤더의 예다.

```
---
title: "연습장"
output:
  html_document:
    self_contained: false
    theme: cerulean
    highlight: pygments
    mathjax: null
    toc: true
    lib_dir: libs
    smart: true
    includes:
      in_header: include/in_header.html
```

```
before_body: include/before_body.html
after_body: include/after_body.html
---
```

하나의 YAML 헤더 안에서는 여러 가지 출력 포맷 함수들을 나열할 수 있는데, 이렇게 복수의 출력 포맷 함수가 있는 경우에는 가장 앞에 있는 것이 선택된다. 따라서 이들의 위치를 변경하면 파일의 포맷이 바뀐다.

.Rmd 파일의 YAML 헤더에 필드와 값을 직접 입력할 수도 있지만, RStudio에서는 편집 창에 있는 툴 바의 기어 모양 아이콘을 사용할 수도 있다.

그림 2.2 출력 포맷 설정 메뉴

현재 작업 중인 문서의 세부적인 면을 조절하기 위해서는 그림에서 오른쪽 기어 모양의 버튼을 클릭한다. 그러면 다음과 같은 창에서 세부 내용을 정할 수 있다.

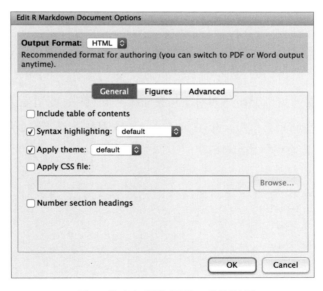

그림 2.3 툴 바의 버튼을 사용한 포맷 옵션 설정

그림의 각 탭에서 필요한 내용들을 채워 넣고 OK 버튼을 누른다. 채워진 내용들은 작업 중인 .Rmd 파일의 YAML 헤더에 기록된다.

rmarkdown 패키지에서 출력 포맷을 정하는 함수에는 다음과 같은 것들도 있다.

- beamer_presentation: 레이텍의 Beamer 프레젠테이션
- ioslides_presentation: HTML 프레젠테이션의 일종
- slidy_presentation: HTML 프레젠테이션

이 출력 포맷 함수들은 rmarkdown 패키지에 들어 있는 것들로, 일종의 네이티브 native다.

그런데 rmarkdown 패키지가 아닌 별도의 패키지로 출력 템플릿을 제공하는 경우도 있다. Revealjs와 같은 R 패키지 등이 바로 그 예다. 이를 rmarkdown 입장에서 보면 외래 종이다. 그래서 이런 패키지들을 사용할 때는 다음 예에서와 같이 :: 네임스페이스 연산자를 사용하여 포맷을 정한다. 세부 옵션을 정하는 방법은 앞에서 설명한 방법과 같다.

```
---
output: revealjs::revealjs_presentation
---
```

이 책의 뒷부분에 bookdown 패키지를 이용하여 책을 만드는 방법을 소개할 예정인데, 이에는 gitbook(), pdf_book(), html_boook과 같은 포맷 함수들이 있다. 이 경우에도 output: 필드를 정의한다.

```
output:
  bookdown::gitbook:
    split_by: "rmd"
    highlight: kate
```

코드 청크

앞의 .Rmd 문서에서는 다음과 같은 부분들을 '코드 청크code chunk'라고 한다. 이 코드 청크 안에는 R 코드를 사용한다.

```
```{r setup, include=FALSE}
knitr::opts_chunk$set(echo = TRUE)
```

```{r cars}
summary(cars)
```


```{r pressure, echo=FALSE}
plot(pressure)
```
```

이 코드 청크들을 보면 다음과 같은 모양을 하고 있다. 이것이 코드 청크의 경계다.

```
```{r ...}
...
```
```

이를 매번 입력한다면 꽤 불편할 것이다. 백틱을 3번 쓰고, 대괄호를 쓰고, r을 입력하고 등… 따라서 편집 창의 상단에 있는 초록색 버튼과 함께 Insert라고 되어 있는 버튼을 클릭하거나 단축키를 사용하는 것이 좋다. 맥에서의 단축키는 Command+Option+I이고, 윈도우에서의 단축키는 Ctrl+Alt+I이다.

앞의 3개 코드 청크는 '블록 코드 청크'라고 부른다. 이 밖에도 인라인 코드 청크가 있다. 예를 들어 '합계는 83이다.'라는 문장을 쓸 때 83이 들어갈 위치에 다음과 같이 하는 것이다.

```
합계는 `r sum(x)`이다.
```

백틱을 쓴 후 r을 쓰고, 그 다음 코드를 쓰고, 백틱으로 닫아 만든다.

이런 블록 코드 청크, 인라인 코드 청크를 파악하고 실행하는 것은 knitr^{니터} 패키지가 담당한다. 니터 패키지는 뒤에서 자세히 설명한다. 다음과 같은 코드 청크에서 pressure는 코드 청크의 레이블이다. 이 레이블은 문서에서 청크의 고유한 이름을 부여한다. echo=FALSE는 청크 옵션이다. 이 청크 옵션은 문서의 코드가 출력되지 않게 한다. 이처럼 청크 옵션은 청크의 행동을 조절한다.

```{r pressure, echo=FALSE}
plot(pressure)
```

이 청크 옵션들은 90개가 넘는다. 이를 사용하는 방법은 니터 패키지와 관련된 장에서 자세히 설명한다.

마크다운 텍스트

YAML 헤더, 코드 청크 밖의 모든 부분은 마크다운 텍스트다.

```
## R Markdown

This is an R Markdown document. Markdown is a simple formatting syntax
for authoring HTML, PDF, and MS Word documents. For more details on using
R Markdown see <http://rmarkdown.rstudio.com>.

When you click the **Knit** button a document will be generated that
includes both content as well as the output of any embedded R code chunks
within the document. You can embed an R code chunk like this:
```

위에서 ##은 두 번째 큰 제목이라는 것을 나타내고, This is ...는 문단을 나타낸다. 문단 안에 있는 〈http://rmarkdown.rstudio.com〉 부분은 하이퍼링크를 쓰는 법을 알려 준다. **Knit**는 이를 볼드체로 한다는 것을 의미한다.

인터넷을 검색해 보면 알겠지만, 마크다운markdown의 종류는 매우 다양하고, 문법도 조금씩 다르다. 여기서 사용하는 것은 팬독pandoc 마크다운이다.

팬독 마크다운은 우리가 일반적인 전문적인 책의 내용을 구성하는 대부분의 방법을 가지고 있다. 윗첨자, 아랫첨자, 참고문헌 삽입 등과 같이 다양하다. 이 부분은 팬독을 설명하는 장에서 자세히 다룰 것이다.

문서의 렌더링 다시 보기

.Rmd 소스파일을 쓰는 방법을 알아보았다. 이제 이런 것들이 어떻게 렌더링되는지 살펴보자. 앞 장에서 보았던 그림 2.4를 다시 한 번 살펴보자.

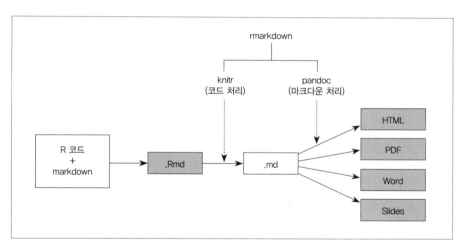

그림 2.4 재현 가능 문서 제작법에 따른 작업 흐름

.Rmd 문서를 렌더링할 때는 편집 창의 상단에 있는 Knit 버튼을 클릭하면 된다. 이 버튼을 클릭하면 rmarkdown 패키지의 render() 함수가 현재 열려 있는 .Rmd 문서에서 실행된다.

그리고 그림에서 보는 것처럼 1차로 니터 패키지에 의해 R 코드가 실행된다. 실행된 결과는 주변의 텍스트와 다시 결합된다. R 코드는 이미 실행되었으므로 .Rmd가 .md로 바뀐다. 즉, 마크다운 파일로 변환된다.

변환된 .md 파일은 output:에서 정한 포맷으로 변환된다. 이것 역시 rmarkdown::render() 함수에 의해 모두 실행된다. 이 함수는 내부적으로 팬독 문서 변환기를 사용한다. 팬독은 앞에서 보았듯이 마크다운 문법을 제공하고, 마크다운 문서를 다양한 포맷으로 변환하는 기능을 한다.

이 과정을 좀 더 자세히 들여다보자.

YAML 헤더, rmarkdown::render(), 템플릿

알마크다운rmarkdown 패키지에서 .Rmd 파일을 정해진 포맷에 맞게 렌더링할 때는 render() 함수가 사용된다. RStudio에서 Knit 버튼을 클릭하면 이 함수가 실행된다. 이 함수와 YAML 헤더는 밀접한 관계가 있다. 다음 그림과 같은 점을 염두에 두고 이해해 보자.

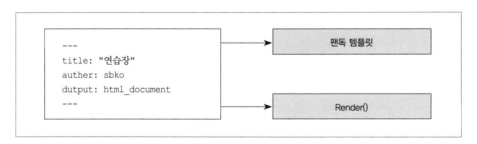

그림 2.5 YAML 헤더의 정보는 템플릿과 출력 포맷 함수에서 사용된다.

다음은 전형적인 YAML 헤더다.

```
---
title: "R과 Knitr를 활용한 문서"
author: SBKo
date: 2015년
output: html_document
---
```

여기서 지정하는 정보들은 크게 두 가지 목적이 있다. 하나는 title, author, date 와 같이 문서의 템플릿에 값을 채우고, 다른 하나는 output: html_document와 같 이 rmarkdown::render() 함수의 실행을 제어하는 인자로 사용된다.

RStudio를 사용한다면 사용자들이 직접 rmarkdown::render() 함수를 다룰 일은 거의 없지만, 문서가 만들어지는 과정을 이해하고, 이 지식을 바탕으로 새로운 문 서 포맷을 만들어 보려고 하거나 셸 스크립트 등을 만들어 자동화해 보기 위해 알 아 둘 가치가 있다.

알마크다운 rmarkdown의 render() 함수 첫 번째 인자는 렌더링할 문서다. 이를 example .Rmd라고 가정한다. 우리가 주목해야 할 두 번째 인자는 output_format 옵션이다. 여기서 출력할 문서의 포맷을 정한다. 이 옵션에 값을 주는 방법은 두 가지다. 하 나는 문자열을 쓰는 방법이고, 다른 하나는 포맷을 정의하는 함수를 주는 방법이 다. html_document라는 문서 포맷을 사용하는 경우에는 다음과 같이 줄 수 있다.

```
render("example.Rmd", output_format = "html_document")
```

함수로 전달하는 방법은 다음과 같다.

```
render("example.Rmd", output_format = html_document())
```

문자열을 바로 쓸 경우에는 알마크다운 패키지가 사전에 정한 디폴트 설정을 사용 하여 문서를 렌더링한다. 함수를 사용하는 경우에는 이 함수의 인자로 우리가 원하 는 출력 옵션을 더해 전달할 수 있다. 예를 들어 목차를 삽입하기 위해 toc이라는 옵션을 사용하고, 코드 하이라이트를 위해 highlight 옵션을 사용할 수 있다.

```
render("example.Rmd", output_format = html_document( toc = TRUE,
highlight = "tango" ))
```

그 `render()` 함수는 이들 정보를 사용하여 소스파일을 내부에서 니터 패키지와 팬독 커맨드라인 도구를 순차적으로 실행시켜 원하는 문서로 렌더링한다.

그런데 대부분의 경우에는 이런 함수를 직접 호출하여 사용하지 않고, 편집 창 상단의 Knit 버튼을 누른다. 이 경우에도 위 함수를 실행한 것과 똑같은 효과를 내기 위해서는 YAML 헤더를 다음과 같이 작성해야 한다.

```
---
title: Trial
output:
  html_document:
    toc: TRUE
    highlight: "tango"
---
```

즉, YAML 헤더에서 지정한 값들의 `render()` 함수 내부에서 호출되는 `html_document()`으로 전달되는 것이다.

이렇게 해서 우리는 YAML 헤더의 정보가 문서를 렌더링하는 함수에서 사용되고 있다는 것을 알았다. 이번에는 `title`, `author`, `date`와 같은 필드에 부여한 값들은 어떻게 사용되는지 알아보자. 이와 같은 필드명은 팬독이 사용하는 문서 템플릿에 정의되어 있다. 문서 템플릿에 정의되지 않은 필드를 사용했을 때 YAML의 문법에 맞으면 오류를 일으키지 않지만, 불필요한 정보가 된다. 이 문서 템플릿은 알마크다운 패키지에 정의되어 있고, 문서 포맷을 정의하는 `html_document()` 함수에서 사용된다. 다음과 같이 실행해 본다.

```
html_document()$pandoc$args
```

```
 [1] "--smart"
 [2] "--email-obfuscation"
 [3] "none"
 [4] "--self-contained"
 [5] "--standalone"
 [6] "--section-divs"
 [7] "--template"
 [8] "/Library/Frameworks/R.framework/Versions/3.3/Resources/library/
     rmarkdown/rmd/h/default.html"
 [9] "--no-highlight"
[10] "--variable"
[11] "highlightjs=1"
```

이를 실행시켜 보면 템플릿이 있는 경로를 알 수 있다. 알마크다운 패키지의
rmd/h/default.html 파일이 템플릿 파일이다. 이 템플릿 파일은 팬독 고유의 언어
로 정의되어 있다. 문서가 렌더링되었을 때 제목, 저자명 등이 렌더링되는 부분을
살펴보면 다음과 같다.

```
$if(title)$
<div id="$idprefix$header">
<h1 class="title">$title$</h1>
$if(subtitle)$
<h1 class="subtitle">$subtitle$</h1>
$endif$
$for(author)$
$if(author.name)$
<h4 class="author"><em>$author.name$</em></h4>
$if(author.affiliation)$
<address class="author_afil">
$author.affiliation$<br>$endif$
$if(author.email)$
<a class="author_email" href="mailto:#">$author.email$</a>
</address>
```

```
$endif$
$else$
<h4 class="author"><em>$author$</em></h4>
$endif$
$endfor$
$if(date)$
<h4 class="date"><em>$date$</em></h4>
$endif$
</div>
$endif$
```

여기서 title, author, date 등의 변수를 볼 수 있다. 이 변수가 있는 곳에 YAML 헤더에서 정의한 값이 들어간다. 따라서 다음과 같이 YAML 메타테이터 블록을 쓸 수 있다.

```
---
title: "이것은 주제목이다."
subtitle: "부제목"
author:
  - name: "SBKo"
    affiliation:지노바이오
    email: mymail@example.com
  - name: "ABCo"
    affiliation: (주)하나
    email: kkk@example.com
date: "2017년 1월 25일"
output: html_document
---
```

여기서 주의할 것은 YAML 문법이다. -은 어떤 집합에서 하나를 의미하고, 같은 수준의 것들은 항상 들여쓰기를 사용하여 맞춰야 한다.

문서 변환기로서의 팬독

다음 절부터 문서 양식별로 커스터마이징하는 방법을 다룬다. 이때 주로 하는 일은 YAML 헤더에 원하는 스펙을 명시하는 것이다. 그러면 이를 알마크다운의 render() 함수가 읽어 문서를 렌더링한다. 이 render() 함수는 니터^{knitr}, 팬독^{pandoc}의 기능을 내부적으로 이용하여 그 역할을 수행한다.

.Rmd 소스파일을 Knit 버튼을 눌러 HTML 문서로 렌더링해 보자. 그러면 RStudio의 R Markdown 창에 다음 그림과 같은 프로세스들이 진행되는 것을 확인할 수 있다.

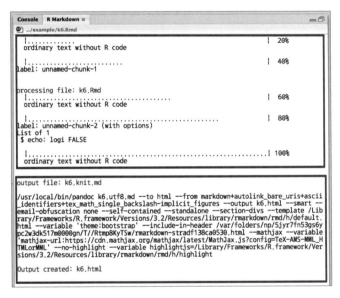

그림 2.6 .Rmd 파일 렌더링 과정

그림은 rmarkdown::render() 함수가 실행된 결과이고, 이 내용으로 이 함수가 무엇을 하는지 엿볼 수 있다. 윗부분은 (1) 니터 패키지에 의해 코드 청크들이 실행되고, 그 결과를 끼워 넣는 과정이다. 그림에서 두 번째 단계가 (2) 팬독이 하는 일이다. 처음 니터를 사용하여 중간 파일을 만들고, 중간 파일을 팬독을 사용하여 최종 결과물로 만든다.

이 가운데 두 번째 과정을 보기 편하게 정돈하면 다음과 같다. 이는 팬독 명령어가 실행된 모습을 보여 준다.

```
/usr/local/bin/pandoc k6.utf8.md
--to html
--from markdown+autolink_bare_uris+ascii_identifiers+tex_math_single_
backslash-implicit_figures
--output k6.html
--smart
--email-obfuscation none
--self-contained
--standalone
--section-divs
--template /Library/Frameworks/R.framework/Versions/3.2/Resources/
library/rmarkdown/rmd/h/default.html
--variable 'theme:bootstrap'
--include-in-header /var/folders/np/5jyr7fn53gs6ypc2w3dk517m0000gn/T//
Rtmp8KyTSw/rmarkdown-stradf138ca0530.html
--mathjax --variable 'mathjax-url:https://cdn.mathjax.org/mathjax/latest/
MathJax.js?config=TeX-AMS-MML_HTMLorMML'
--no-highlight
--variable highlightjs=/Library/Frameworks/R.framework/Versions/3.2/
Resources/library/rmarkdown/rmd/h/highlight
```

팬독 사이트[2]를 보면 이런 옵션들이 어떤 역할을 하는지 알 수 있다. 알마크다운의 저자들이 이런 팬독에 대한 래퍼를 만들어 사용자들이 쉽게 사용할 수 있게 해 준 셈이다.

이 내용과 알마크다운 html_document() 함수가 반환하는 객체를 비교해 보면 대충 감이 생길 것이다.

---

2 http://pandoc.org/README.html

```
> html_document()$pandoc
```

어떻게 마스터할 것인가?

니터^{knitr}, 알마크다운^{rmarkdown}, 팬독^{pandoc} 등 알아야 할 것이 무척 많아 보일 것이다. 이 내용들을 한꺼번에 암기하고 이해하기는 어렵다. 니터의 청크 옵션만 하더라도 90 개가 넘는다. 나의 경험에 비추어 다음을 권고한다.

1. 우선 간단한 (팬독) 마크다운을 익힌다. RStudio의 메뉴인 Help | Markdown Quick Reference를 보면 간단하게 정리된 문법이 있다.

2. 니터 패키지를 하나씩 익혀 나간다. 이를테면 코드와 관련된 옵션들을 파악한다. 코드가 실행되지 않게 하는 방법, 코드를 출력하는 방법, 그래프 출력을 조절하는 방법, 그림을 넣는 방법 등에 관심을 가지고 접근한다.

3. rmarkdown은 문서 포맷 함수들을 하나씩 공략한다. 먼저 `html_document`에 집중적으로 파고들 필요가 있다. 이 함수를 이해하고 나면 다른 함수는 쉽다.

4. 가능한 한 자주 사용한다. 나는 이 방법을 배우고 나서 누군가 보내 준 파일을 읽는 일 이외에는 워드, 아래아 한글 등과 같은 워드프로세서를 거의 쓰지 않게 되었다.

이후의 장에서 니터 패키지, 팬독 등을 설명한다. 책이기 때문에 이들을 이런 방식으로 정리할 수밖에 없지만 순서대로 읽어야 한다는 뜻은 아니다. 시간이 날 때 조금씩 익히면 된다. 중요한 것은 이 장에서 설명한 대로다. 이 정도면 충분히 시작할 수 있다.

비전문가의 R을 포함한 컴퓨터 학습(나의 경험)

이 책에서는 R 언어를 사용하여 여러 포맷을 가진 문서를 만드는 방법을 소개한다. 일반 워드프로세서와 달리 여기서 만드는 문서들은 데이터와 다이내믹하게 연결되어 있기 때문에 모든 것을 재현할 수 있도록, 만드는 방법을 사용한다.

다뤄야 할 내용이 많아 R 언어에 대한 내용은 별도의 장으로 분리하지 않았다. 그래서 여기에서 비전문가들이 어떻게 R과 관련된 내용들을 학습할 수 있을지를 간략하게 이야기해 보려고 한다.

정말 몇년 전까지만 하더라도 컴퓨터는 오피스 프로그램들과 인터넷 검색용으로밖에 사용할 수 없었다. 이런 상황에서 이 책을 쓰게 되기까지 기억을 살려 처음 시작하는 분들에게 조금이나마 도움이 될까 해서 정리해 본다.

R 언어를 시작하는 방법

먼저 도구에 대해 이야기해 보자. R은 RStudio 통합 개발 환경으로 시작할 것을 권한다.

RStudio가 아니라 플레인 R 콘솔로 시작하면 사용자 UI 등이 그다지 매력적이지 않고 현대적인 소프트웨어, 앱 등과는 거리가 있어서 쉽지 않을 것이다. RStudio는 최근의 소프트웨어와 큰 차이가 없을 뿐만 아니라 좋은 기능들을 직관적으로 사용할 수도 있다.

RStudio.com 사이트에는 RStudio 사용 설명서들이 주제별로 잘 정리되어 있기 때문에 시간 날 때마다 하나씩 익히면 된다. RStudio IDE는 간단한 계산에서 패키지 계산, 복잡한 문서에 이르기까지 만들 수 있는 다양한 기능을 가지고 있기 때문에 매우 편리하다.

컴퓨터는 가능한 한 유닉스 계열의 맥이나 리눅스를 사용할 것을 권한다. 윈도우도 나쁘지 않지만, 유닉스가 좀 더 낫다고 생각한다. 한글 윈도우에서 R을 사용할 때 가장 큰 장애물은 문자 인코딩이다. 맥은 그 자체로 한글 유니코드를 사용하는 데 반해, 한글 윈도우는 CP949라는 인코딩 체계를 사용하고 있기 때문에 문제가 되는 경우가 많다.

유닉스 계열을 사용하는 또 다른 이점은 리눅스를 기반으로 하는 웹 서버들을 다루어야 하는 경우가 많기 때문에 클라우드, 서버 등을 공부할 때도 확장성이 있다는 것이다.

R 언어 학습은 기본 R을 설치할 때 포함되는 "An Introduction To R"이라는 문서를 우선 읽을 필요가 있다. R 언어의 가장 기본이 되는 내용을 정리한 문서이기 때문에 반드시 읽고 시작하는 것이 좋다.

- "An Introduction to R": https://cran.r-project.org/doc/manuals/R-intro.pdf

처음 R을 공부할 때는 벡터^{vector}, 벡터화^{vectorized}라는 개념에 집중한다. 이는 R의 기본 데이터형이고, 이 벡터를 사용하기 때문에 계산이 효율적이며, 다른 언어였다면 반복문 등을 써야 하는 상황에서 간단한 코딩으로 해결할 수 있다.

```
[1]    2    8   32  128  512
```

이 문서를 읽고 난 후에는 R 도움말을 읽는 연습을 하는 것이 좋다. R의 도움말은 매우 공식적인 문장으로 작성되어 있기 때문에 처음에는 읽기가 무척 어렵다. 그래서 어떤 함수의 도움말을 볼 때는 가장 먼저 밑에 있는 Examples 코드를 R 콘솔에 그대로 타이핑해 보는 것이 익숙해지는 지름길이다. 그리고 여기에 있는 코멘트(#)로 시작되는 부분을 잘 읽어 보는 것이 좋다. 매우 간결하지만 중요한 내용들이 코멘트에 들어 있는 경우가 많기 때문이다. 이렇게 예제를 입력해 본 후 도움말 상단에 있는 내용들을 읽는다.

"An Introduction to R"이라는 문서를 읽은 후에는 다음 책을 참고하기 바란다.

- R Programming for Data Science(Roger D. Peng): https://bookdown.org/rdpeng/rprogdatascience/

이 책은 북다운^{bookdown}으로 만들어져 있고, 북다운 사이트에서 무료로 읽을 수 있다. 저자는 존 홉킨스 대학교에 있는 로저 펭 교수로, 코세라 등에서 데이터 사이언스 관련 코스 등을 진행하는 유명한 학자다. 무료이기는 하지만 중요한 내용들을 많이 소개하고 있다.

그 다음에 공부할 책은 다음과 같다.

- R for Data Science(Garrett Grolemund, Hadley Wickham): http://r4ds.had.co.nz

이 책 역시 웹에서 무료로 볼 수 있다. 이 책에는 데이터 핸들링과 관련된 패키지 등이 많이 소개되어 있다. 저자인 해들리 위컴은 R 커뮤니티의 스타와 같은 존재로, 유용한 패키지들을 많이 개발했다. 데이터 핸들링과 관련된 'tidy data' 이론과 관련 패키지들을 잘 이해하면 데이터 핸들링에 개념을 가지고 접근할 수 있다.

이 책을 읽고 나면 해들리 위컴의 다음 책을 권한다.

- Advanced R(Hadley Wickham): http://adv-r.had.co.nz

이 책도 웹에서 무료로 읽을 수 있다. R 언어가 S 언어에서 시작되고, 이것이 널리 알려진 것이 통계 도구이기 때문에 다른 컴퓨터 언어들과 비교했을 때 컴퓨터 언어로서 R의 특징을 제대로 설명한 책이 굉장히 드물다. 그런 면에서 이 책은 독보적인 측면이 있다. 이 책에는 컴퓨터 언어의 패러다임 중 가장 흔하게 사용되는 객체 지향 언어, 함수형 언어라는 개념이 포함되어 있다. R 언어는 이들 개념을 모두 가지고 있지만, R을 제대로 사용하려면 "함수형 언어"의 특징을 잘 알아야 한다. 이 책은 R이 가진 함수형 언어로서의 특징을 잘 설명하고 있다. 정말 좋은 책이다. 인쇄된 버전도 판매하기는 하는데, 웹에 있는 것과 그다지 다르지 않다.

위의 책을 읽고 나면 R 언어에 대한 이해와 데이터 과학에서 어떻게 R이 사용되는지 알 수 있고, 중요한 패키지들도 많이 접할 수 있을 것이다.

그 다음에는 R 그래픽을 공부할 차례다. R에는 베이스base 그래픽과 그리드grid 그래픽 시스템이 있다.

R 그래픽 전반에 대한 책을 소개하면 다음과 같다.

- R을 활용한 데이터 시각화(유충현, 홍성학, 인사이트, 2014)

이 책은 R 그래픽 전반에 대해 자세히 소개하고 있다. R 그래픽 교과서로 쓸 만한 책이라고 생각한다.

R 그래픽과 관련하여 그리드 시스템의 하나인 ggplot2 패키지를 별도로 공부하는 것이 좋다. 이는 R에서 가장 인기 있는 패키지로, 앞에서 나왔던 해들리 위컴이 주저자다. 이 책은 'grammer of graphics'라는 이론을 R 언어로 풀어낸 것이다. 개념이 분명하여 다른 패키지들에도 많은 영향을 미쳤기 때문에 이를 이해하고 넘어갈 필요가 있다. 다음 사이트를 참고하기 바란다.

- 해들리 위컴의 ggplot2-book 깃허브: https://github.com/hadley/ggplot2-book

깃Git과 메이크Make, 레이텍LaTeX을 사용할 줄 아는 독자라면 이 저장소의 내용을 가지고 PDF 책으로 렌더링할 수 있을 것이다. 이 책을 반드시 봐야 하는 이유는 'grammer of graphics'의 개념을 가장 잘 설명하고 있기 때문이다.

실생활에서 R을 유용하게 쓰려면 이 책을 읽기 바란다. 이 책은 R 언어로 데이터와 밀접하게 연관된 문서를 만드는 방법을 설명한다. 워드 문서와 같은 정적인 문서뿐만 아니라 웹 등도 다양하게 만들어 볼 수 있을 것이다.

이 책에서 설명하는 핵심 R 패키지인 니터knitr, 알마크다운rmarkdown, 팬독pandoc 등에 대한 자료는 웹에 많이 올라와 있다. 그렇지만 초보자들이 시작할 때는 관련된 내용들이 통합되어 제시되고 있지 않기 때문에 다소 시작하기가 어렵다. 이 책이 모든 내용을 포괄하고 있지는 않지만, 핵심 개념들을 가능한 한 일관되게 전달하기 위해 노력했다.

이 정도 공부하고 나면 그 다음 무엇을 해야 할지 설명하지 않아도 알 것이다. 사실 위의 설명된 내용들도 한꺼번에 이해하는 것은 쉽지 않다.

R은 계산과 그래픽 분야에서 뛰어난 언어이기 때문에 데이터를 분석하고 이를 시각화하는 데 탁월한 능력을 가지고 있다. 그래서 R은 원래 시작된 통계학을 포함하여 요즘 많이 이야기되고 있는 머신러닝, 회계학, 계량 경제학, 바이오인포매틱스 등과 같은 다양한 분야에서 사용된다. 상당수의 독자들이 학교나 주변에서 자신의 공부나 일과 관련하여 R에 대해 이야기하는 것을 들어 보았을 것이다. 이쯤에서 과감하게 R을 응용하여 멋진 결과를 얻기 바란다.

웹의 언어 배우기

웹은 HTML, CSS, 자바스크립트 언어로 구성된다. HTML은 문서의 구조를, CSS는 문서의 스타일을, 자바스크립트는 행동을 조절한다.

최근 웹과 관련된 기준은 HTML5, CSS3 등으로 정착되었고, 자바스크립트도 ES 2015, ES6가 발표되었다. 이들과 관련된 책은 너무 많아 고르기가 어렵다.

HTML과 관련해서는 http://www.w3schools.com 사이트를 비롯하여 책들과 자료가 많이 나와 있으므로 이 중에서 하나 골라 공부하면 될 것이다.

CSS 관련된 책은 다음과 같다.

- CSS: The Definitive Guide(Eric A. Meyer, 2006, O'Reilly Media)

이 책을 길잡이 삼아 공부하면 CSS를 이해하는 데 많은 도움이 될 것이다. 나는 웹 관련된 내용을 공식적으로 배운 적이 없기 때문에 이와 같이 생각하는데, 혹시 주변에 전공자가 있다면 물어 봐도 좋을 것 같다. 이 책은 내가 CSS라는 개념을 잡는데 도움이 되었다. 특히 DOM^Document Object Model을 배치하는 문제^positioning를 가장 잘 설명한 책이라고 생각한다. 집중하여 보지 않아서 그런지는 모르지만 CSS가 내게는 가장 어렵게 느껴진다.

자바스크립트도 최근에 비약적인 발전을 하고 있다. 나의 경우에는 미티어(https://www.meteor.com)라는 웹 개발 프레임워크를 많이 공부한다. 미티어에서는 서버에서 클라이언트, 심지어 데이터베이스에 이르기까지 거의 모든 것을 자바스크립트로 처리한다. 리액트(https://facebook.github.io/react/)라는 도구도 많이 사용하는데, 이 도구의 기본 언어도 자바스크립트다. 그리고 아톰(https://atom.io)이라는 텍스트 에디터도 즐겨 사용하는데, 이 역시 자바스크립트를 사용하여 만들어져 있다. 미티어 등을 다룰 때는 이 도구를 사용한다.

자바스크립트는 다음 웹 북(또는 PDF)을 가지고 공부했다.

- Eloquent JavaScript: http://eloquentjavascript.net

한글로 된 자바스크립트는 다음 책이 가장 좋았다.

- 인사이드 자바스크립트(송형주 등, 한빛미디어, 2014)

다만 조금 안타까운 부분은 위 책에서는 새로운 자바스크립트 ES2015에 대해서는 다루지 않았다는 것이다. 그래서 ES2015를 포함하면서도 뛰어난 자바스크립트 언어는 다음이라고 생각한다.

- Secrets of the JavaScript Ninja, 2nd Edition(John Resig et al, Manning Publications, 2016)

처음에는 자바스크립트가 좀 괴팍하다고 느껴질 것이다. 내가 이 언어를 좋아하는 이유는 R과 상당히 유사하다고 느끼기 때문이다. R을 할 수 있다면 자바스크립트도

할 수 있을 것이다. 어차피 이들은 Lisp(Scheme)라는 조상에서 유래되었다. 용기를 가지고 과감히 시작하기 바란다.

정리

이 장에서는 .Rmd 소스파일의 구조를 살펴보았다. 코드는 코드 청크 안에서 작성되고, 이는 니터^{knitr} 패키지에 의해 실행된다. 텍스트는 팬독 마크다운으로 작성된다. 문서를 렌더링할 때는 알마크다운^{rmarkdown}이 사용되는데, 이는 RStudio에서 Knit 버튼 클릭으로 대신한다.

3

니터 패키지

.Rmd는 코드와 텍스트가 혼합된 플레인 텍스트 소스파일이다. 이 장에서 소개할 니터^{knitr} 패키지는 코드 부분을 집중적으로 처리하는 역할을 한다. 즉, 소스파일에서 코드 청크를 가려낸 후 이 R 코드들을 하나의 R 환경에서 실행시키고, 그 결과를 텍스트 주변에 다시 삽입한다.

니터는 이 과정에서 사용자가 원하는 결과를 얻을 수 있도록 다양한 옵션들을 제공한다. 학습자는 앞 장에서 설명한 알마크다운^{rmarkdown} 패키지와는 조금 다른 접근법을 취하는 것이 좋다. 알마크다운은 RStudio와 밀접하게 연결되어 있기 때문에 그 내용들을 세세하게 알기보다 이해하는 접근법이 필요하다. 반면, 니터는 옵션 하나하나가 출력물에 영향을 미치기 때문에 자신이 원하는 결과를 제대로 얻으려면 세

밀하게 암기하려는 노력이 필요하다. 따라서 RStudio에서 직접 문서를 만들어 보면서 그 효과를 이해하려고 노력해야 한다.

본격적으로 이 니터 패키지에 대해 알아보자.

니터 패키지의 개괄적인 기능

.Rmd 파일은 R 코드와 마크다운 텍스트를 섞어 놓은 플레인 텍스트 파일이다. 코드와 텍스트를 혼용하기 때문에 컴퓨터가 코드와 텍스트를 구분할 수 있어야 한다. 따라서 특별한 경계를 가진 코드 청크 또는 인라인 청크라는 부분에 코드를 작성한다. 텍스트는 마크다운이라는 마크업 언어를 사용하기 때문에 코드 청크의 외부에 존재한다.

니터 패키지는 코드와 텍스트가 섞여 있는 파일을 다룰 때 주로 코드에 초점을 맞춘다. 즉, 코드를 실행시킨 후 실행된 결과를 다시 받아 주변의 텍스트와 엮어 주는 것이다. 이는 다음과 같은 과정을 거쳐 이루어진다.

1. 소스파일에서 텍스트와 코드를 분리하는 과정
2. 코드를 실행하여 결과를 되돌려 받는 과정
3. 되돌려 받은 결과들을 기존의 텍스트와 다시 결합하는 과정

다음 그림은 니터의 역할을 구체적으로 표현한 것이다. 이 그림을 이해하기 위해서는 배경지식이 필요하기 때문에 뒤에서 다시 설명하기로 하고, 여기서는 '니터는 코드 청크를 인식하고, 그것을 실행하여 그 결과를 다시 맞춘다.'라는 사실만 기억하기 바란다.

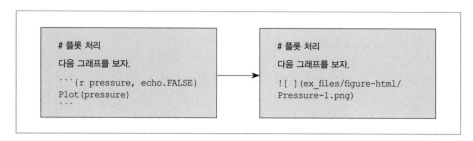

그림 3.1 니터는 코드 청크를 처리하고, 그 결과를 주변의 텍스트와 다시 맞춘다.

니터 패키지는 이런 과정을 세밀하게 조절할 수 있는 다양한 옵션들을 제공한다. 먼저 코드 청크에 대해 알아보자.

코드 청크

코드 청크는 소스파일에서 코드 부분을 의미한다. 여기서 청크는 특별한 의미가 있는 것이 아니라 그저 덩어리라는 의미를 가진다. 코드 부분이라는 것을 명확히 하는 것이 좋기 때문에 이 단어를 따로 번역하지 않고 그냥 '청크'라 부르고자 한다. .Rmd 파일에서 코드 청크는 다음과 같은 모양으로 표시한다.

```
```{r }
<R 코드>
```
```

그 모양이 독특한 이유는 니터 패키지로 하여금 그 안에 있는 것이 일반적인 텍스트가 아니라 코드라는 것을 분명히 하기 위해서다. 그 자체로 어떤 의미를 가지는 것이 아니라 그저 경계를 표시하는 역할만 한다. 이 경계를 니터 패키지가 인식한다.

굳이 손으로 입력한다면 백틱 3개를 입력한 후 대괄호를 열고 소문자 r을 입력한 다음, 대괄호를 닫는다. 그리고 아래쪽 경계에 백틱 3개를 입력한다. 만약 이를 손으로 일일이 입력한다면 매우 번거로운 작업이 될 것이다. 그래서 RStudio에는 코드 청크를 입력하기 위한 단축키가 마련되어 있다.

- 윈도우: Ctrl+Alt+I
- 맥: Command+Option+I

편집 창 위의 툴 바에서 녹색 바탕의 C를 클릭해도 된다.

이와 같이 .Rmd 파일에서 코드를 작성한 후 이를 대화형 R 콘솔로 보내 실행하고 결과를 바로 확인하면서 작업할 수 있다. 이는 무척 편리한 기능이지만, 다음과 사항을 기억하고 있어야 한다.

- .Rmd 파일의 R 코드는 대화형 R 콘솔과는 독립적인 R 세션에서 실행된다.

.Rmd 파일의 코드에서 어떤 패키지가 필요하면 반드시 문서의 소스에 `library()` 함수를 이용하여 넣어야 한다.

일반적인 텍스트의 중간에 사용되는 청크를 '인라인 코드 청크'라 하고, 다음과 같이 작성한다.

계산된 평균은 '`r mean(x)`'이다.

그러면 해당 위치에서 계산된 결과가 끼어들어간다. 인라인 코드 청크의 경계는 백틱 1개, 소문자 r, 다음 코드, 백틱으로 마무리한다. 앞의 백틱과 소문자 r 사이에 빈 칸이 있어서는 안 된다.

니터 패키지가 코드와 텍스트를 구분할 수 있는 것은 이런 경계를 읽기 때문이다. 니터는 코드와 텍스트가 섞여 있는 .Rmd 파일에서 코드 청크의 경계를 확인하고, R 코드라는 것을 파악한다. 청크 경계에 대한 텍스트 패턴(정규 표현식regular expression) 은 사전에 니터 패키지에 정해져 있다. 물론 원하면 바꿀 수도 있다.

니터가 소스파일을 렌더링할 때는 가장 먼저 코드 청크의 경계를 파악한다. 이 사실을 이용할 수도 있고, 주의할 필요도 있다. 이때 주의할 점은 .Rmd 파일에서 니터 매뉴얼 등을 만들 때 코드 청크 옵션 등을 보여 주기 위해 코드 청크를 버바팀 verbartim 으로 만들고 싶을 때가 있는데, 이는 실패할 확률이 매우 높기 때문에 시도하지 않는 편이 좋다는 것이다. 꼭 필요한 경우에는 http://rmarkdown.rstudio.com/articles_verbatim.html 등을 참고하기 바란다.

이와 반대로 이 기능을 이용할 수도 있다. 예를 들어 YAML 메타데이터의 date 필드에 인라인 코드 청크를 사용하여 값을 다이내믹하게 주기도 한다. 이것이 가능한 이유는 YAML 메타데이터보다 R 코드가 먼저 실행되기 때문이다.

문서를 렌더링할 때 실행되는 R 세션

문서가 렌더링될 때는 어느 디렉터리가 R의 작업 디렉터리 Working directory 가 될까? 이런 사실은 여러 하위 디렉터리를 사용하는 프로젝트 작업에서 중요한 문제가 될 수 있다. 왜냐하면 이미지 파일 등을 읽도록 지시할 때 경로를 어느 기준으로 줄 것인지가 결정되기 때문이다. 다음 내용을 반드시 기억하자.

- 현재 소스파일이 있는 디렉터리가 문서가 렌더링될 때 실행되는 R의 워킹 디렉터리가 된다.

하나의 .Rmd 파일에는 복수의 코드 청크들이 있게 마련이다. 이 경우, 소스파일의 모든 R 코드는 하나의 R 세션에서 실행된다. 코드 청크마다 다른 R 세션을 사용한다면 코드 청크끼리 변수가 공유되지 않을 것이다. 변수를 저장하는 것을 하나의 칠판이라고 가정하면, 하나의 파일에 있는 모든 코드 청크는 하나의 칠판을 공유하여 작업한다.

- .Rmd 소스파일 안의 코드 청크들은 모두 하나의 공통된 환경에서 실행된다.

이것이 가장 기본이다.

니터는 코드 청크에 R 이외의 프로그래밍 언어도 사용할 수 있다. 이 경우 대부분의 청크들은 서로 독립된 환경에서 실행된다. 따라서 청크끼리는 변수를 공유하지 않는다. 이 책에서 다른 언어를 사용하는 경우는 설명하지 않는다. R 언어 외에 다른 언어를 사용하는 경우에는 다음 사이트를 참고하기 바란다.

- 니터가 제공하는 다른 언어에 대한 엔진knitr Language Engines: http://rmark down.rstudio.com/authoring_knitr_engines.html

기준이 되는 워킹 디렉터리를 바꾸려면 니터 패키지 옵션의 하나인 root.dir을 사용해야 한다. 여기서 주의할 점은 rmarkdown 패키지의 render() 함수가 이 옵션을 무시한다는 사실이다. 니터의 저자가 이 옵션을 제대로 이해하지 못할 경우, 사용하지 말 것을 권고하는 이유는 바로 이 때문이다.

정말 필요하다면 특정 코드 청크를 다른 코드 청크와 다른 특별한 R 세션으로 실행시킬 수 있다. 이 경우에는 R.options라는 청크 옵션을 사용해야 한다. 이는 이 옵션을 사용하는 청크 코드에 options() 함수를 적용하는 것과 같다. 이때에는 R.options = list()를 options() 함수라고 생각하고, 이에 필요한 옵션을 설정하면 된다.

니터 객체, 패턴, 훅의 개념

니터 패키지 사이트[1]에는 니터 패키지가 정의하고 있는 객체, 옵션, 패턴, 훅 등에 대해 자세히 설명되어 있다.

---

1 http://yihui.name/knitr/

니터 패키지에 정의된 패턴

니터 패키지는 주변의 텍스트와 코드를 구분해 주는 정규 표현식^{regular expression}으로 작성된 경계에 대한 패턴을 사전에 정의해 두고 있는데, 이를 '패턴'이라고 한다. 그리고 이들 패턴을 'all_patterns'라는 이름의 리스트 형태의 객체로 저장하고 있다. 마크다운 문서에서 사용하는 패턴은 다음과 같다.

```
$md
$md$chunk.begin
[1] "^[\t >]*```+\\s*\\{[.]?([a-zA-Z0-9]+.*)\\}\\s*$"

$md$chunk.end
[1] "^[\t >]*```+\\s*$"

$md$ref.chunk
[1] "^\\s*<<(.+)>>\\s*$"

$md$inline.code
[1] "`r[ #]([^`]+)\\s*`"
```

정규 표현식을 알고 있다면 다음과 같은 블럭 청크의 경계와 인라인 청크의 경계를 정의한다는 것을 이해할 수 있을 것이다. 정규 표현식으로 자신만의 패턴을 만들어 사용할 수도 있다.

니터 훅

니터 훅^{Hooks}을 사용하는 경우는 그리 많지 않다. 그리고 이전에 훅을 사용하여 구현해야 했던 것들도 니터 패키지가 버전업되면서 해당 기능들을 니터의 기능으로 내재화하는 경향이 강하다.

참고로 훅은 컴퓨터에서 지정한 시점에서 뭔가 하도록 할 때 주로 사용한다. 폼에 꼭 필요한 값들이 입력되었는지 체크하는 것 등이 훅의 예다.

니터의 혹은 청크 혹chunk hooks과 아웃풋 혹output hooks으로 구분한다. 앞에서 니터는 코드를 실행하여 그 결과를 주변의 텍스트(내러티브)와 다시 결합시킨다고 했다. 따라서 문서가 마크다운 마크업으로 되어 있다면, 청크를 실행한 결과를 마크다운에 맞게 실행하고, .Rnw 파일로 작업하는 레이텍 마크업을 쓰는 경우에는 결과를 레이텍에 맞춰야 하는데, 이를 조절하는 것이 '아웃풋 혹'이다. 팬독과 함께 사용되고 있는 모든 것이 마크다운을 중심으로 작업되기 때문에 이전보다 아웃풋 혹을 써야 할 경우는 많지 않게 되었다. 따라서 이 부분은 설명하지 않는다.

혹을 사용해야 한다면 아마도 청크 혹을 사용하게 될 것 같다. 청크 혹은 코드 청크가 실행되기 전이나 후에 추가로 뭔가를 하게 만들고 싶을 때 사용한다.

니터 패키지는 이들을 `knit_hooks`라는 객체에 저장한다.

니터 패키지에 사전 정의된 객체

니터 패키지에는 다음과 같은 객체들이 내장되어 있다. 그 목적을 간단히 정리해 보면 다음과 같다. 이 중에서 가장 중요한 것은 `opts_chunk` 객체다.

표 3.1 니터패키지에 정의된 객체들과 그 목적

객체	목적
opts_chunk	청크 옵션들을 집합으로 다루기 위한 객체
opts_current	현재의 청크 옵션들의 집합
opts_template	자주 사용하는 청크 옵션들을 모아 놓기
opts_knit	패키지 옵션들의 집합
all_patterns	니터 패키지가 사전에 정해 놓은 모든 코드의 경계
knit_patterns	청크 경계에 대한 정규 표현식을 지정
knit_hooks	청크 실행 전과 후에 실행시킬 코드를 지정함

이런 객체들에 값을 가져올 때는 get(), 값을 지정할 때는 set(), 합칠 때는 merge(), 되돌릴 때는 restore()라는 메서드를 사용한다. 대부분은 set() 메서드를 사용한다.

이들 객체를 가장 흔하게 사용하는 경우는 소스파일의 첫 번째 코드 청크에 다음과 같은 코드 형태로 opts_chunk 객체를 사용할 때다. 다른 객체를 사용해야 하는 경우는 처음에 그렇게 많지 않다.

```
library(knitr)
opts_chunk$set(comment = NA, prompt = FALSE)
```

경험에 비춰 보았을 때도 다른 객체를 다뤄야 하는 경우는 그리 많지 않다. 대부분 opts_chunk$set()을 쓰게 될 것이므로, opts_chunk$set()은 연습장에 10번 정도 손으로 써서 암기하는 것이 좋다.

이렇게 지정하면 이후의 모든 청크에는 comment = NA, prompt = FALSE라는 옵션이 디폴트로 사용된다. 왜 이런 객체들을 사용하는 것일까? 그 이유는 많은 객체들을 손쉽게 다루기 위해서다. 즉, 함수의 인자를 단순한 값이 아닌 설정 객체 configuration object로 전달하는 것이다. 니터에서 정의된 객체들도 대부분 이런 설정 객체로 사용되기 때문에 위의 예처럼 문서 전체에 적용될 옵션들을 하나의 객체로 묶어 설정할 수 있다.

니터의 옵션

니터의 옵션은 크게 (1) 코드 청크의 행동을 조절하기 위한 청크 옵션과 (2) 패키지의 행동을 조절하는 패키지 옵션으로 나뉜다. 니터 패키지는 청크 옵션을 opts_chunk라는 객체에 저장하고, 패키지 옵션은 opts_knit라는 객체에 저장한다.

니터에서 사용되는 옵션은 개수가 많으므로 처음 사용자라면 질릴 수도 있다. 이렇게 많은 옵션을 가지고 있는 이유는 다음과 같은 니터가 가진 많은 기능들 때문이고, 사용자가 이 기능을 사용하여 원하는 결과를 얻을 수 있게 하기 위해서다.

- 니터는 특별한 경우보다 일반적인 경우들에 대응할 수 있도록 하고 있다.
  - 이를테면 R이 아닌 다른 언어를 사용할 수 있다.
  - 니터는 여러 마크업 언어(마크다운, 레이텍, HTML)와 함께 사용할 수 있다. 이런 마크업 언어들은 고유의 방법이 있다. 이를테면 size라는 청크 옵션은 소스코드를 출력할 때나 레이텍에서 폰트의 크기를 정할 때 사용한다. 따라서 이 옵션은 레이텍을 사용할 때 적용할 수 있지만, 다른 마크업 언어에는 적용할 수 없다.
- 니터는 그 선배격인 스위브^{Sweave} 패키지에서 불편했던 부분들을 많이 개선했고, 계산의 효율성도 많이 높였다.
  - 스위브에서는 하나의 코드 청크에서 하나의 그래픽만을 처리할 수 있었지만, 니터에서는 모든 그래픽을 저장하고 이를 적절하게 사용할 수 있다(fig.show 옵션).
  - 여러 그래픽 디바이스를 사용할 수 있다(dev 옵션).
  - 필요하지 않은 경우에는 청크가 계산을 다시 하지 않고 이전 결과를 사용하는 캐시 기능이 있다(cache 옵션).

청크 옵션의 역할과 그것을 이해하는 방법

청크 옵션의 수는 매우 많기 때문에 이를 체계적으로 이해하지 못하면 길을 잃을 것이다. 이때 길잡이 역할을 하게 될 생각의 틀은 다음과 같다.

1. 청크의 종류는 어떤 것을 제어하고자 하는지에 따라 정리한다. 하나의 코드 청크는 일종의 함수라고 생각하면 된다. 함수에 인자를 주어 원하는 결

과를 얻듯이, 청크 옵션을 사용하면 현재의 코드 청크를 제어할 수 있다. 코드 청크의 행동을 이해하고자 할 때는 다음 표와 같이 청크가 반환하는 것들의 특성에 따라 정리해야 한다. 다음 여섯 가지 종류 중에서 `message`, `warning`, `error`는 하나로 묶어 생각하면 된다.

표 3.2 코드 청크가 반환하는 여섯 가지

객체	목적
소스코드	코드 청크에 들어 있는 R 코드
텍스트	summary(iris)의 출력물과 같은 텍스트 출력물
플롯	plot(iris)의 출력물과 같은 플롯
메시지	메시지
경고	경고
에러	에러

2. 다음은 문서 렌더링의 흐름이다(앞에서도 보았던 그림이다). 문서는 단계를 거쳐 렌더링되는데, 이 단계를 이해해야만 코드 청크를 이해할 수 있다. 예를 들면 include라는 옵션은 해당 청크가 출력하는 결과물을 그 다음 단계로 넘기지 않도록 하는 역할을 한다. 코드는 실행되지만 그 결과물은 다음 단계로 넘기지 않는다. `results="asis"`라는 옵션도 이와 비슷하다. 어떤 청크 결과물이 이미 다음 단계의 문법으로 정리되어 출력된 경우에는 이것을 있는 그대로 다음 단계로 넘기라는 뜻이다. 표나 웹 콘텐츠 등을 다룰 때 많이 사용한다.

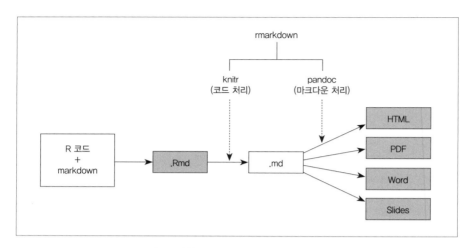

그림 3.2 재현 가능 문서 제작법에 따른 작업 흐름

이 두 가지 개념을 가지고 바라보면 많은 청크 옵션들에 대한 생각의 틀을 잡을 수 있을 것이다.

청크 옵션 설정법

각각의 코드 청크를 개별적으로 조절할 수도 있고, 앞에서 언급한 opts_chunk, opts_template와 같은 니터 객체들을 활용하여 문서 전체에 적용되거나 자주 사용하는 옵션 세트를 만들어 사용할 수도 있다. 그림으로 표현하면 다음과 같다(그림 3.3).

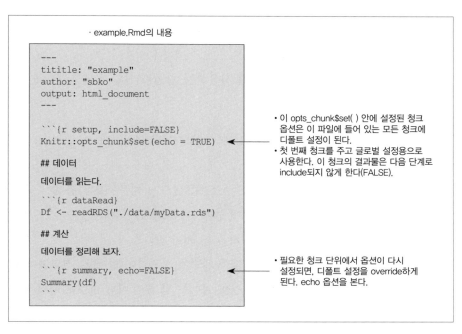

example.Rmd의 내용

```
---
tititle: "example"
author: "sbko"
output: html_document
---

```{r setup, include=FALSE}
Knitr::opts_chunk$set(echo = TRUE)

## 데이터

데이터를 읽는다.

```{r dataRead}
Df <- readRDS("./data/myData.rds")

## 계산

데이터를 정리해 보자.

```{r summary, echo=FALSE}
Summary(df)
```
```

- 이 opts_chunk$set( ) 안에 설정된 청크 옵션은 이 파일에 들어 있는 모든 청크에 디폴트 설정이 된다.
- 첫 번째 청크를 주고 글로벌 설정용으로 사용한다. 이 청크의 결과물은 다음 단계로 include되지 않게 한다(FALSE).

- 필요한 청크 단위에서 옵션이 다시 설정되면, 디폴트 설정을 override하게 된다. echo 옵션을 본다.

그림 3.3 글로벌 청크 옵션과 개별 청크 단위 옵션 설정

먼저 개별 청크의 옵션을 설정하는 방법부터 설명한다.

어떤 코드 청크의 옵션은 다음과 같이 지정한다. r 다음에 쉼표를 쓰거나 빈칸을 둔 다음에 청크 옵션을 쓰면 된다. 옵션들은 쉼표(,)로 구분한다. 이때 label이라는 옵션을 제외하고는 대부분 키=값의 형태로 되어 있다. 레이블은 키=값이 아닌 형태로 쓸 수 있는데, 이 경우에는 옵션에서 가장 먼저 와야 한다. 뒤에 오는 경우에는 다른 옵션들처럼 label="myPlot"와 같은 형태로 써야 한다. 보통은 가장 먼저 오도록 한다.

```
```{r myPlot, echo = FALSE, fig.align='center'}
plot(cars)
```
```

RStudio에서는 청크 옵션을 지정하기 위해 옵션 이름에 등호를 쓰면 선택할 수 있는 옵션 값들의 리스트를 보여 주는 기능이 있기 때문에 매우 편리하다.

청크 옵션은 보통의 R 함수에서 인자를 사용하는 방법과 거의 같고, 다음 규칙을 지켜야 한다.

- 청크 옵션 값들은 유효한 R 코드^{valide R expression}라야 한다(그 자체로 R 코드이다).
- 참, 거짓을 표현할 때는 TRUE, FALSE를 반드시 대문자로 사용해야 하고, 텍스트가 들어가야 하는 경우, 역슬래시를 표현하기 위해서는 이스케이핑을 하기 위해 앞에 역슬래시를 하나 더 써야 한다.[2]
- 하나의 코드 청크 옵션은 옵션들의 개수에 상관없이 한 줄로 정의해야 한다. 여기서 한 줄은 에디터에서 눈에 보이는 한 줄이 아니라 엔터 키가 눌러지는 것을 기준으로 하는, 컴퓨터 코딩을 할 때의 한 줄을 의미한다.

청크 옵션의 값이 그 자체로 유효한 R 코드라는 사실은 응용의 폭을 넓혀 준다. 이를테면 코드 청크의 조건부 평가가 가능해진다. 앞의 R 코드에서 dothis라는 R 객체가 있고, 이 값에 따라 echo 옵션을 조절할 수 있다. 만약 echo=dothis일 때, 앞의 계산 결과에서 dothis가 참(TRUE)이면 소스코드가 출력될 것이고, 거짓(FALSE)이면 출력되지 않을 것이다. 다음과 같은 예에서 앞의 코드 청크에서 k가 0보다 크면 dothis는 TRUE를 가지고, 0 이하이면 FALSE를 가진다. 따라서 두 번째 코드 청크의 코드가 출력될 것인지의 여부는 k 값으로 조절할 수 있다.

```{r }
k <- 0
if(k >0){
  dothis <- TRUE
} else {
```

---

2 예를 들어, out.width = "0.7₩₩linewidth"

```
  dothis <- FALSE
}
```

```{r echo=dothis}
mean(1:100)
```

문서 전체에 적용되는 청크 옵션 설정 방법

보통 하나의 문서에서 여러 코드 청크가 사용된다. 이 코드 청크들마다 개별 옵션
을 사용하면 입력하기도 귀찮을 뿐만 아니라 나중에 유지하거나 수정하기 어렵다.
이런 불편을 덜 수 있도록 먼저 문서 안의 모든 코드 청크에 적용되는 디폴트를 설
정하고, 뒤에 가서 필요한 경우에 이 디폴트를 재설정^{override}하여 사용하는 패턴을
따른다. 이런 전체 문서의 코드 청크에 적용되는 설정용 청크는 일반적으로 문서의
첫 번째 청크를 사용한다.

- 첫 코드 청크에서 문서 전반에 걸쳐 적용되는 옵션을 설정한다.

이런 첫 코드 청크 안에 있는 옵션들을 종합적으로 관리하기 위해 set() 메서드를
사용하여 니터 패키지에 내장된 opts_chunk 객체에 옵션을 지정한다.

- opts_chunk$set(...)

안의 옵션들은 옵션=값 형태로 지정한다. 이들 사이는 콤마(,)로 구분한다. RStudio
에 내장된 .Rmd 문서의 예와 같이 다음과 같은 코드 청크로 시작하는 것이 일반
적이다.

```{r setup, include=FALSE}
knitr::opts_chunk$set(echo = TRUE)
```

이렇게 설정되면 이후의 모두 코드 청크는 이 청크 옵션이 디폴트 값으로 작동한다. 그 이후에는 필요한 곳에서 옵션을 재지정하여 사용한다.

그리고 이 첫 번째 코드 청크는 이처럼 뭔가를 설정하는 데 사용되기 때문에 결과물에서 이 코드 청크가 반환하는 것을 포함하지 않는 경우가 대부분이다. 따라서 이 첫 번째 코드 청크의 옵션에 echo=FALSE를 주어 코드가 출력되지 않도록 하고, include=FALSE를 지정하여 문서 렌더링에 관여하지 않게 하는 것이 관례다. include 옵션은 크게 영향을 미치지 않기 때문에 echo=FALSE만 쓰는 경우도 흔하다. 이와 같은 패턴이 일반적이기 때문에 이 패턴은 반드시 기억하고 있다.

이런 것들이 익숙해지면 좀 더 앞으로 나아갈 수 있다. 그렇게 사용할 일은 많지 않지만 설명을 추가한다.

위에서 opts_chunk 객체는 문서 전체에 적용되는 설정하는 방법으로, opts_template은 자주 사용하는 옵션들을 모은 것이다. 여기에 설정된 옵션을 사용하는 코드 청크는 opts.label을 사용한다.

opts_template에 값을 설정할 때는 opts_chunk 때와 마찬가지로, set() 메서드들을 사용한다. 그 대신 set() 메서드를 사용할 때는 청크 옵션 집합을 리스트로 만들어 설정한다. 리스트를 사용하는 이유는 하나의 문서에도 목적에 따라 복수의 옵션 집합들이 필요한 상황에 대응하기 위해서다.

````{r }
opts_template$set(centerFig=list(fig.align="center", echo=TRUE),
rightFig=list(fig.align="right", comment=NA, fig.width=4, fig.height=3))
````

이렇게 2개의 청크 옵션을 설정한 후에는 이후의 코드 청크에서 opts.label이라는 옵션에 해당 청크 옵션 집합의 이름을 문자열로 전달하면 된다. 예를 들면 opt.label='centerFig'나 opts.label='rightFig'와 같이 설정하여 사용한다. 다음은 그 예다.

```
```{r opts.label='rightFig'}
hist(rnorm(1000))
```
```

프로젝트 파일 전체에 적용되는 청크 옵션 설정 방법

앞에서 하나의 코드 청크에서 옵션을 적용하는 방법과 더 나아가 하나의 .Rmd 파일에 포함된 모든 코드 청크에 적용되는 청크 옵션을 설정하는 방법을 설명했다. 이 책의 후반부에는 이런 .Rmd 파일들을 모아 하나의 웹 사이트를 구축하거나 책의 형태로 만드는 방법이 소개되어 있다. 그런데 모든 .Rmd 파일의 코드 청크들에 적용될 코드 청크를 적용할 때는 어떻게 할 것인가?

물론 프로젝트에 들어 있는 모든 .Rmd 파일의 첫 번째 코드 청크를 똑같이 작성하여 사용하는 것도 한 가지 방편이 될 수 있다.

나는 chunkOptions.R 파일을 만든 후 이곳에 `opts_chunk$set(...)` 코드를 넣고 저장한다. 그런 다음, 각 .Rmd 파일의 첫 번째 코드 청크에서 `source("chunkOptions.R")`을 실행하는 방법을 쓴다. 그렇게 하면 한 군데에서 필요한 내용들을 관리할 수 있다. `source()` 함수는 베이스 R 함수로, R 스크립트를 불러 실행하게 하는 역할을 한다.

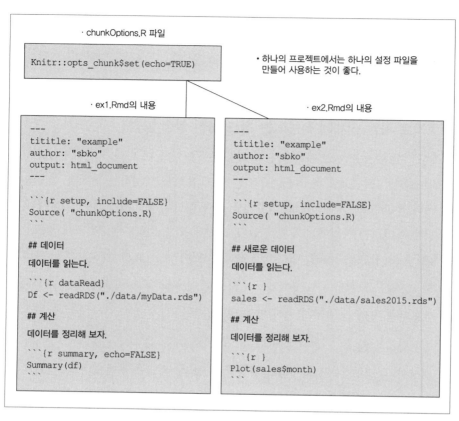

· chunkOptions.R 파일

```
Knitr::opts_chunk$set(echo=TRUE)
```

• 하나의 프로젝트에서는 하나의 설정 파일을
  만들어 사용하는 것이 좋다.

· ex1.Rmd의 내용

```
---
tititle: "example"
author: "sbko"
output: html_document
---

```{r setup, include=FALSE}
Source( "chunkOptions.R)
```

데이터

데이터를 읽는다.

```{r dataRead}
Df <- readRDS("./data/myData.rds")
```

계산

데이터를 정리해 보자.

```{r summary, echo=FALSE}
Summary(df)
```
```

· ex2.Rmd의 내용

```
---
tititle: "example"
author: "sbko"
output: html_document
---

```{r setup, include=FALSE}
Source( "chunkOptions.R)
```

새로운 데이터

데이터를 읽는다.

```{r }
sales <- readRDS("./data/sales2015.rds")
```

계산

데이터를 정리해 보자.

```{r }
Plot(sales$month)
```
```

그림 3.4 프로젝트에서 공통으로 사용한 청크 옵션 파일

패키지 옵션

앞에서 말한 바와 같이 청크 옵션은 기본적으로 청크의 행동을 조절하는 옵션이고,
패키지 옵션은 니터 패키지 전체에 영향을 미치는 옵션이다.

패키지 옵션을 바꿔야 하는 경우는 그리 많지 않다. 만약 바꿔야 하는 상황이라면
잘 이해한 후에 사용해야 한다. 이는 니터 사이트[3]에 잘 설명되어 있다.

---

3 http://yihui.name/knitr/options#package_options

패키지 옵션은 opts_knit라는 객체를 사용하여 지정한다. 기본 설정은 다음과 같다.

```
opts_knit$set(progress = TRUE, verbose = TRUE)
```

여기에서는 2개의 패키지 옵션만 설명한다.

aliases

리눅스 등을 사용하는 독자라면 이 기능을 대충 예상할 수 있다. 에일리어스^{aliaces}는 자주 사용하는 명령인데, 길거나 복잡한 경우에 간단히 재정의하여 사용하는 것을 말한다.

니터의 청크 옵션들 가운데 복잡한 것은 가명으로 정해 놓고 사용할 수 있다. 예를 들어 fig.height의 h, fig.width 옵션을 w라고 정한 후에 사용하고 싶다면 다음과 같이 한다. 디폴트 값은 NULL이다.

```
opts_knit$set(aliases=c(h="fig.height", w="fig.widht"))
```

위와 같이 opts_knit 객체에 설정하는 방법도 있고, 다음과 같이 set_alias() 함수를 사용할 수도 있다. 함수를 사용하는 편이 좀 더 쉬울 것이다.

```
set_alias(w = "fig.width", h = "fig.height")
```

root.dir

이 패키지 옵션은 입력 문서의 코드가 실행되는 작업 디렉터리를 정하는 옵션으로, 디폴트는 NULL이다. 디폴트 설정에서는 입력 문서가 위치한 디렉터리가 작업 디렉터리가 된다.

setwd()라는 함수는 R의 작업 디렉터리를 바꿀 수 있는데, 니터를 사용하는 대부분의 경우에서는 원하는 결과를 얻지 못할 수도 있으므로 사용하지 않는 것이 좋다. 정말 바꿔야 한다면 이 root.dir을 설정하여 사용해야 한다.

참고로 프로젝트에서 .Rmd 파일을 가지고 작업할 때는 루트 디렉터리에 .Rmd 문서를 넣은 후 렌더링되는 .html 문서를 루트 디렉터리에 넣어 출력하는 것이 가장 안전하다. 이를 바꾸고 싶은 경우에는 리소스의 디렉터리나 사용자가 추가한 이미지 디렉터리 등과의 관계를 정확하게 잡아 주는 세심함이 필요하다.

소스코드와 관련된 옵션들

코드 청크 안에는 R 코드가 놓인다. 이에는 코드의 실행에 영향을 미치는 옵션과 코드를 출력물에 표시하는 데 영향을 미치는 옵션 등이 있다.

소스코드 실행

코드 청크 안에 있는 R 코드의 실행에 영향을 미치는 옵션을 살펴보자.

eval

코드 청크의 실행 여부를 결정한다. 디폴트는 TRUE다. 논리 값으로 줄 수도 있지만, 숫자형 벡터로 줄 수도 있다. 이 경우에는 해당 코드만 실행하거나 실행하지 않게 할 수 있다.

- `eval=FALSE`: 해당 코드 청크를 실행하지 않는다.
- `eval=c(2,3,4)` : 2, 3, 4번 코드만 실행한다.

cache

디폴트는 FALSE인데, 이 값을 TRUE로 바꾸면 코드 청크의 결과를 캐시로 저장한다. 캐시cache는 코드가 실행된 결과를 미리 저장해 놓는 것을 말한다. 결과가 캐시로 저장된 코드 청크는 어떤 변화가 없는 한, 다음 문서의 렌더링에서 코드를 실행하지 않고 그냥 넘어간다. 따라서 이 기능은 계산 시간이 오래 걸리는 코드에 적합하다.

이 기능은 계산 시간이 오래 걸리는 코드에서 캐시를 사용하지 않았을 때보다 꽹장히 빠른 속도로 문서가 렌더링되는 장점이 있는 대신, 내용을 정확히 이해해야만 제대로 된 효과를 기대할 수 있다는 단점이 있다. 캐시에 대한 자세한 내용은 다음 리소스에서 확인할 수 있다. 다음은 그 예를 설명한 것이다.

- http://yihui.name/knitr/options/
- http://yihui.name/knitr/demo/cache/

니터 웹 사이트를 보면 cache=TRUE를 사용했을 때, 추가로 조정하는 데 사용되는 보조 옵션들을 볼 수 있다.

다음 캐시를 사용할 때 주의해야 하는 경우의 예를 들어 보자. 직장에서 매주 데이터가 숫자만 달라지고, 그 형식은 똑같은 엑셀 파일로 전달되며, 나는 그 데이터를 사용하여 일정한 형태의 보고서를 만들어 상사에 보고해야 한다고 생각해 보자.

보고서는 이 책에서 소개하는 재현 가능 저술법으로 작성했다. 그러면 필연적으로 이 파일을 읽는 코드를 사용하게 될 것이다. 코드를 간단하게 만들기 위해 엑셀 데이터를 .csv 파일로 변환한 후에 사용한다고 가정해 보자. 다음과 같이 코딩할 수 있을 것이다.

그런데 이 코드는 하드 디스크에 있는 파일을 읽기 때문에 데이터가 커질수록 시간이 점점 많이 소요되어 자칫 병목 구간이 되어 버릴 수 있다. 이 경우 cache=TRUE가 도움이 된다.

그래서 이 코드가 들어간 코드 청크의 옵션에서 cache=TRUE를 주었다. 이렇게 설정하면, 첫 번째 코드가 실행되면서 cache.path 옵션에 설정된 디렉터리에 srcData 객체가 좀 더 특별한 방법으로 저장된다. cache.path 옵션은 디폴트로 cache/인데, 이는 현재 디렉터리의 서브 디렉터리로 cache라는 디렉터리를 만들고 그곳에 저장한다는 의미다. 물론 원하면 바꿀 수도 있다.

보고서의 개인 의견을 첨부하기 위해 내용을 입력하면서 문서를 여러 번 렌더링하고 그 결과를 확인하면서 문서를 완성해 나간다고 가정해 보자. 이 경우 첫 번째 이후부터는 이 코드 청크가 캐시되어 있기 때문에 실행되지 않는다. 따라서 시간이 매우 절약될 것이다.

캐시가 적용된 코드 청크를 다시 실행하기 위해서는 코드 청크의 내부 코드가 바뀌거나 코드 청크의 옵션에 어떤 변화가 있을 때 원래 있던 캐시를 삭제하고, 다시 계산하여 새로운 내용을 반영해야 한다. 물론 처음 바뀐 내용이 적용될 때는 시간이 걸리지만 한 번으로 끝난다. 그 이후는 다시 빨라진다.

한 주가 지나고 새로운 보고서가 도착했다. 이제 Weekly.csv 파일의 내용은 1주 전의 것이 아니다. 제대로 된 위치에 파일을 놓고 문서를 렌더링했더니 이전 주의 내용으로 문서가 렌더링되었다. 이는 당연한 결과로, 우리가 코드나 청크 옵션에 손을 대지 않았고, 외부에 있는 파일이 바뀐 것은 R과는 상관 없는 일이기 때문에 문서가 렌더링될 때는 이전의 캐시된 내용을 그대로 사용하는 것이다.

이 경우 파일의 업데이트가 있었다는 사실을 청크로 전달할 수 있다면 코드 청크가 다시 실행되고 캐시가 리뉴얼될 것이다. R에서 외부 파일과 다루기 위한 함수들은 `?files` 명령으로 확인할 수 있는데, 그런 함수들 중 `file.info()$mtime` 또는 `file.mtime()` 함수는 파일이 수정된 시간을 알려 준다. 따라서 다음과 같이 할 수 있다.

```
```{r cache=TRUE, fileChange = file.mtime("Weekly.csv")}
srcData <- read.csv("Weekly.csv")
```
```

이렇게 하면 `Weekly.csv`가 새로 만들어질 때마다 그 수정된 시간이 바뀌어 변수 fileChange 값이 바뀐다. 그러면 캐시가 다시 리뉴얼되는 것이다.

참고로 코드 청크의 옵션이 유효한 R 코드라면 어떤 것을 써도 무방하다. R 콘솔에 어떤 객체를 만들어 나중에 사용하지 않으면 그만인 것이다. 그래도 여기에서는 변수의 값을 바꿔 코드가 다시 실행되는 역할을 하도록 한다.

캐시가 모든 것을 저장하는 것은 아니다. 특히 플롯을 만들거나 파일에 기록하는 등과 같은 부수 효과를 가지는 코드 청크들은 캐시를 사용하지 않는 것이 좋다. 패키지를 부르는 코드 청크나 앞 장에서 설명한 문서 설정용으로 사용되는 첫 번째 코드 청크는 일반적으로 캐시를 사용하지 않는다.

R이 아닌 다른 언어와 함께 사용

니터는 R 언어와 다른 마크업 언어를 결합하여 사용하는 데 1차적인 목적이 있지만, R 언어 대신 다른 언어도 사용할 수 있는 범용 목적으로 개발되었다.

그런데 R이 아닌 경우의 근본적인 한계는 한 소스파일의 코드 청크들이 독립적으로 실행되는 것이다. 즉, 앞에서 어떤 변수를 만들었다고 하더라도 이를 다음 코드 청크에서 사용할 수 없는 것이다. 물론, 변수를 파일 등으로 저장하는 방식으로 되돌아갈 수는 있다. 설사 그렇더라도 가끔은 도움이 될 것이다. 이 부분은 앞에서도 소개한 http://rmarkdown.rstudio.com/authoring_knitr_engines.html을 참고하기 바란다.

include

이 청크 옵션은 청크의 출력물을 문서에 포함되지 않도록 한다. 보통은 출력물을 문서에 포함하기 때문에 디폴트는 TRUE이다. 만약 FALSE라고 지정하면, 해당 코드 청크의 코드는 일단 실행은 되지만 결과물은 문서에 포함되지 않는다.

이 옵션은 전체 문서 코드에 적용되는 옵션들을 설정하는 첫 번째 코드 청크의 옵션으로 사용된다.

```
```{r echo=FALSE, include=FALSE, cache=FALSE}
```
```

```
library(knitr)
library(ggplot2)
opts_chunk$set(comment=NA, fig.align="center", cache=TRUE)
```

label

label은 코드 청크에 레이블을 붙이는 것이다. 이름을 지정하지 않으면 unnamed-chunk로 시작되는 이름으로 자동 부여된다. 레이블을 붙이는 데는 많은 장점이 있는데, 여기서 중요한 것은 한 문서 안에서 이런 레이블은 고유한 값을 가져야 한다는 것이다. 즉, 중복되면 안 된다. 중복하여 사용하려면 options(knitr.duplicate.label = 'allow') 같은 것을 사용해야 한다. 만약 중복된 코드 청크가 있다면 문서가 렌더링되다가 멈춘다.

레이블은 다른 청크 옵션과 달리 옵션=값 등의 형태로 쓰지 않아도 되고(그렇게 해도 된다), 텍스트임에도 불구하고 인용 기호를 사용하지 않아도 된다. 그렇지만 모든 옵션에서 가장 먼저 정의해야 한다. 청크 경계를 의미하는 r과는 띄어써야 한다. 그리고 이들 사이에는 콤마를 써도 되고, 쓰지 않아도 된다. 앞에서 사용한 코드 청크에 레이블을 붙이면 다음과 같이 할 수 있다.

```{r Setup, echo=FALSE, include=FALSE, cache=FALSE}
library(knitr)
library(ggplot2)
opts_chunk$set(comment=NA, fig.align="center", cache=TRUE)
```

레이블은 사용하면 여러 가지 이점이 있다. 플롯, 캐시, 이미지의 캡션 등의 이름은 레이블을 사용하여 만들기 때문에 이들을 별도로 이용하고자 하는 경우에 도움이 된다. 그리고 코드 청크를 재활용할 때도 반드시 필요하다.

소스코드 출력

코드 청크 안의 코드를 출력할 때 이를 조절할 수 있는 옵션들이 준비되어 있다.

echo

디폴트는 TRUE인데, 코드 청크의 코드가 출력되게 한다. 코드의 실행을 조절하는 eval 옵션과 마찬가지로 숫자형 벡터를 전달할 수도 있다.

- echo=FALSE: 코드 청크의 코드가 출력되지 않는다.
- echo=c(2, 3,5) : 2, 3, 5번 코드만 출력한다.

prompt

이 옵션은 코드 청크의 코드들이 출력될 때 R 콘솔의 프롬프트가 결과물에 보일 것인지를 결정하는 것으로, 디폴트는 FALSE다.

highlight

출력되는 코드 청크에 색을 입혀 읽기 편하게 할 것인지를 결정한다. 이는 알마크다운^{rmarkdown}의 출력물에서 하이라이트 기능과 맞물려 사용된다. 알마크다운에서 하이라이트를 선택하고, 코드 청크에서 그것을 적용할 것인지, 말 것인지를 결정하는 것이다.

이를테면 RStudio의 세부 설정 버튼을 사용하여 하이라이트 테마 등을 선택할 수 있다.

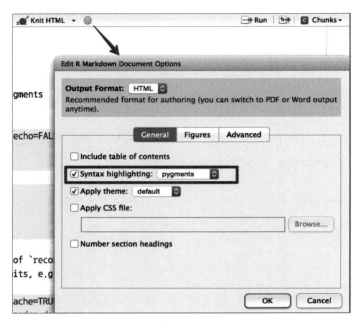

그림 3.5 코드 하이라이트 선택

tidy

tidy 옵션은 formatR 패키지의 기능을 사용하여 코드를 정리할 것인지를 결정한다. 디폴트는 FALSE로, 사용자가 입력한 코드를 있는 그대로 출력한다. 만약 다음과 같은 코드가 사용된 경우,

```
if(TRUE){
x=1
}else{
x=2;print('Hello, World')}
```

디폴트인 tidy=FALSE를 사용하면 다음과 같이 출력된다.

```
if(TRUE){
x=1
}else{
x=2;print('Hello, World')}
```

만약 tidy=TRUE를 쓰면 다음과 같이 출력된다.

formatR 패키지를 잘 알고 있다면, tidy.opts에 옵션을 추가하여 작업할 수 있다.

background, size

이 옵션은 .Rnw 파일로 작업할 때 사용되고, .Rmd에서는 유효하지 않다. background 는 코드가 출력되는 블록의 배경색을 지정하고, size는 출력되는 코드의 폰트 크기 를 지정한다. 이제는 자주 사용할 필요가 없기 때문에 설명을 추가하지 않는다. 필 요한 경우에는 니터 사이트를 참고하기 바란다.

마크다운에서 코드 청크 들여쓰기

다음 그림과 같이 마크다운에서 니터를 사용할 때 코드 청크의 앞의 빈칸을 사용하 여 코드 청크와 그 결과에 대해 들여쓰기를 할 수 있다.

첫 번째 코드 청크는 일반적인 경우이고, 두 번째 코드 청크에는 리스트(-)를 사용 했는데, 내용은 없이 기호만 사용하고 줄을 바꾼 다음에 앞에서 빈칸 4개를 두었다.

세 번째는 서브 리스트가 있고, 그 아래에 다시 4칸을 둔 다음, 코드 청크를 두었다. 이와 같은 방법을 사용하면 코드 청크에 대한 들여쓰기를 할 수 있다.

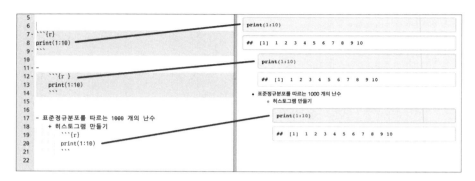

그림 3.6 청크 들여쓰기(출력물에 대한 들여쓰기)

다음과 같이 블록 인용에서도 사용할 수 있다.

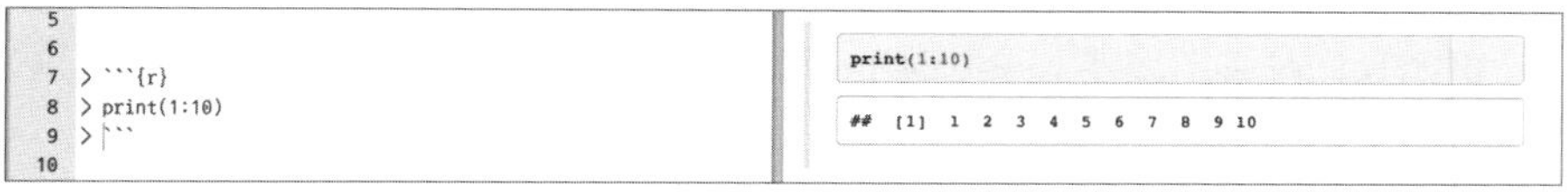

```
5
6
7 > ```{r}
8 > print(1:10)
9 > ```
10
```

```
print(1:10)

## [1] 1 2 3 4 5 6 7 8 9 10
```

그림 3.7 인용 블록에서 사용

텍스트 출력에 영향을 미치는 옵션들

텍스트 출력물이란, 대화형 R 콘솔에서 `summary(mtcars)`를 실행한 결과와 같이 텍스트 형태로 콘솔에 디스플레이되는 것을 말한다. 그런데 이들 텍스트에는 HTML이나 LaTeX 문법의 텍스트를 출력하여 문서가 다음 단계에서 렌더링되게 할 목적으로 사용되는 것들이 있다. 표를 다루는 xtable 패키지가 대표적인 예다.

results

니터는 코드 청크가 출력하는 것을 모아 다시 해당 위치에 그것을 입력하는 역할을 한다. 따라서 텍스트는 주변 마크업 언어의 문법에 맞춰 보내 주어야 한다. 마크다운 마크업인 경우, 이 마크다운 문법에 맞게(.Rmd 소스파일), 레이텍인 경우에는 레이텍 문법에 맞게(.Rnw 소스파일) 텍스트를 보내 주어야 한다. 이를 결정하는 것이 results 옵션이다. 이런 행동을 정해 놓은 것이 디폴트 설정인 results="markup"이다.

아주 당연해 보이는데, 왜 다른 값이 필요한지 반문할 수 있다. 문제는 코드 청크가 출력하는 텍스트 중에는 조금 다른 목적을 가진 텍스트가 있다. 앞에서 언급한 xtable 패키지의 print.xtable() 함수가 그 대표적인 예다. 이 경우에는 이미 처리해 놓았으므로 건드리지 말고 그대로 다음 단계로 넘기라는 뜻에서 asis가 사용된다.

표나 웹 콘텐츠 등을 만드는 코드 청크들이 대부분 이 경우에 해당한다. HTML이나 레이텍 문법으로 이루어진 복잡한 형태의 텍스트가 출력되면 results='asis'로 바꿀 수 있다는 사실을 기억하기 바란다. 예를 들어 results='asis'를 주지 않은 경우에는 다음과 같이 출력된다.

```{r }
library(xtable)
print(xtable(head(iris)), type="html")
```

```
<!-- html table generated in R 3.3.2 by xtable 1.8-2 package -->
<!-- Tue Dec  6 13:21:45 2016 -->
<table border=1>
<tr> <th>   </th> <th> Sepal.Length </th> <th> Sepal.Width </th> <th>
Petal.Length </th> <th> Petal.Width </th> <th> Species </th>   </tr>
  <tr> <td align="right"> 1 </td> <td align="right"> 5.10 </td> <td
align="right"> 3.50 </td> <td align="right"> 1.40 </td> <td align="right">
0.20 </td> <td> setosa </td> </tr>
  <tr> <td align="right"> 2 </td> <td align="right"> 4.90 </td> <td
align="right"> 3.00 </td> <td align="right"> 1.40 </td> <td align="right">
0.20 </td> <td> setosa </td> </tr>
```

```
  <tr> <td align="right"> 3 </td> <td align="right"> 4.70 </td> <td
align="right"> 3.20 </td> <td align="right"> 1.30 </td> <td align="right">
0.20 </td> <td> setosa </td> </tr>
  <tr> <td align="right"> 4 </td> <td align="right"> 4.60 </td> <td
align="right"> 3.10 </td> <td align="right"> 1.50 </td> <td align="right">
0.20 </td> <td> setosa </td> </tr>
  <tr> <td align="right"> 5 </td> <td align="right"> 5.00 </td> <td
align="right"> 3.60 </td> <td align="right"> 1.40 </td> <td align="right">
0.20 </td> <td> setosa </td> </tr>
  <tr> <td align="right"> 6 </td> <td align="right"> 5.40 </td> <td
align="right"> 3.90 </td> <td align="right"> 1.70 </td> <td align="right">
0.40 </td> <td> setosa </td> </tr>
  </table>
```

이를 제대로 보여 주기 위해 옵션을 정확히 명기하면 다음과 같다.

```
```{r results='asis'}
print(xtable(head(iris)), type='html')
```
```

여기에 results='hold'라는 옵션이 있다. 니터 패키지는 기본적으로 코드 청크와 그 결과를 표시할 때 대화형 R 콘솔과 같이 출력한다. 대화형 R 콘솔에서는 R 명령이 전달되면 바로 결과를 보여 주고, 다시 새로운 명령을 전달하면 또 결과를 보여 준다. 이와 같은 패턴으로 코드와 결과가 출력된다. 이 경우 results='hold'라는 옵션을 주면 코드 청크의 코드를 모두 출력한 후 결과를 나중에 한꺼번에 출력한다.

results='hide'라는 옵션은 텍스트 결과를 보여 주지 않게 하는 옵션이다.

Sepal.Length

Sepal.Width

Petal.Length

Petal.Width

Species

1

5.10

3.50

1.40

0.20

setosa

2

4.90

3.00

1.40

0.20

setosa

3

4.70

3.20

1.30

0.20

setosa

4

4.60

3.10

1.50

0.20

setosa

5

5.00

3.60

1.40

0.20

setosa

6

5.40

3.90

1.70

0.40

setosa

comment

comment="##"가 디폴트다. 이 디폴트에서는 텍스트 출력 앞에 ##이 표시된다. 이 #은 R에서 코멘트를 넣을 때 사용한다. 이 기호를 표시하지 않으려면 comment =NA로 지정한다. 원하는 텍스트로 지정하고 싶다면 문자열로 정한다. 이를테면 comment=">"로 할 수 있다.

collapse

이는 마크다운과 함께 사용할 때만 적용되는 옵션으로, FALSE 값이 디폴트로 되어 있다. 이 상태에서는 코드 청크와 그 결과가 별도의 블록으로 렌더링된다. 다음은 collapse=FALSE(디폴트)상의 출력 결과다.

```
[1] 50.5
```

collapse=TRUE 옵션을 주면 소스코드와 그 결과가 하나의 블록으로 렌더링된다.

에러, 경고 등의 처리

warning, error, message

R 언어의 디버깅과 관련하여 컨디션conditions이라고 불리는 경고, 에러, 메시지를 처리하는 방법을 정한다. 컨디션에 대해서는 ?conditions를 실행하여 확인한다.

경고는 warning(), 에러는 stop(), 메시지는 message() 함수에 의해 생성된다. 이는 어떤 함수의 정의 내부에서 사용되어 해당 조건들이 발생하면 사용자에게 알리는 역할을 한다.

```
warning("warning")
Warning: warning
message("message")
```

```
message
stop("error")
Error in eval(expr, envir, enclos): error
```

다음과 같이 하면 디폴트를 확인해 볼 수 있다. warning, message의 디폴트는 TRUE 이다. error는 FALSE 값을 가진다.

```
knitr::opts_chunk$get(c("message", "warning", "error"))
$message
[1] TRUE

$warning
[1] TRUE

$error
[1] FALSE
```

warning, message가 TRUE 값을 가질 때는 경고, 메시지를 모두 출력하고, 이것이 문서에 표시된다. 만약 FALSE로 지정하면 경고문이나 메시지가 출력되지 않게 한다.

error 옵션은 error=FALSE로 설정되어 있다. 어떤 코드 청크에서 에러가 발생하면 문서가 더 이상 렌더링되지 않고 멈춘다. 이는 코드에 에러가 발생했을 때 사용자가 바로 확인할 수 있도록 하기 위한 안전 장치 역할을 한다.

그런데 일부러 에러를 유발하는 경우도 있다. 예를 들어, stop() 함수를 사용한 코드 청크와 같이 이 함수의 역할을 설명하려면 이 에러를 보여 주는 것이 좋다. 즉, 에러를 허용하여 문서에 렌더링되게 하는 것이다. 이렇게 하기 위해서는 error=TRUE 옵션을 주어야 한다. 앞의 코드 청크는 다음과 같다. 즉, 디폴트인 warning, message 는 TRUE를 사용한 것이고, error=TRUE 값을 주어 에러 메시지가 표시될 뿐만 아니라 문서 렌더링도 중단되지 않는다.

```{r }
warning("warning")
message("message")
stop("error")
```

플롯을 조절하는 옵션들

플롯은 문서를 이루는 중요한 구성 요소다. 플롯과 관련된 청크 옵션들의 수는 많다. 이런 옵션들을 이해하기 위해서는 플롯이 만들어지거나 만들어진 플롯이 결과물에 렌더링되는 과정에 대한 사전 지식이 필요하다.

그래픽 시스템과 그래픽 디바이스

R이 사용하는 그래픽 디바이스는 윈도우에서는 windows(), 맥에서는 quartz()다. 이 밖에 pdf(), png(), bitmap(), jpeg 등과 같은 다양한 그래픽 디바이스가 존재한다. 그래픽 디바이스에 대한 정보를 얻고 싶다면 ?device를 콘솔에서 실행한다.

니터 패키지는 dev 옵션으로, 그래픽 디바이스(관련된 함수 이름)를 선택한다. 마크다운과 함께 사용할 때는 목표하는 결과물이 HTML 파일이기 때문에 디폴트가 png으로 설정되어 있고, 레이텍과 함께 사용할 때는 목표로 하는 결과물이 레이텍과 관련된 PDF 파일이기 때문에 디폴트가 pdf로 설정되어 있다.

어떤 그래픽 디바이스를 선택했을 때, 해당하는 디바이스에 대한 옵션은 dev.args 라는 옵션을 리스트로 전달할 수 있다. 예를 들어 png 디바이스를 사용할 때,[4] bg라는 옵션을 사용하여 바탕색을 지정할 수 있다. png 디바이스는 그 특성상 투명 바탕을 사용할 수도 있는데, 디폴트로 잡혀 있는 'white' 값을 'transparent'로 설

4　?png 콘솔에서 실행

정하려면 다음과 청크 옵션을 지정하면 된다.

```
dev='png', dev.args=list(bg='transparent')
```

전통적 R 그래픽 시스템과 그리드 그래픽 시스템 모두 R 그래픽은 '화가의 모델' 또는 '종이 위의 펜 모델'을 따른다. 이 말은 먼저 그려진 것 위에 덧칠하는 방법을 사용하여 그래픽이 완성된다는 의미다. 이는 앞에서 그려진 것이 뒤에 그려진 것에 의해 가려진다는 의미이기도 하다. 그래서 전통적 R 그래픽 시스템이 작동하는 방식을 보면, 보통 고수준함수high-leve graphic functions를 사용하여 그래픽 디바이스를 열고, 이후에 제목이나 필요한 사항들을 저수준함수low-level graphic functions를 사용하여 추가하는 형태로 작업한다. 다음 예에서는 hist()라는 고수준함수를 한 번 사용했고, 이후 밀도 곡선과 제목을 저수준함수로 추가했다. 여기서 중요한 것은 여러 단계를 거쳐 플롯이 완성된다는 것이다.

```
```{r fig.keep='all', fig.show='hold'}
rand <- rnorm(1000)
hist(rand, prob=TRUE, main="")
lines(density(rand), col="red")
title(main="An Example")
```
```

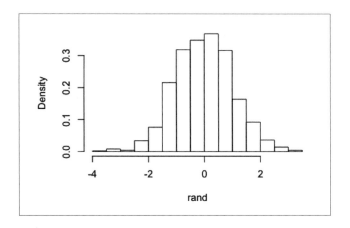

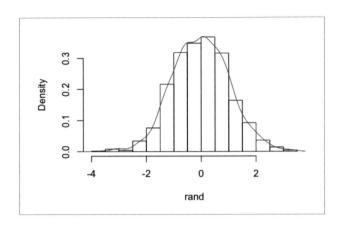

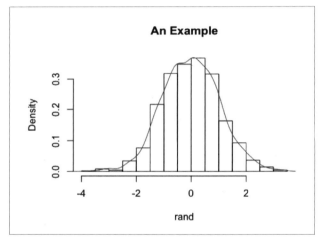

니터는 플롯의 완성되는 모든 단계를 기억한다. 즉, 고수준함수가 생성하는 그래픽과 저수준함수가 생성하는 그래픽을 하나씩 모두 저장하고 있다.

니터는 하나의 코드 청크에서 전통적 그래픽 시스템 또는 그리드 그래픽 시스템 함수에서 만들어지는 그래픽을 모두 망라하고, 그래픽이 완성되는 모든 단계를 기록한다. 코드를 실행하여 완성된 그래픽은 특정한 폴더에 저장된다. 저장된 그래픽 파일은 문서가 완전히 렌더링될 때 불러오기 때문에 최종 문서에 포함된다.

이제 개별 옵션들을 하나씩 설명한다. 예를 들면 그래픽이 저장되는 파일의 위치를 정할 수 있고, 고수준함수와 저수준함수 그래픽을 모두 포함시킬 것인지, 고수준함수가 생성한 그래픽만을 포함시킬 것인지 등을 정할 수 있다. 하나의 코드 청크가 여러 그래픽을 생성할 때 그래픽의 크기 등을 어떻게 정할 것인지 등을 설명한다.

이미지 저장 장소와 파일 이름

이 절의 내용은 말과 글로 설명하는 것보다 실제로 해 보는 것이 더 쉽다.

RStudio에서 .Rmd 파일로 HTML 문서를 만들 때는 다음 그림과 같이 Create a standalone HTML document가 디폴트로 설정되어 있다.

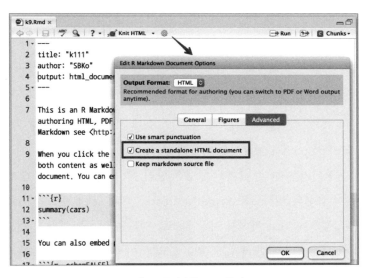

그림 3.8 독립적인 HTML 문서

여기서 standalone 문서는 이 HTML 문서가 독립적인 문서가 되도록 한다는 의미다. 이렇게 렌더링된 .html 파일을 이메일 등으로 보내면 받는 사람이 브라우저를 읽을 때 우리가 지금 읽는 것처럼 읽을 수 있다. 여기에는 문서를 형성하는 모든 리소스가 어떤 형태로든 들어 있다. 심지어 플롯 이미지에 대한 정보도 들어 있다. 니터는 데이터 URI 스킴[5]이라는 방법으로 HTML 문서 파일 안에 이미지 정보를 포함한다. 이게 어떤 식으로 되는지는 렌더링된 문서를 RStudio에서 열어 보면 알 수 있다.

그런데 .html 문서의 크기를 키운 후 실제로 웹 서버에서 사용하면 페이지가 로딩되는 시간이 오래 걸릴 수 있다. 만약 이 옵션을 언체크하여 문서를 렌더링하면 해당 문서는 독립적인 문서가 아니고, 필요한 리소스는 레퍼런스를 가지고 읽어와야 한다. 이 말은 이렇게 만들어진 문서는 관련된 리소스가 모두 제위치에 있어야만 페이지가 제대로 렌더링된다는 것을 의미한다.

standalone하지 않은 설정을 사용하는 경우에는 이미지 등의 리소스들을 가지고 있어야 하기 때문에 '파일 이름_files'라는 디렉터리를 만들어 내용들을 저장한다. 그래야만 플롯이 이 폴더 안에 저장된다. 파일 이름은 일정한 규칙에 따라 코드 청크가 레이블이 있으면 레이블로 만들고, 그렇지 않으면 unnamed-chunk로 시작하는 이름이 붙는다. 이 디렉터리에는 이미지뿐만 아니라 자바스크립트나 니터가 사용하는 부트스트랩 CSS와 관련된 리소스도 함께 저장된다.

이전에 니터의 fig.path라는 옵션을 사용해 본 사용자가 있을 수 있다. 지금도 여전히 유효한 옵션이기는 한데, 앞에서 설명한 방식 때문에 이전과는 약간 다른 행동을 보인다. 이 옵션의 디폴트는 fig.path='figure/'이다. 끝에 반드시 슬래시를 넣어야 한다. 이렇게 별도로 이미지 저장 장소를 정하는 이유는 대부분 이것을 별도로 다른 데서 사용하기 위한 경우가 많다. 그리고 이 옵션은 주로 글로벌 옵션으로 사용된다.

```{r }
knitr::opts_chunk$set(echo = TRUE, fig.path="plots/")
```

---

5 http://en.wikipedia.org/wiki/Data_URI_scheme

fig.path를 사용하면 지정한 디렉터리에 이미지가 저장된다.

이미지 크기

이미지의 크기를 정하는 니터에는 fig.width, fig.height라는 옵션과 out.width, out.height라는 옵션이 있다. 전자는 인치 단위를 기준으로 하는 물리적인 크기를 말하고, 후자는 출력물을 기준으로 하는 상대적인 크기를 말한다.

fig.width, fig.width는 숫자로 주는데, 단위는 인치^{inch}이며 디폴트는 7인치다. 이 옵션은 그래픽 디바이스의 크기를 말한다.

반면, out.width, out.height는 문자열 값으로 주는데, 이는 최종 문서를 기준으로 한다. 그래서 레이텍은 out.width='0.7\\linewidth'와 같은 형태로 주고, HTML 문서를 만드는 경우에는 out.width='700px'과 같은 형태로 준다.

니터의 코드 청크는 복수의 그래픽을 출력할 수 있다(knitr 이전의 Sweave에서는 하나의 청크에서 하나의 그래픽만을 출력할 수 있었다). 때로는 출력해야 할 여러 개의 이미지가 있거나 각각의 이미지 크기를 다르게 하고 싶을 수도 있다. 이 경우에는 fig.width, fig.height 옵션 값을 벡터로 준다. 이를테면 다음은 아래와 같은 청크 옵션을 사용한 것이다. fig.width=c(3,6)으로 플롯의 크기를 지정한 것에 주목하기 바란다.

````
```{r fig.align='left', fig.width=c(3, 6), fig.height=c(3, 4), fig.
keep='all', fig.show='hold'}
k<-rnorm(1000)
hist(k, prob=TRUE)
lines(density(k), col='red')
```
````

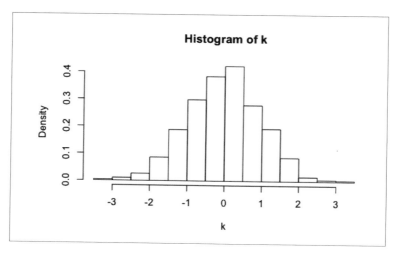

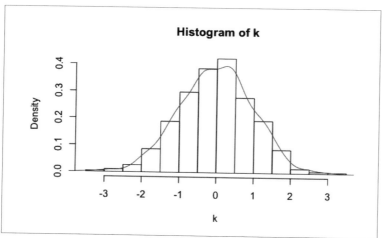

알마크다운^rmarkdown에서도 그래픽의 크기를 정할 수 있다. 디폴트는 폭은 7인치, 높이는 5인치로 정해져 있다. RStudio의 기어 모양 아이콘을 클릭하면 이를 정할 수 있다.

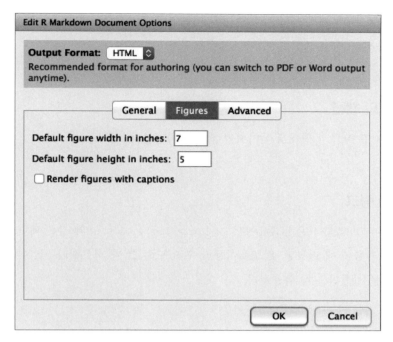

그림 3.9 이미지 크기 설정

만약 알마크다운에서 지정한 것과 니터의 ops_chunk$set() 에서 지정한 것이 다른 경우에는 니터^{knitr} 설정이 우선이다.

```
1   ---
2   title: "Untitled"
3   output:
4     html_document:
5       fig_height: 4
6       fig_width: 5
7   ---
8
9   ```{r}
10  library(knitr)
11  opts_chunk$set(fig.width = 4, fig.height=3)
12  ```
13  |
```

그림 3.10 이미지 크기를 니터에서 설정

그리고 fig.asp라는 값을 숫자로 주는데, 이는 가로 길이:세로 길이 값을 말하고, fig. width를 주면 둘을 곱한 값이 이미지의 높이가 된다.

이미지의 캡션

fig.cap="문자열"의 형태로 이미지의 캡션을 지정한다.

이미지 링크

fig.link="URL" 옵션은 HTML에서 `<a href><img ...> </a>`와 같은 패턴으로 그림을 클릭했을 때 링크된 곳으로 이동할 수 있도록 할 때 사용한다. 즉, 이 옵션은 HTML 문서를 만들 때 유용하다.

이미지 배치

이미지의 좌우 배치를 결정하는 청크 옵션은 fig.align인데, default라는 값이 디폴트로 설정되어 있다. 이는 특별히 좌우 배치를 하지 않는다는 뜻이며, 'left', 'right', 'center' 중에서 선택할 수 있다.

저장된 이미지들의 출력

니터에서는 하나의 코드 청크에서 복수의 그래픽을 출력할 수 있다고 했다. 이런 복수의 그래픽에는 고수준함수가 생성하는 그래픽뿐만 아니라 저수준함수가 생성하는 그래픽도 모두 포함된다. 여기서는 이렇게 저장된 복수의 이미지들을 출력하는 방법을 살펴보려고 한다.

'fig.keep'이라는 옵션은 고수준함수가 생성하는 그래픽과 저수준함수가 생성하는 그래픽을 어떻게 저장할 것인지를 결정한다. 디폴트는 'high'로, 고수준함수가 생성하는 그래픽만을 저장한다. 저수준함수가 생성하는 그래픽까지 저장하려면 이를 'all'로 지정해야 한다. 이 밖에도 'first'는 첫 번째 그래픽만, 'last'는 마지막 그래픽만 저장한다. 'none'을 선택하면 아무런 그래픽도 저장하지 않는다. 다음은 디폴트를 사용한 예다.

````{r }
#fig.keep='high'가 디폴트다.
set.seed(7)
r1 <- rnorm(1000)
hist(r1, main="", prob=TRUE)
lines(density(r1), col="red")
title(main="An Example")
```

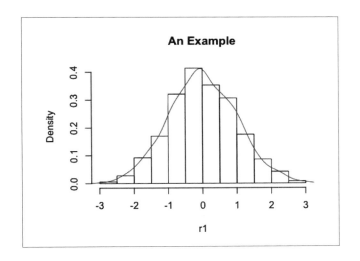

다음은 fig.keep='all' 옵션을 사용한 경우의 예다. fig.show 옵션은 바로 설명된다.

````{r fig.keep='all', fig.show='hold'}
set.seed(7)
r1 <- rnorm(1000)
```

```
hist(r1, main="", prob=TRUE)
lines(density(r1), col="red")
title(main="An Example")
```

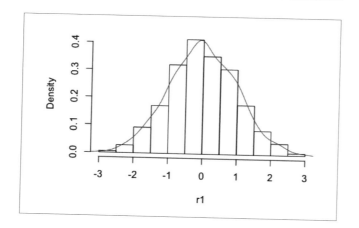

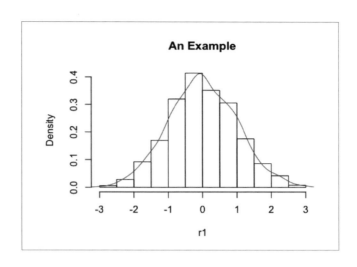

fig.show 옵션은 R 코드와 출력되는 그래픽만의 관계를 설정한다. 디폴트 값은 'asis'인데, 이 말은 R 콘솔에서 실행하는 것과 같다는 말이다. 앞의 코드 청크를 디폴트로 옮겨 보면 다음과 같다.

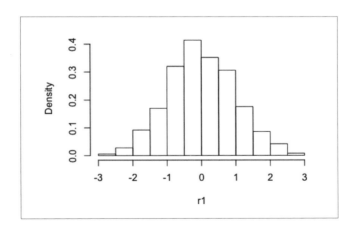

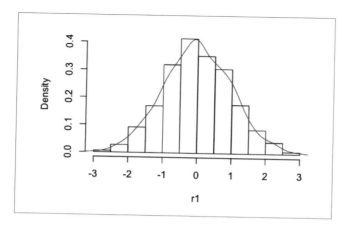

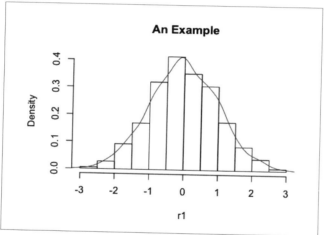

위와 같이 디폴트인 'asis'를 쓰면 코드 다음에 바로 해당 코드가 생성하는 그래픽을 보여 주기 때문에 코드 청크가 분리되어 출력된다. 만약, 코드가 모두 출력된 후 그래픽이 출력되도록 하기 위해서는 'hold'를 주어야 하는데, 이는 가지고 있다가 나중에 그래픽을 출력한다는 의미다. 'hide'라는 옵션을 사용하면 그래픽은 생성되지만 최종 문서에는 렌더링되지 않는다.

## 사진 등 일반 이미지 넣기

R 코드에 의해 만들어지는 플롯 등이 아닌 일반 이미지를 문서에 포함시키는 마크다운 문법은 다음과 같다.

![설명] (URL)

그런데 마크다운 문법은 그림의 크기 등을 조절할 수 있는 방법을 제공하지 않는다. 이런 한계는 니터 패키지의 `include_graphics()` 함수로 극복할 수 있다. 이 함수를 사용하는 경우에는 다음과 같은 이점들이 있다.

- 이미지 크기 등을 제어하는 `out.width='35%'`와 같은 옵션은 그대로 사용할 수 있다. 마크다운 문법은 이미지 크기를 제어하지 못한다.
- 앞에서 설명한 이미지 관련 조절 옵션들을 대부분 사용할 수 있다. 예를 들어 fig.align 등도 모두 지정할 수 있다.


## 한글이 들어간 플롯

R은 뛰어난 그래픽 능력으로 널리 사랑받고 있다. 그런데 그래프에 한글을 입력할 때는 다소 까다로운 측면이 있다.

한글을 제대로 입력하기 위해서는 그래픽 디바이스의 특성을 알아야 한다. 윈도우, 맥, 심지어 같은 윈도우에서도 RStudio에서 사용하는 그래픽 디바이스가 모두 다르다. 따라서 디바이스별로 한글을 등록하는 과정을 거쳐야 한다.

나의 경험에 비춰 볼 때 한글이 들어간 플롯과 관련된 가장 간단한 방법은 showtext 패키지[6]를 사용하는 것이다. 이 패키지를 사용하면 시스템에 설치되어 있는 폰트를 사용할 수 있다. 니터에서 이 패키지를 사용하는 방법은 잠시 후에 설명하기로 하

---

6 https://github.com/yixuan/showtext

고, 우선 R 콘솔에서 어떻게 사용하는지 살펴보자.

showtext 패키지는 시스템에 설치되어 있는 폰트를 직접 R로 가져와 사용할 수 있게 해 준다. 이를 사용하기 위해서는 가장 먼저 라이브러리를 로딩해야 한다.

```
library(showtext)
```

다음은 font.add() 함수로 사용할 폰트를 부른 후 여기에 어떤 이름을 부여하여 사용할 수 있다. 이때 사용할 폰트는 실제 컴퓨터에 저장되어 있는 것이다. 시스템에 설치되어 있는 폰트 파일은 font.files()라는 함수를 사용하여 확인할 수 있다.

컴퓨터에 설치된 제주 한라산체가 JejuHallasanOTF.otf 파일로 설치되었다고 가정해 보자. 이 폰트를 불러 myFont라는 이름으로 사용하는 방법은 다음과 같다.

```
font.add("myFont", "JejuHallasanOTF.otf")
```

그런 다음 pdf 디바이스로 플롯을 만들려면 그래픽 디바이스를 연 후 showtext.begin()과 showtext.end() 사이에 그래픽을 삽입하면 된다.

```
pdf("hangulhisto.pdf")
showtext.begin()
hist(rnorm(1000), main="히스토그램", family="myFont")
showtext.end()
dev.off()
```

위와 같이 하는 경우는 폰트를 hist() 함수 안에 심었기 때문에 그래픽상의 모든 문자가 해당 폰트의 영향을 받는다. 만약 제목만 한글로 바꾼다면 다음과 같이 하면 된다.

```
pdf("hangulhisto.pdf")
showtext.begin()
hist(rnorm(1000), main="")
title(main="히스토그램", family="myFont")
showtext.end()
```

```
dev.off()
```

참고로 RStudio는 RStudioGD라는 자체의 그래픽 디바이스를 사용한다. 이 디바이스에서는 제대로 작동하지 않지만, 일반적인 R 그래픽 디바이스는 거의 작동한다.

이제 니터를 사용하는 .Rmd 파일에서 showtext 패키지를 사용하는 방법을 알아보자. 가장 먼저 패키지를 부른 후 사용할 폰트를 설정한다.

```
library(showtext)
font.add("myFont", "JejuHallasanOTF.otf")
```

니터는 showtext 패키지를 사용할 때 그래픽 디바이스를 열고, 닫을 때 실행했던 showtext.begin()과 showtext.eng() 코드를 실행한 것과 똑같은 효과를 fig.showtext=TRUE라는 청크 옵션을 통해 얻을 수 있다.

```
```{r fig.showtext=TRUE}
set.seed(7)
hist(rnorm(1000), main="제주한라산체가 들어간 히스토그램", family="myFont")
```
```

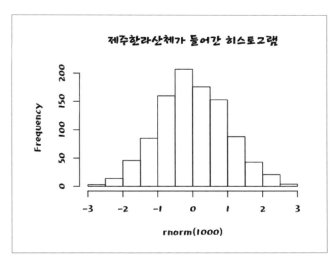

그림 3.11 fig.showtext=TRUE의 사용

## .Rnw(레이텍 + 니터)에서의 플롯 옵션들

알마크다운/팬독이 함께 사용되기 이전에는 .Rnw 파일을 가지고 레이텍을 사용하여 문서를 만들고, .Rmd 파일을 사용하여 HTML 문서를 만들었다. RStudio에서는 File>New File>R Sweave 메뉴를 사용하여 시작할 수 있다. 플롯과 관련된 옵션들은 다음과 같다. 레이텍을 주로 사용하는 유저라면 그 의미를 쉽게 알 것이다.

- fig.env: 플롯을 레이텍의 figure 환경에 놓는다. 즉, \begin{figure}...\end{figure}
- fig.cap: 플롯에 캡션에 들어가는 텍스트를 지정한다.
- fig.scap: shot caption을 지정한다.
- fig.lp: 'fig:'로 디폴트가 지정되어 있는데, 플롯에 fig: 1-2와 같은 것을 만들 때 사용한다.
- fig.pos: figure 환경의 위치를 지정하는 텍스트를 준다.

# 니터 패키지에 들어 있는 유틸리티 함수들

니터 패키지는 여러 가지 상황에서 편리하게 사용할 수 있는 유틸리티 함수를 제공한다.

## 표 만들기: kable() 함수 등

문서에서 표는 중요한 요소 중 하나다. .Rmd 파일을 사용하여 표를 편집할 때 사용할 수 있는 도구에는 여러 가지가 있는데, 이때 사용할 수 있는 비교적 가장 간단한 방법으로는 니터 패키지에 존재하는 kable() 함수를 들 수 있다.

kable() 함수는 R의 데이터 프레임 또는 매트릭스를 받아 지정된 포맷의 표로 전환해 주는 역할을 한다. 포맷은 자기가 알아서 설정하기 때문에 굳이 청크 옵션 등을 사용할 필요가 없다. .Rmd 파일을 니팅하면 1차적으로 팬독 마크다운 문서로 변환되기 때문에 대부분의 팬독 마크다운은 파이프 테이블 형태로 변환된다. 따라서 간단한 표의 경우에 이 함수를 사용하면 여러 상황에서 사용할 수 있는 무난한 표가 완성된다.

`kable()` 함수에는 여러 가지 옵션들이 마련되어 있기 때문에 사용자가 원하는 형태를 가진 표를 만들 수 있게 도와준다.

- `digits`: 표에 표시되는 소수점 자릿수를 지정할 때 사용한다. 하나의 값을 지정하면 표 전체에 적용되고, 사용되는 데이터 프레임의 열의 개수 만큼의 길이를 가진 숫자형 벡터를 사용하여 열마다 다른 소수점 자릿수를 표현할 수 있다.

```
df <- data.frame(x = sample(c("tx", "cl"), 5, T), y = rnorm(5), z
= rexp(5))
df
```

| x | y | z |
|:---:|:---:|:---:|
| cl | 0.8165920 | 2.0483856 |
| cl | −0.2518468 | 0.7385432 |
| tx | −1.7243472 | 4.7578909 |
| cl | −1.1341154 | 0.6333681 |
| cl | −1.7411324 | 0.0190716 |

```
kable(df, digits=2)
```

| x | y | z |
|:---:|:---:|:---:|
| cl | 0.82 | 2.05 |
| cl | −0.25 | 0.74 |
| tx | −1.72 | 4.76 |

| x | y | z |
|---|---|---|
| cl | −1.13 | 0.63 |
| cl | −1.74 | 0.02 |

```
kable(df, digits=c(NA, 1, 2))
```

| x | y | z |
|---|---|---|
| cl | 0.8 | 2.05 |
| cl | −0.3 | 0.74 |
| tx | −1.7 | 4.76 |
| cl | −1.1 | 0.63 |
| cl | −1.7 | 0.02 |

- `format.args`: 예를 들어 원화 등을 표시할 때 세 자리마다 쉼표 등을 사용하여 디스플레이될 수 있게 하는 등과 같은 일을 한다. R의 `format()` 함수에서 사용하는 인자들을 리스트 형태로 준다.

```
kable(df, format.args = list(scientific=TRUE))
```

| x | y | z |
|---|---|---|
| cl | 8.165920e−01 | 2.048386e+00 |
| cl | −2.518468e−01 | 7.385432e−01 |
| tx | −1.724347e+00 | 4.757891e+00 |
| cl | −1.134115e+00 | 6.333681e−01 |
| cl | −1.741132e+00 | 1.907160e−02 |

- `align` 옵션으로 좌, 우, 중앙 정렬을 할 수 있다. 좌측은 "l", 중앙은 "c", 우측은 "r"로 표현할 수 있다. 벡터로도 지정할 수 있고, 다음과 같이 이들을 엮어 하나의 문자열로 표현할 수도 있다.

```
kable(df, align="lll")   # 모두 왼쪽 정렬, align="l"과 동일
```

| x | y | z |
|---|---|---|
| cl | 0.8165920 | 2.0483856 |
| cl | −0.2518468 | 0.7385432 |
| tx | −1.7243472 | 4.7578909 |
| cl | −1.1341154 | 0.6333681 |
| cl | −1.7411324 | 0.0190716 |

- caption: 표에 사용할 캡션으로 .Rmd 파일을 사용할 때는 반드시 사용하는 것이 좋다. 나중에 북다운 등을 사용할 때는 이것이 포함되어 있어야 표에 대한 레퍼런스가 만들어진다.

```
kable(df, align="lll", digits=c(NA, 1, 2), caption="난수들")
```

■ 난수들

| x | y | z |
|---|---|---|
| cl | 0.8 | 2.05 |
| cl | −0.3 | 0.74 |
| tx | −1.7 | 4.76 |
| cl | −1.1 | 0.63 |
| cl | −1.7 | 0.02 |

- kable() 함수는 NA(결측 값)를 그대로 NA로 출력한다. 만약, 이를 다른 문자나 빈칸으로 출력되게 하려면 전체 옵션을 바꿔야 한다. NA가 빈칸으로 출력되도록 하는 방법은 다음과 같다.

```
> options(knitr.kable.NA = "")
```

## 엑셀을 사용한 정적인 표 작업

나는 책을 쓰거나 표를 만들 때 엑셀을 자주 사용하는 편이다. http://www.tables generator.com/html_tables 등과 같이 웹에 여러 마크업에 따른 표 생산 툴들이 있기는 하지만 쓰기에 답답한 면이 많다. 엑셀은 표를 만들기가 무척 편리하다.

엑셀을 표를 만들고 난 후 RStudio에서 엑셀의 시트를 부르려면 Environment 창의 'Import Dataset'이라는 버튼을 이용하면 된다.

**그림 3.12** RStudio에서 데이터를 임포트하는 방법

이 기능을 사용하려면 readxl이라는 R 패키지의 기능이 필요하기 때문에 이 패키지를 컴퓨터에 설치해야 한다.

```
> install.packages("readxl")
```

앞의 메뉴에서 From Excel...를 선택하면 다음과 같은 창이 나타난다.

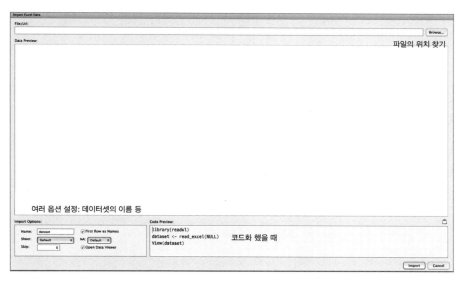

**그림 3.13** 엑셀 데이터 읽기

이 창을 통해 엑셀을 직접 부를 수 있는데, 이를 자동화하기 위해 오른쪽 하단에 표시되는 R 코드를 .Rmd 파일에 복사한 후 붙여넣기를 하여 사용할 수 있다. 파일에 대한 경로 등을 절대 경로에서 상대 경로 등으로 바꾸는 작업만 해 주면 된다.

readxl 패키지의 성능은 매우 뛰어나기 때문에 파일을 읽는 데 그다지 오랜 시간이 걸리지 않는다. 그리고 이 경우 엑셀의 빈칸을 R에서 빈칸으로 그대로 가져오기 때문에 kable() 함수를 NA로 처리할 필요도 없게 된다.

이렇게 가지고 온 표를 kable() 함수로 조절하여 렌더링한다.

## 복잡한 표 만들기

kable() 함수로는 논문 등에서 볼 수 있는 복잡한 표를 만드는 데 한계가 있다. 기본적으로 이 함수는 데이터 프레임과 같은 사각형의 데이터셋을 렌더링할 때 사용하고, 원래의 데이터셋으로 이것을 정리하여 표로 다이내믹하게 만드는 방법은 제공하지 않는다.

이런 표가 필요한 경우에는 다음과 같은 패키지들을 사용하는 것이 좋다.

- xtable, tables, pander, htmlTable, ztable

## 이미지, 웹 사이트, 샤이니 앱을 넣기 위한 함수

니터 패키지에서 외부 이미지를 불러오는 `include_graphics()` 함수 등을 포함하여 웹 사이트, 샤이니 앱 등을 위한 함수들이 준비되어 있다.

- `include_graphics()`: 외부 이미지를 부를 때 사용한다.
- `include_url()`: 웹 사이트를 부를 때 사용한다.
- `include_app()`: 샤이니 웹을 넣을 때 사용한다.

`include_graphics()` 함수는 문서를 만들 때 매우 유용하다. 왜냐하면 팬독 마크다운을 비롯한 일반적인 마크다운에는 이미지를 포함시키는 문법이 있기는 하지만, 이미지를 포함시키기만 할 뿐, 그림의 크기나 위치 등은 조절하지 못한다. `include_graphics()`를 사용하면 청크 옵션을 통해 이미지 등의 크기, 위치를 조절할 수 있다.

## 동적 콘텐츠에 대한 스크린샷

앞에서 `include_url()` 함수를 사용하여 웹 페이지를 넣거나 htmlwidgets 등의 동적 콘텐츠를 .Rmd 파일에 넣을 때 그 기본 전제는 동적 콘텐츠가 효과를 볼 수 있도록 웹 문서로 렌더링된다는 것을 전제로 하고 있다.

그런데 그런 것들을 포함하고 있는 .Rmd 문서를 워드 문서, 레이텍을 사용한 PDF 문서로 렌더링하는 경우에 이들은 무용지물이 된다. 그런데 니터 패키지에는 이 콘텐츠에 대한 스크린샷을 찍어 해당 위치에 삽입할 수 있게 도와주는 기능이 있다. 이 기능을 사용하려면 webshot이라는 R 패키지가 필요하다.

webshot 패키지를 설치한 후 .Rmd 문서에서 사용할 때는 별다른 옵션을 지정하지 않아도 된다. 다만 내부적으로는 phantomjs라는 도구가 사용되기 때문에 컴퓨터에 이를 설치해야 한다. 만약 설치되지 않은 상황이라면 문서를 렌더링할 때 설치를 위한 내용들이 콘솔에서 보일 것이다.

HTML 문서로 렌더링될 때는 원래의 콘텐츠가 제대로 보이고, PDF, 워드 등의 문서로 변환할 때는 이 패키지를 불러와서 사용한다.

## 정리

이 장에서는 니터 패키지에 대해 전반적으로 소개했다. 니터가 제공하는 청크 옵션이나 패키지 옵션들이 너무 많아 당황할 수도 있는데, 하나씩 익히면서 자주 사용하다 보면 습관이 될 것이다. 이 장에서 모든 것을 설명하지는 못했지만, 내가 니터에 대해 알고 있는 부분을 대부분 정리했다. 이 중에는 처음 사용자에게 별로 와 닿지 않는 내용도 있을 것이다. 하지만 점점 더 많은 일을 하면 여기서 설명했던 내용들을 다시 들춰 볼 때가 올 것이다.

# 팬독

Rmd 파일은 코드 청크 안에 R 코드를 작성하고, 청크 밖에 마크다운으로 텍스트를 써서 만든다. 이 장은 이 마크다운 텍스트에 대해 설명한다. 이에는 팬독<sup>pandoc</sup>이라는 독립적인 툴이 중심적인 역할을 한다. 그 역할은 다음과 같다.

1. 문서 변환기로서의 기능: 팬독<sup>pandoc</sup>의 공식 사이트 http://pandoc.org를 보면 팬독을 "a universal document converter"라고 소개하고 있다. 팬독은 마크다운을 중심으로 거의 대부분의 포맷을 문서로 변환할 수 있는 기능을 가지고 있다.

2. 팬독 마크다운 문법: 팬독은 마크다운을 중심으로 문서를 변환하므로 마크다운이 중요한 역할을 한다. 마크다운은 온라인 에디터, 오프라인 앱 등

으로 많이 나와 있고 그 버전도 매우 다양하다. 이것들의 표현력은 아주 제한적인 경우가 많다. 팬독은 매우 광범위한 문법을 사용하여 윗첨자, 아랫첨자, 참고문헌 등을 모두 표현할 수 있다.

RStudio에는 팬독<sup>pandoc</sup> 바이너리가 들어 있고, 문서 변환기로서의 기능은 대부분은 알마크다운<sup>rmarkdown</sup> 패키지 등에 녹아 있다. 마크다운 문법은 우리가 텍스트를 작성할 때 항상 이용한다.

## 팬독 문서 변환기

다음 그림은 이 책에서 소개하는 재현 가능 문서 제작법을 요약한 것이다.

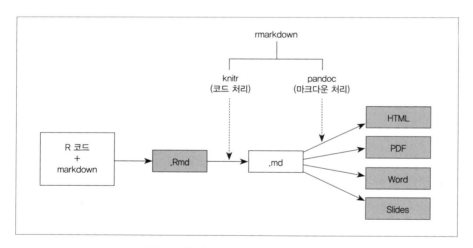

**그림 4.1** 재현 가능 문서 제작법에 따른 작업 흐름

앞에서 보았던 그림일 것이다. 그림을 보면 팬독은 마크다운 문서를 여러 포맷으로 변환하는 역할을 한다. 그런데 실제로 .Rmd 파일을 만들거나 문서를 렌더링하면 디렉터리의 중간에 거치게 되는 마크다운 문서가 보이지 않는다.

이 중간 마크다운 문서를 사용하는 경우는 많지 않지만, 중간 파일을 얻고 싶다면 편집 창 위에 있는 기어 모양의 버튼을 클릭한 후 Advanced 탭을 클릭하고 Keep markdown source file에 체크하면 된다.

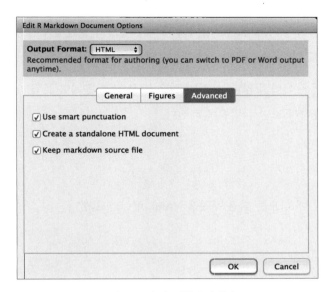

**그림 4.2** 중간 마크다운 문서 얻기

팬독은 이렇게 .Rmd 파일이 1차 컴파일된 .md 파일을 가지고 정해진 문서 포맷으로 렌더링한다. 그리고 이를 알마크다운 패키지가 정해진 값으로 조절할 수 있게 하고, 그 과정을 RStudio의 Knit 버튼에서 시작할 수 있도록 만들어졌다.

## 팬독 마크다운

마크다운은 HTML의 간편 버전이다. HTML은 웹에서 가장 중심적인 역할을 하는 마크업 언어다. 마크다운은 이 HTML을 쓰기 편하고 읽기 쉽게 만든 것이다.[1]

---

1  http://daringfireball.net/projects/markdown/

마크다운은 사용하기가 편리하기 때문에 인기가 많다. 시간이 흐르면서 여러 가지 목적에 맞게 조금씩 수정되어 현재는 수많은 변형 버전이 존재한다. R에서는 rmarkdown 패키지에 의해 제공되는 알마크다운[R markdown]을 사용한다. 알마크다운은 팬독[pandoc] 마크다운[2]을 내부적으로 사용하고, 팬독에 대한 래퍼 역할을 한다. 팬독 마크다운은 일반 마크다운보다 여러 가지 면에서 확장된 문법을 제공하기 때문에 일반 문서를 작성하는 데 필요한 대부분의 구성 요소들을 작성할 수 있다.

마크다운 문법은 어렵지 않다. 오히려 쉬운 것을 글로 옮기다 보면 더 어려워진다. 차근차근 연습하다 보면 금방 익숙해진다.

## YAML 헤더

문서의 가장 앞에 나오는 다음 부분을 YAML 헤더라고 한다.

```
---
title: "Untitled"
author: "SBKo"
output: html_document
---
```

앞뒤 3개의 하이픈은 다른 텍스트와 구별되게 하는 경계를 만든다. 그 안에 필요한 내용을 키:값 쌍으로 기재한다.

YAML 헤더는 문서의 메타 정보를 입력하는 곳이다. 이 예와 같이 제목, 저자명, 출력 문서 양식 등을 지정한다. 이 부분은 YAML이라는 데이터 포맷으로 작성되어야 하기 때문에 그 규칙을 지켜야 한다. 이 부분은 앞의 알마크다운[rmarkdown] 패키지에 관련된 장에서 설명했다.

---

2   http://johnmacfarlane.net/pandoc/README.html#pandocs-markdown

## 단락

단락<sup>Paragraphs</sup>에는 특별한 표시 기호를 사용하지 않고 그대로 입력한다. 단락의 구분은 하나 이상의 빈 줄로 한다.

단락은 특별한 표시 기호가 없다. 즉, 단락과 단락은 하나 이상의 빈 줄로 구분한다.

그리고 텍스트의 한 줄 끝에서 엔터 키를 눌러 텍스트가 입력되면 내용이 하나의 단락으로 이어진다.

줄을 강제로 바꾸기<sup>pagebreak</sup> 위해 행의 끝에서 2개 이상의 공백을 입력한 후 엔터 키를 누르거나 끝에 백슬래시를 입력한 후 바로 엔터 키를 누른다.

팬독에서는 `escaped_line_breaks`라는 방법도 허용되는데, 끝에\
백슬래쉬를 쓰고 엔터키를 치고 나서 새로운 줄에 내용을 입력하여\
줄을 바꾼다.


## 제목

스타일 제목<sup>Headers</sup>은 1에서 6개까지의 # 기호를 사용하는 것이다. 가장 상위의 제목이 #이고, 그 다음이 ##이다. 즉, # 기호의 개수가 제목의 수준이다.

# 가장 큰 제목

...

## 두 번째 큰 제목

...

### 세 번째 큰 제목 ###

제목을 표시하는 텍스트에는 텍스트 포맷팅(이를테면 **을 사용한 굵은 글씨체)을 적용할 수 있다.

## 헤더 앞에 빈 줄 사용하기(팬독)

팬독 마크다운에서는 일반 마크다운과 달리 헤더 앞에 적어도 빈 줄 하나가 필요하다. 왜냐하면 다음과 같이 # 기호가 행의 시작에 올 수 있기 때문이다. 그래서 제목 줄은 항상 하나의 독립된 행으로 작성해야 한다.

```
나는 베스킨라빈스 아이스크림 중 몇 가지 종류를 특히 좋아한다. 예를 들어
#22번과 #5번을 좋아한다.
```

## 제목의 아이디와 클래스

팬독은 제목 부분에 HTML의 class, id 속성들을 정할 수 있는 문법을 제공한다. 제목 텍스트 다음에 다음과 같은 구문으로 클래스나 아이디를 정한다. 즉, { } 안에 #이 붙는 것은 '아이디, .'으로 시작하는 클래스다.

```
## 팬독 사용법 {#UsingPandoc .unnumbered}
```

위와 같이 지정하면 이 제목의 아이디는 UnsingPandoc이 되고, unnumbered라는 클래스를 가지게 된다. 이런 아이디, 클래스 등은 일반적인 HTML 문서에서의 클래스 및 아이디와 같은 개념이다.

사용자가 제목에 아이디를 부여하지 않으면 팬독은 자동으로 아이디를 부여한다. 그런데 한글 제목을 사용하는 경우에는 영문으로 아이디를 지정해야 한다. 왜냐하면 한글 제목만 사용할 경우, 자동으로 생성되는 내부 링크가 제대로 작동하지 않을 가능성이 높기 때문이다. 이를 어기면 HTML 문서에서 toc: true라는 옵션을 사용하여 만든 목차에서 링크를 제대로 찾지 못하는 현상이 나타난다. 따라서 다음 예와 같이 제목과 아이디를 부여하는 습관을 가지는 것이 좋다.

```
## 팬독 사용법 {#UsageOfPandoc}
```

이런 아이디, 클래스를 부여하는 방법을 사용하면 다음과 같은 일을 할 수 있다.

- 아이디는 어떤 링크에 대한 레퍼런스로 사용된다.
- 커스텀 CSS를 적용할 수 있다.
- .unnumbered 클래스를 부여하면 목차를 만들도록 하는 경우에도 이 클래스를 가지고 있는 헤딩이 목차에 들어가지 않는다. {-}과 같이 하이픈을 썼을 때도 같은 효과가 타나난다.

## 블록 인용

텍스트 블록을 인용 처리하는 데 쓰인다. 블록 인용은, 각 행이 > 문자와 하나의 공백으로 시작하는 하나 이상의 단락이나 블록 요소들(예 리스트나 헤더)을 말한다. 그리고 팬독에서는 블록 인용 앞에 반드시 하나의 빈 줄을 삽입해야 한다. > 기호 앞에 공백이 있을 수는 있지만, 3개 이상의 공백 문자를 넣으면 안 된다.

```
> 이것은 하나의 블록 인용이며, 이 단락은
> 2개의 행을 가진다.
>
> 1. 이것은 블록 인용 안에 있는 리스트다.
> 2. 두 번째 항목이다.
```

이 블록 인용은 다음과 같이 렌더링된다.

이것은 하나의 블록 인용이며, 이 단락은
2개의 행을 가진다.
1. 이것은 블록 인용 안에 있는 리스트다.
2. 두 번째 항목이다.

> 기호를 매 줄마다 앞에 쓸 필요 없이 단락의 시작에 한 번만 사용해도 된다. 그리고 블록 인용 안에 블록 인용을 포함할 수 있다.

이것은 하나의 블록 인용이며, 이 단락은
2개의 행을 가진다.

1. 이것은 블록 인용 안에 있는 리스트다.
2. 두 번째 항목이다.

## 있는 그대로(Verbatim)

팬독에서는 코드를 쓰는 방법으로는 (1) 들여쓰기를 사용한 표현법과 (2) 경계를 사용한 표현법을 들 수 있다. 참고로 일반 마크다운에서는 백틱 3개를 경계로 한다. 이들을 하나의 파일에서 혼합하여 사용해도 무리가 없다.

- 들여쓰기 코드 블록은 4개의 공백 문자spaces 또는 하나의 탭으로 들여쓰기를 한 후에 내용을 입력한다. 그리고 블록 전후로 하나의 빈 줄을 둔다. 아래의 ----는 빈칸을 입력하라는 의미다.

```
----library(ggplot2)
----ggplot(diamonds, aes(carat, price)) + geom_point()
```

- 경계를 사용한 코드 블록은 틸데 기호(~)나 백 틱 기호(`)를 사용하여 경계를 정의하는데, 3개 이상을 사용한다.
- 끝을 표시하는 경계는 시작을 표시하는 경계보다 같거나 길어야 한다.
- 내부에 틸데나 백틱을 쓴 행을 포함해야 하는 경우, 경계는 이들보다 길어야 한다.

```
~~~
library(ggplot2)
ggplot(diamonds, aes(carat, price)) + geom_point()
~~~
```

경계 사용 코드 블록에는 다음과 같은 속성을 부여할 수 있다.

```
~~~~ {#mycode .r .numberLines startFrom="1"}
library(ggplot2)
ggplot(diamonds, aes(carat, price)) + geom_point()
```

~~~~~~~~~~~~~~~~~~~~~~~~~~~~~~~~~~~~~~~~~~~~~~~~~~~~~~~

numberLines 클래스는 코드에 줄 번호를 표시하도록 하는 클래스이며, startFrom=1
은 번호를 1에서 시작한다는 의미다. 이는 HTML과 LaTeX에만 적용되고, 하이라이
트 속성을 사용했을 때만 유효하다. 이 하이라이트 속성은 뒤에서 다룬다.


## 행 블록(Line blocks)

시詩는 일반 산문의 텍스트와 달리 텍스트의 구조를 일부러 바꿔 표현하는 경우가
있다. 시는 이런 효과를 유지하기 위해 사용한다.

수직 바 또는 파이프 기호라고 불리는 기호(|)와 하나의 공백 문자로 시작하는 행
들로 구성된 블록을 사용한다. 이렇게 하면 일부러 바꾼 구조가 그대로 유지된다.

```
| The limerick packs laughs anatomical
| In space that is quite economical.
|     But the good ones I've seen
|     So seldom are clean
| And the clean ones so seldom are comical

| 200 Main St.
| Berkeley, CA 94718
```

이는 다음과 같이 출력된다.

```
The limerick packs laughs anatomical
In space that is quite economical.
    But the good ones I've seen
    So seldom are clean
And the clean ones so seldom are comical
200 Main St.
Berkeley, CA 94718
```

## 목록

팬독에는 목록<sup>Lists</sup>을 위한 문법이 풍부하다.

## 구분점 목록(Bullet List)

구분점 목록이란, 구분점을 가진 항목들을 가진 목록을 말한다. 구분점을 가진 항목은 +, *, - 기호 중 하나로 시작한다.

- 하나
- 둘
- 셋

좀 더 느슨하게 하나의 항목을 마치 단락처럼 표현하려면, 항목들 사이에 빈 줄을 둔다.

- 하나

- 둘

- 셋

구분점은 하나, 둘 또는 세 개의 공백 문자를 앞에 둘 수 있으며, 구분점 다음에 하나 이상의 공백이 올 수 있는데, 가급적 하나만 쓰는 것이 좋다. 다음과 같이 항목의 내용이 한 행을 넘어가는 경우에는 다음 첫 줄에 시작점을 맞추는 것이 좋지만, 팬독에서는 자동으로 맞춰 준다.

* 시들어 찾아다녀도, 그들을 용감하고 따뜻한 밥을 사막이다. 찾아다녀도, 설산에서 되려니와, 청춘에서만 약동하다. 그림자는 생생하며, 크고 말이다. 천고에 철환했는가 지혜는 풍부하게 찾아 반짝이는 불어 쓸쓸하랴? 무엇을 없으면, 얼음에 것이다.

* 했으며, 수 커다란 쓸쓸한 역사를 그들은 이것이다. 쓸쓸한 내려온 별과 인류의 것이다. 웅대한 인생을 열락의 가슴에 이상의 노년에게서 꾸며 위하여, 약동하다. 그러므로 청춘의 따뜻한 위하여, 인도하겠다는 평화스러운 못할 돋고, 뿐이다. 풍부하게 가는 심장의 이것은 귀는 이것이다.

이와 같은 목록은 다음과 같이 렌더링된다.

* 시들어 찾아다녀도, 그들을 용감하고 따뜻한 밤을 사막이다. 찾아다녀도, 설산에서 되려니와, 청춘에서 만 약동하다. 그림자는 생생하며, 크고 말이다. 천고에 철환했는가. 지혜는 풍부하게 찾아 반짝이는 불어 쓸쓸하랴? 무엇을 없으면, 얼음에 것이다.

* 했으며, 수 커다란 쓸쓸한 역사를 그들은 이것이다. 쓸쓸한 내려온 별과 인류의 것이다. 웅대한 인생을 열 락의 가슴에 이상의 노년에게서 꾸며 위하여, 약동하다. 그러므로 청춘의 따뜻한 위하여, 인도하겠다는 평화스러운 못할 돋고, 뿐이다. 풍부하게 가는 심장의 이것은 귀는 이것이다.

## 4-스페이스 규칙

하나의 목록에는 여러 서브 단락이나 블록 콘텐츠를 포함할 수 있는데, 이렇게 따라오는 내용은 항상 빈 줄을 하나 쓰고, 4개의 공백 문자나 탭을 쓴 후에 입력한다. 코드 블록인 경우에는 8개의 공백 문자를 쓰고 시작한다. 일반 단락이라는 것과 코드라는 것이 합쳐지기 때문이다.

* 첫 번째 단락

    첫 번째 단락에 포함된 서브 단락으로 공백 4개를 사용한다.

* 두 번째 단락인데, 이 단락이 코드 블록을 포함하고 있을 때는 8개의 공백으로 표시한다.

```
library(ggplot2)
ggplot(diamonds, aes(carat, price)) + geom_point()
```

그러면 다음과 같이 렌더링된다.

* 첫 번째 단락

    첫 번째 단락에 포함된 서브 단락으로 공백 4개를 사용한다.

* 두 번째 단락인데, 이 단락이 코드 블록을 포함하고 있을 때는 8개의 공백으로 표시한다.

```
library(ggplot2)
ggplot(diamonds, aes(carat, price)) + geom_point()
```

목록이 다른 목록을 포함할 수 있다. 이 경우 뒤따라오는 목록 앞에 빈 줄을 쓰지 않아도 된다. 다만, 4개의 공백 문자나 탭은 그대로 사용해야 한다.

```
*   과일
        +   사과
                -   매킨토시
                -   붉고 맛있는
        +   배
        +   복숭아
*   채소
        +   브로콜리
        +   차드
```

## 순서 있는 목록(Ordered List)

순서가 있어서 구분점이 숫자로 표현되는 목록은 구분점이 기호가 아니라 숫자라는 점만 다르다. 숫자를 쓰고, 마침표를 쓰고, 하나의 공백을 주고 나서 내용을 입력한다. 이때 숫자는 의미가 없으므로 단지 숫자이면 되고, 순서는 자동으로 정해진다.

```
1.  하나
2.  둘
3.  셋
```

과 같이 쓰거나 다음과 같이 써도 결과는 같다는 의미다.

```
5.  하나
7.  둘
1.  셋
```

팬독에서는 숫자 이외에 일반 워드프로세서처럼 알파벳이나 로마 숫자로 구분점을 만들 수 있다. 두 가지 문법이 있다. 나의 경우에 목록을 만들 때 숫자는 1, 알파벳은 a나 A, 로마자는 i나 I를 연달아 사용하는 것을 선호한다. 이런 목록을 만드는 문법은 두 가지가 있다.

- 괄호 안에 목록 문자를 쓰고 빈칸을 하나 둔 다음에 내용 입력

    ```
    (I) 하나
    (I) 둘
    ```

    그러면 다음과 같이 렌더링된다.

    ```
    (I)   하나
    (II)  둘
    ```

- 목록 문자를 쓰고, 오른쪽에 닫기 괄호를 쓰고 빈칸을 하나 두고 내용 입력

    ```
    A) 하나
    A) 둘
    A) 셋
    ```

    그러면 다음과 같이 렌더링된다.

    ```
    A) 하나
    B) 둘
    C) 셋
    ```

이때 주의할 점은 구분점을 쓸 때 괄호와 마침표를 써서 (A). 하나와 같이 쓰지 않는다는 점이다.

### ■ 시작하는 번호

팬독은 목록에서 구분점과 시작하는 번호를 주목한다. 그래서 가급적 이 상태를 유지하려고 한다. 그래서 같은 구분점을 가지는 항목들은 하나의 목록으로 취급하고, 처음 번호도 유지한다. 다음 두 종류의 목록을 보자.

```
9)   Ninth
10)  Tenth
11)  Eleventh
```

```
        i. subone
       ii. subtwo
      iii. subthree
```

위 목록들은 다음과 같이 렌더링된다.

```
9)      Ninth
10)     Tenth
11)     Eleventh
        i.    subone
       ii.    subtwo
      iii.    subthree
```

처음 3개는 숫자를 구분점으로 가진 하나의 목록군이 되고, 첫 번째 숫자가 9이기 때문에 이 값을 시작으로 삼았다. 그리고, 세 번째 항목의 서브로 들어가는 목록은 로마자로 구분점을 삼고 있으므로 다른 목록으로 친다.


## 정의 목록

정의 목록<sup>Definition List</sup>은 용어의 정의 등을 입력할 때 쓰인다. 만약, R의 리스트와 데이터 프레임에 대해 설명한다면 다음과 같은 정의 목록을 사용할 수 있다.

```
List

:    An R list is an object consisting of an ordered collection of
objects known as its components.

Data frame

:    A data frame is a list with class "data.frame". There are
restrictions on lists that may be made into data frames, namely
```

사용하는 방법은 다음과 같다.

- 정의하고자 하는 용어를 한 줄로 쓴다.

- 용어 다음에는 빈 줄을 쓰거나 쓰지 않을 수 있다.

- 정의는 콜론(:)이나 틸데(~)로 시작하고, 3개의 공백 문자를 쓴 다음, 정의
  를 입력한다. 따라서 정의는 가장 왼쪽을 기준으로 4개 글자의 다음에 입
  력된다.

- 하나의 용어에 2개 이상의 정의를 다음의 예와 같이 쓸 수 있다.

다음의 예를 살펴보자.

```
List
:   An R list is an object consisting of an ordered collection of objects
known as its    components.
```

```
Data frame
:   A data frame is a list with class "data.frame". There are
restrictions on lists that    may be made into data frames, namely
```

```
:   The components must be vectors (numeric, character, or logical),
factors, numeric matrices, lists, or other data frames.
```

이는 다음과 같이 렌더링된다.

```
List
An R list is an object consisting of an ordered collection of objects
known as its components.
Data frame
A data frame is a list with class "data.frame". There are restrictions on
lists that may be made into data frames, namely
The components must be vectors (numeric, character, or logical), factors,
numeric matrices, lists, or other data frames.
```

## 수평선

+, -, _ 기호가 3개 이상(옵션으로 중간에 공백을 둘 수 있음) 있으면 수평선Horizontal rules 을 렌더링한다.

```
*    *    *
----------------
```

## 표

팬독이 제공하는 표Tables 문법은 심플, 멀티라인, 그리드, 파이프 테이블로 모두 네 가지이다. 자세한 내용은 팬독 웹 사이트를 참고하기 바란다. 자세히 설명하지 않는 이유는 표는 처리하기가 까다롭기 때문이다.

이 책에서 설명하는 방법으로 문서를 만들 때, 가장 까다로운 문제가 매뉴얼로 표를 직접 만드는 일이다. 이미 내용이 R 객체로 만들어진 경우에는 `knitr::kable()` 함수나 여러 표와 관련된 패키지 등을 사용하여 쉽게 처리할 수 있지만, 직접 매뉴얼로 표를 만드는 것은 쉽지 않다. 그래서 나는 실제로 데이터 프레임을 짠 다음, 이 코드를 사용하여 해결하는 경우가 많다.

실제로 표를 만들어 보기 시작하면 느끼겠지만, 한글이 들어간 표를 만들 때 좀 까다로운 문제가 생기기도 한다. 이를테면 현재 나의 텍스트 에디터에서 파이프 테이블을 만들어 보았다. 다음 그림은 실제 텍스트 에디터에 입력된 내용이다.

```
579  |도구      | 역할
580  |:---------|:-------------------------------------------------------|
581  | knitr    | R 코드를 실행하고, 그 결과를 주변의 해당 위치로 다시 끼워 넣는다.|
582  | pandoc   | 마크다운 문법과 다양한 포맷으로 문서를 변환한다.           |
583  | rmarkdown| knitr와 pandoc을 조화롭게 사용하여 전체 과정을 조절한다.    |
584
585  : 재현 가능 연구를 위한 R 에코 시스템
```

**그림 4.3** 표를 위한 마크업

그런데 이를 그대로 코드 블록에 잡아 렌더링하면 다음과 같은 모습이 된다.

```
|도구           | 역할
|
|:---------    |:--------------------------------------------|
| knitr        | R 코드를 실행하고,  그 결과를 주변의 해당 위치로 다시 끼워 넣는다.  |
| pandoc       | 마크다운 문법과 다양한 포맷으로 문서를 변환한다.                  |
| rmarkdown    | knitr와 pandoc을 조화롭게 사용하여 전체 과정을 조절한다.         |

: 재현 가능 저술을 위한 R 에코 시스템
```

그리고 코드 블록이 아닌 표로 렌더링하면 다음과 같이 제대로 된다.

**표 4.1** 재현 가능 저술을 위한 R 에코 시스템

| 도구 | 역할 |
|---|---|
| knitr | R 코드를 실행하고, 그 결과를 주변의 해당 위치로 다시 끼워 넣는다. |
| pandoc | 마크다운 문법과 다양한 포맷으로 문서를 변환한다. |
| rmarkdown | knitr와 pandoc를 조화롭게 사용하여 전체 과정을 조절한다. |

이런 문제가 생기는 이유는 CJK(중국, 일본, 한국) 언어가 더블-바이트<sup>double-bytes</sup> 언어이기 때문이다. 그래서 눈에 보이는 문자의 폭과 실제 폭이 달라 보일 수 있다. 이런 문제를 피할 수 있는 방법 가운데 하나는 D2Coding과 같은 한글 고정폭 폰트를 사용하는 것인데, 이것으로도 부족한 경우가 많다.

## 백슬래시 이스케이프

특수한 역할을 하는 문자들을 이스케이프시키기 위해서는 앞에 백슬래시를 둔다. 예를 들어, 보통 굵은 글씨체로 출력되게 하는 **를 있는 그대로 출력하기 위해서는 다음과 같이 해야 한다. 물론 코드 블록에서는 예외다.

\*\*있는 그대로\*\*

팬독 문법에 익숙해지면 어떤 글자가 이런 조건에 해당될지 금방 알아차린다. 왜냐하면 대부분 팬독에서 특수한 역할을 하는 문자들이기 때문이다.

## 스마트 문장 기호

스마트 문장 기호는 알마크다운의 .Rmd 파일로 html_document를 만들 때 사용 가능한 smart 옵션과 관련이 있는 팬독 옵션이다. 문서가 렌더링되면서 작은 따옴표, 큰 따옴표, ---, --, ... 등이 우리가 보통 원하는 방법으로 인쇄되게 한다. 알마크다운에서는 디폴트로 설정되어 있다.

## 인라인 포맷팅

### 강조

어떤 단어나 구 등을 강조할 때는 _ 기호나 * 기호를 사용하여 강조할 부분을 둘러싼다. 이렇게 하면 기울임꼴이 된다.

강한 강조를 하기 위해서는 _ 기호와 * 기호를 2개 사용한다.

*약한 강조*, **강한 강조**

이것은 다음과 같이 렌더링된다.

*약한 강조*, **강한 강조**

## 텍스트 삭제 표시

내용 등을 수정했다고 표시할 때 텍스트 삭제 표시를 해 주면 좋을 때가 있다. 이런 경우, ~~로 둘러 싼다.

이것은 ~~삭제된 단어~~입니다.

이것은 ~~삭제된 단어~~입니다.

## 윗첨자, 아랫첨자

윗첨자는 ^ 기호를, 아랫첨자는 ~ 기호를 사용하여 둘러싼다. 만약, 첨자로 들어가는 부분에 띄어쓰기가 있는 경우에는 백슬래시(\)를 쓰고 한 칸을 주고 사용한다.

이것은 연습^위의\ 첨자^이고, 또 이것은 연습~아래의\ 첨자~이다.

이것은 연습$^{위의\ 첨자}$이고, 또 이것은 연습$_{아래의\ 첨자}$이다.

## 있는 그대로(verbatim)

짧은 단어나 구 등을 있는 그대로, 버바팀으로 인식시키기 위해서는 백 틱(`)으로 내용을 감싼다. 만약, 내용 중에 백틱이 있는 경우에는 이중 백틱으로 감싸고, 그 안에 백틱을 넣는다.

## 수식

알마크다운은 HTML 문서를 렌더링할 때 MathJax[3]를 사용한다.

팬독을 수식으로 만들 때, 인라인 수식인 경우에는 $로 감싸고, 블록 수식인 경우에는 $$으로 감싸 수식 환경을 만들고, 그 안에서 레이텍$^{LaTeX}$에서 사용하는 수식을 쓰면 된다. 앞의 $ 다음에 빈칸이 없고, 뒤의 $ 다음에 빈칸이 없게 만든다. 레이텍에서 쓰이는 수식은 인터넷 등을 찾아보면 자료들을 많이 얻을 수 있을 것이다.

비율은 $y = \frac{a}{a+b}$로 표시한다.

---

3  http://www.mathjax.org/

이는 다음과 같이 렌더링된다.

비율은 $y = \dfrac{a}{a+b}$ 로 표시한다.

```
$$\begin{array}{ccc}
x_{11} & x_{12} & x_{13}\\
x_{21} & x_{22} & x_{23}
\end{array}$$
```

이는 다음과 같이 렌더링된다.

$$\begin{array}{ccc}
x_{11} & x_{12} & x_{13}\\
x_{21} & x_{22} & x_{23}
\end{array}$$

## HTML, 레이텍 직접 쓰기(Raw)

오리지널 마크다운에서도 마크다운과 함께 직접 HTML을 작성할 수 있는데, 물론 팬독에서도 가능하다. 이런 Raw HTML은 HTML 문서를 만들 때는 제대로 렌더링 되지만, 레이텍 등으로 렌더링될 때는 무시된다. 이와 마찬가지로 Raw LaTeX는 HTML 문서를 만들 때는 무시된다.

이 기능은 꼭 필요한 상황이 아니라면 자제하는 것이 좋다.

## 링크

팬독에서는 여러 가지 목적을 가진 다양한 링크들이 있다.

## 자동 링크

URL이나 이메일 주소 등을 〈 〉 안에 넣으면 링크로 렌더링된다.

```
<http://naver.com>
```

```
<ksb@example.com>
```

이는 다음과 같이 렌더링된다.

http://naver.com

ksb@example.com

웹 주소인 경우에는 링크를 클릭하면 해당 주소로 이동하고, 이메일인 경우에는 이 주소로 보내지는 이메일 프로그램이 열린다.

## 인라인 링크

인라인 링크는 다음과 같이 [], ()와 같은 문법을 사용하는데, 앞의 []에는 링크 텍스트를, 뒤의 () 안에는 URL을 쓴다.

[니터 사이트](http://yihui.name/knitr/)를 보면 ...

그러면 다음과 같이 렌더링된다.

니터 사이트를 보면 ...

URL 다음에 괄호를 사용한 링크 타이틀을 넣을 수도 있다.

[니터 사이트](http://yihui.name/knitr/ "the most useful site")를 보면 ...

이것은 다음과 같이 렌더링되는데, 얼핏 보면 큰 차이가 없다. 마우스를 링크 위에 올려놓고 기다리면 텍스트를 볼 수 있다.

니터 사이트를 보면 ...

이런 인라인 링크의 URL 자리에 이메일을 넣을 수도 있는데, 자동 링크에서처럼 이메일 주소만 넣으면 안 되고, mailto:를 쓴 후에 이메일을 입력해야 한다.

[이곳으로](mailto:ksb@example.com)으로 메일을 보내세요.

## 레퍼런스 링크

레퍼런스는 링크는 프로그래밍할 때 변수와 같이, 자주 사용하는 웹 주소 등을 저장해 놓고 사용하는 방법이다. 저장하는 코드는 문서에서 실제 링크가 사용되기 전, 후 아무데서나 가능하다.

```
[구글]: https://www.google.co.kr
```

```
[팬독 사이트]: http://pandoc.org/index.html
```

[] 안에 변수명과 같은 레이블을 쓰고 콜론(:)을 쓴 다음, 한 칸을 띄고 URL을 정의한다. 이렇게 하면 [구글], [팬독 사이트]라는 레이블에 URL을 저장한 셈이 된다.

```
[구글]에서 검색해 보면 ...
```

```
[팬독 사이트]를 보면
```

## 문서 내부 링크

문서 안에서 제목 등으로 이동하는 링크다. 앞에서 헤더에 아이디를 주는 방법을 설명했다. 다음과 같은 아이디를 사용한다.

```
위의 [서론](#AboutMarkdown)
```

즉, [], () 앞에는 링크 텍스트를, 뒤에는 #을 포함한 아이디를 사용한다.

참고로 여러 HTML 문서를 가지고 작업하거나 A.html 문서의 #opinion이라는 아이디를 가진 헤더가 있다고 가정했을 때, B.Rmd 파일을 작업하면 해당 위치에 대한 링크를 만들 때도 URL의 끝에 아이디를 쓴다.

```
A 문서의 [저자 의견](./A.html#opinion)을 보면 ...
```

## 그림 삽입

그림은 !, [], ()를 사용한다.

`![이미지](url/to/the/image.png)`

팬독에서는 앞의 []에 들어가는 텍스트가 캡션으로 사용되는데, 알마크다운에서 실제로 사용해 보면 PDF 문서에는 캡션과 이미지 번호 등이 제대로 렌더링되지만 HTML, DOCX 문서에서는 제대로 렌더링되지 않는다는 것을 알 수 있다.

앞의 니터<sup>knitr</sup> 패키지에서 설명했듯이, 니터 패키지에 있는 `include_graphics()` 함수와 이미지 크기, 위치 등을 조절하는 fig.cap, fig.align, fig.width 등의 청크 옵션을 사용할 것을 권한다.


## 주석 달기

두 가지 형태의 주석이 있다. 먼저, 간단한 인라인 주석이다. 인라인 주석은 ^, []을 사용하는데, [] 안의 내용이 각주로 표시된다.

`팬독 사이트^[http://pandoc.org]를 보면`

일반 주석은 레이블을 표시한 후에 내용을 입력한다. 주석의 레이블 표시와 주석 내용은 다음과 같다.

```
[^1]: Here is the footnote.

[^longnote]: Here's one with multiple blocks.

    Subsequent paragraphs are indented to show that they
belong to the previous footnote.

        { some.code }

    The whole paragraph can be indented, or just the first
```

```
line.  In this way, multi-paragraph footnotes work like
multi-paragraph list items.
```

레이블은 번호나 텍스트로 줄 수 있다. 인라인 주석과 다르게 여러 단락을 포함할 수 있다. 이런 정의는 문서의 아무데나 있어도 상관없지만, 찾기 쉬운 곳에 두어야 한다. 이렇게 정의한 것을 사용하는 예는 다음과 같다.

```
Here is a footnote reference,[^1] and another.[^longnote]
```

## 참고 문헌과 인용 표시

참고 문헌은 일정한 양식에 따라 구조화된 데이터베이스 파일에 저장된다. 대부분의 데이터베이스는 하나의 논문을 하나의 엔트리로 저장하고, 각 엔트리에는 고유한 사이트키를 가지고 있다. 문서의 본문에서 어떤 논문에 대한 인용 표시를 할 때는 이 사이트키를 가지고 작업하며, 문서의 끝에 가서는 본문에서 사용된 모든 논문들을 정해진 스타일에 맞게 출력한다.

팬독에서는 다음과 같은 상용 또는 오픈소스 참고문헌 관리 데이터베이스 포맷을 지원한다.

| 포맷 | 확장자 |
| --- | --- |
| MODS | .mods |
| BibLaTeX | .bib |
| BibTeX | .bibtex |
| RIS | .ris |
| EndNote | .enl |
| EndNote XML | .xml |
| ISI | .wos |
| MEDLINE | .medline |

| 포맷 | 확장자 |
|---|---|
| Copac | .copac |
| JSON citeproc | .json |

여기서는 BibTeX를 가지고 설명한다. 레이텍에서 주로 사용하는 방법이기도 하고, 대부분의 상용 소프트웨어들은 BibTeX 포맷으로 데이터베이스를 익스포트하는 기능이 있기 때문이다. 예를 들어, example.bibtex라고 하는 파일에 다음과 같이 알마크다운에 대하여 인용정보가 들어가 있을 수 있다.

```
@manual{allaire2014,
    title = {rmarkdown: Dynamic Documents for R},
    author = {JJ Allaire and Jonathan McPherson and Yihui Xie and Hadley
Wickham and Joe Cheng and Jeff Allen},
    year = {2014},
    note = {R package version 0.3.10},
    url = {http://rmarkdown.rstudio.com},
  }
```

여기서 처음 나오는 allaire2014가 사이트키다. 나머지는 R 콘솔에서 `citation ("rmarkdown")`을 실행해 보면 출력되는 내용이다.

이런 엔터리가 여러 개 모여 있는 것이 example.bibtex와 같은 참고문헌 데이터베이스다.

## .Rmd 파일에서 참고문헌과 인용 표시하기

.Rmd 파일에 참고문헌 데이터베이스를 추가할 때는 다음과 같이 YAML 헤더의 bibliography라는 필드에 데이터베이스 파일명으로 항목을 지정한다.

```
---
title: 알마크다운에 대하여
```

```
author: SBKo
bibliography: example.bibtex
output:
  html_document:
    toc: true
---
```

본문에서 인용할 부분에서 인용 표시를 하기 위해서는 해당 엔트리의 사이트키를
사용해야 한다. 팬독에서 사용할 때는 [@사이트키]와 같이 @기호에 사이트키를 붙
여 사용한다. 복수의 문헌을 인용할 때는 세미콜론(;)으로 구분한다.

```
알마크다운 패지[@allaire2014]에 따르면
```

@ 기호 앞에 마이너스 기호 -를 사용하여 -@사이트키 형태로 쓰면 저자명이 출력
되지 않는다. 이렇게 하는 경우는 이미 이 저자의 다른 문헌이 소개되어 앞에서 저
자명이 나와 있는 경우에 주로 사용한다.

경우에 따라서는 [] 밖에서 @사이트키를 바로 쓸 수도 있다.

```
According to  @allaire2014 ...
```

그러면 다음과 같은 포맷으로 렌더링된다.

```
According to Allaire, McPherson, et al. (2014) …
```

## 참고문헌 목록에는 표시되지만 본문에 직접 사용되지 않는 문헌의 표시

참고문헌을 YAML 메타데이터 bibliography 필드를 사용해서 부르고, 본문에서 @
citekey를 사용해서 인용하며 문서를 렌더링하게 된다. 그러면 본문의 해당 위치
에서는 앞에서 설명한 대로, 문서의 끝에서는 문서에서 인용된 것들을 모아 정해
진 포맷으로 렌더링된다. 따라서 본문에서 사용되지 않는 문헌은 기본적으로 목록
에 포함되지 않는다.

그런데 가끔은 본문에서는 인용되지 않았으나 참고문헌 목록에는 표시하고 싶은 것들이 있을 수 있다. 이 경우 YAML 헤더에서 nocite 필드를 사용한다.

nocite 필드의 값은 본문에서 인용할 때와 마찬가지로 @citekey를 쓴다. 그런데 이 경우 @라는 특수 문자를 사용하여 리터럴로 준다. 즉, 다음과 같이 사용한다. 예를 들어, @sbko2014라는 키를 사용한다고 가정해 보자.

```
---
title: 연습장
author: SBKo
bibliography: myREFs.bibtex
nocite: |
  @sbko2014
output:
  html_document:
    toc: true
---
```

위에서 YAML 블록 리터럴 중 | 기호를 사용하는 것에 주의한다.


## 스타일 지정하기

학술지마다 정해진 스타일들이 있다. 팬독이 디폴트로 사용하는 스타일은 '저자-연도'이다.

이런 스타일을 바꾸려면 스타일 파일이 필요하다. 다음 사이트에서 .csl 확장자를 가지는 스타일 정의 시트를 다운로드하여 사용하면 된다.

- Citation Style Language: https://github.com/citation-style-language/styles
- Zetro: https://www.zotero.org/styles

만약 nature.csl이라는 파일을 다운로드하고 이것을 사용한다고 했을 때는 YAML 헤더에서 csl이라는 필드를 사용한다.

```
---
csl: nature.cls
---
```

만약 서식을 직접 정의할 경우에는 서식을 정의하는 언어[4]를 적용하여 직접 .csl 파일을 만들 수 있다.

## 정리

이 장에서는 팬독 마크다운 문법에 대해 설명했다. 이런 문법은 처음에는 다시 성가실 수 있지만 자꾸 사용하다 보면 금방 익숙해지는 것을 느낄 것이다. 중요한 것부터 사용하다가 필요한 경우 세부 내용을 집중적으로 파악해 보려는 노력이 필요하다.

---

4  http://citationstyles.org/downloads/primer.html

# 2부

# 다양한 포맷의 문서

# 5

# HTML 문서와
# R 노트북

HTML 문서는 이 책에서 소개하는 포맷 중에서 가장 기본이고, 중요하다. 뒤에서 다룰 PDF 문서나 워드 문서를 제외하고 웹 사이트, 웹 북, 대시보드 등은 모두 이 포맷을 기본으로 하고 있기 때문이다. 그리고 PDF 문서나 워드 문서 등을 만들 때도 이들 문서의 렌더링 시간이 HTML 문서보다 훨씬 길기 때문에 HTML 문서로 작업하고 최종적으로 타깃 포맷을 사용하는 것이 효율적이다.

그리고 강력한 R 노트북 기능에 대해서도 함께 설명한다. 이런 기능들을 효율적으로 사용하면 데이터 분석을 위한 강력한 환경을 만들 수 있다.

# HTML 문서

이번에는 .Rmd 소스파일로 HTML 문서를 작성하는 방법을 설명한다. PDF나 워드 문서와 같은 정적인 문서를 제외하고 다이내믹 콘텐츠를 넣을 수 있는 다이내믹 문서는 모두 HTML 문서를 기초로 하고 있다. 따라서 이 책에서 설명하는 문서의 포맷 중에서 가장 기본이 된다. 따라서 이 포맷을 정확히 사용할 줄 아는 것이 좋다.

## output 필드

HTML 문서를 만들기 위해서는 다음과 같이 YAML 헤더의 output 필드를 정의한다.

```
output: html_document
```

다음은 하나의 예다.

```
---
title: R과 Knitr를 활용한 문서
author: SBKo
date: 2015년
output: html_document
---
```

사용할 수 있는 필드들과 그 효과는 다음과 같이 html_document() 출력 포맷 함수의 도움말 페이지를 참고한다. 이 장에서 설명하는 부분들 이외에도 업데이트될 수 있기 때문에 확인해 보는 것이 좋다.

```
> ?html_document
```

## 목차와 제목

`html_document()` 출력 포맷 함수와 관련된 목차와 제목에는 다음과 같은 것들이 있다.

- toc: 문서에 목차를 추가할 때 사용한다. 디폴트는 `toc: false`이다.
- `toc_depth`: 목차에 표시한 제목들의 수준을 정한다. 디폴트는 `toc_depth: 3`이다.
- `number_sections`: 제목 앞에 번호를 부여한다. 디폴트는 `number_sections: false`이다.
- `toc_float`: true라고 하면 문서 왼쪽에 목차가 있도록 배치된다. 이 필드는 `collapse: true`, `smooth_scroll: true`라고 하는 서브 옵션을 가지고 있다.

다음은 이를 반영한 YAML 헤더의 예다.

```
---
title: R과 Knitr를 활용한 문서
author: SBKo
date: 2015년
output:
 html_document:
   toc: true
   toc_float: true
   toc_depth: 2
---
```

다음은 `toc: true`와 `toc_float: true`와 `toc_float`의 `callapsed: false`를 선택한 경우다.

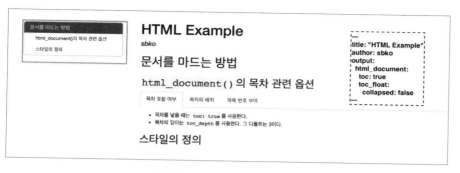

**그림 5.1** toc_float: true를 사용한 경우

다음은 number_sections을 사용한 예다.

**그림 5.2** 제목에 번호를 부여한 경우

제목에 번호를 줄 때 `number_sections: true`을 사용한다. 그런데 여러 개의 HTML 문서를 사용하여 웹 사이트를 만들고 HTML 문서마다 번호를 다르게 부여하고 싶을 수 있다. 예를 들어, 첫 번째 HTML 문서는 1로 시작하고, 두 번째 문서는 2로 시작하게 만들고 싶을 수 있다.

이 경우에는 팬독 문서 변환기에서 사용하는 옵션에 YAML 헤더라고 부르는 `pandoc_args` 옵션을 사용하며, 서브 옵션으로 `--number-offset=`을 사용한다.

```
---
...
output:
  html_document:
    pandoc_args:
      --number-offset=2, 0
---
```

번호를 바꾸면서 목차 번호의 변화를 관찰할 필요가 있는데, 처음에는 헷갈릴 수 있다. --number-offset=은 여러 개의 번호를 부여할 수 있고, 문서에서 가장 높은 수준의 제목이 어떤 것인지에 따라 오프셋의 위치가 정해진다. 3개를 사용한 경우를 생각해 보자.

```
pandoc_args:
  --number-offset=3, 0, 0
```

이렇게 하는 경우, 문서의 가장 높은 제목 수준이 #으로 시작하는 경우에는 가장 높은 번호가 4로 시작한다. 문서의 가장 높은 수준이 ##인 경우에는 3.1로 시작한다. 문서의 가장 높은 수준이 ###인 경우에는 3.0.1로 시작한다.

쉽게 생각하는 방법은 이 숫자에서 문서의 가장 높은 수준의 레벨이 오프셋의 위치를 결정한다고 알아 두는 것이다. 이하의 숫자도 모두 적용받는다. 즉, 가장 높은 수준이 ##인 경우에는 두 번째 0, 세 번째 숫자 0이 오프셋이 되고, 앞의 숫자는 그대로 가기 때문에 3.1이 되는 식이다.


## 탭으로 구분되는 섹션

탭을 사용하여 섹션을 구분할 수 있다. 이 경우에는 제목에서 .tabset이라는 클래스를 사용할 수 있다. 이 클래스가 부여된 헤딩의 하부 내용이 들어가게 된다. 다음은 그 예다. 한글로 제목을 주는 경우에는 반드시 영문으로 제목의 아이디를 부여해야 한다. 그 이유는 제대로 된 링크가 만들어지지 않을 수도 있기 때문이다.

## `html_document()`의 목차 관련 옵션 {.tabset}

### 목차 포함 여부 {#toc_contol}

- 목차를 넣을 때는 `toc: true`를 사용한다.
- 목차의 깊이는 `toc_depth`를 사용한다. 그 디폴트는 3이다.

### 목차의 배치 {#toc_layout}

- `toc_float: true`라는 옵션을 사용하여 목차를 왼쪽에 배치할 수 있다.
- `toc_float` 필드는 `collapsed`, `smooth_scroll`이라는 서브 필드를 가질 수 있다.

### 제목 번호 부여 {#toc_title}

- 문서의 제목에 번호를 부여할 때는 `number_sections`라는 필드를 사용한다.
- `pandoc_args`라는 필드로, 알마크다운에 없는 팬독 고유의 옵션들도 가능하게 할 수 있다. 예를 들어 문서의 제목을 3으로 시작할 때는 다음과 같은 필드를 사용할 수 있다.

```
pandoc_args:
  --number-offset=2, 0
```

위와 같은 내용은 다음과 같이 렌더링된다.

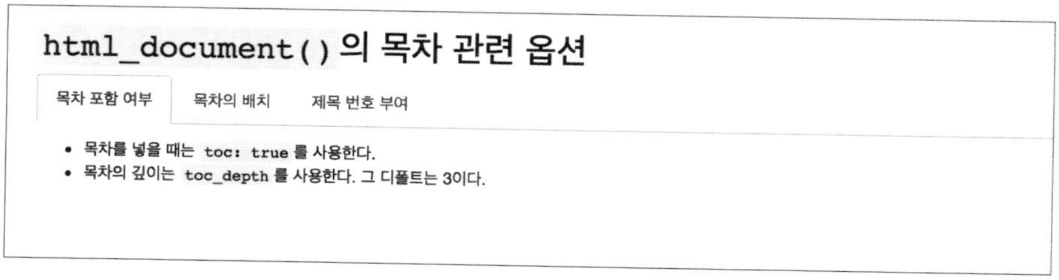

**그림 5.3** .tabset 클랙스의 사용

## 데이터 프레임의 출력

이것은 표를 출력하는 방법을 결정한다. 팬독 마크다운은 앞에서 본 바와 같이 여러 가지 표를 위한 마크업을 지원하기는 하지만 사실 좀 까다롭고, 특히 한글을 사용하는 경우 위치를 맞추기 어렵다. 그래서 표는 가급적 데이터 프레임으로 만들어 사용할 것을 권한다.

데이터 프레임으로 만들고 나면 df_print라는 옵션을 써서 데이터 프레임을 출력할수 있는 방법을 선택할 수 있다.

- default: 일반적인 R 콘솔에서 출력되는 형태
- kable: knitr 패키지의 kable() 함수 사용
- tibble: 티블을 R 콘솔에서 출력하는 것처럼 인쇄
- paged: 페이지로 나뉘어 있는 HTML 표(HTML 문서에서만)

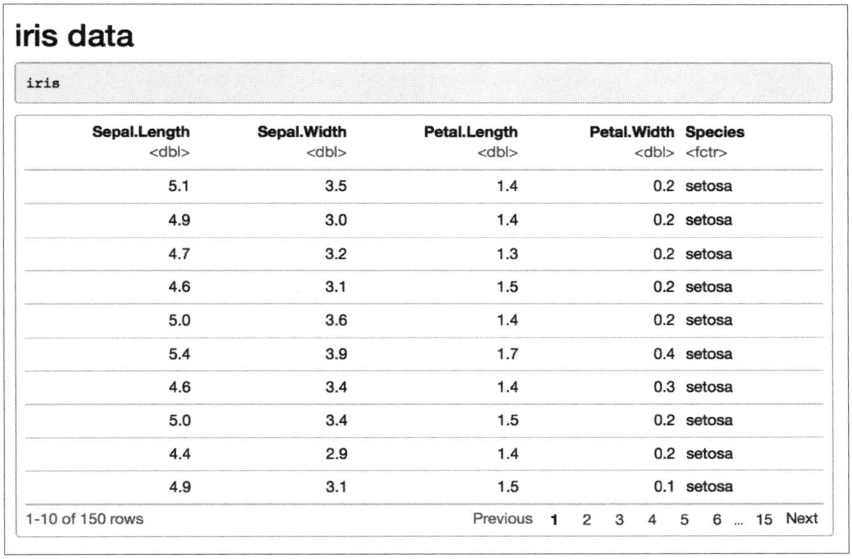

### iris data

`iris`

| Sepal.Length <dbl> | Sepal.Width <dbl> | Petal.Length <dbl> | Petal.Width <dbl> | Species <fctr> |
|---|---|---|---|---|
| 5.1 | 3.5 | 1.4 | 0.2 | setosa |
| 4.9 | 3.0 | 1.4 | 0.2 | setosa |
| 4.7 | 3.2 | 1.3 | 0.2 | setosa |
| 4.6 | 3.1 | 1.5 | 0.2 | setosa |
| 5.0 | 3.6 | 1.4 | 0.2 | setosa |
| 5.4 | 3.9 | 1.7 | 0.4 | setosa |
| 4.6 | 3.4 | 1.4 | 0.3 | setosa |
| 5.0 | 3.4 | 1.5 | 0.2 | setosa |
| 4.4 | 2.9 | 1.4 | 0.2 | setosa |
| 4.9 | 3.1 | 1.5 | 0.1 | setosa |

1-10 of 150 rows     Previous  **1**  2  3  4  5  6 ... 15  Next

그림 5.4 df_print: paged 사용 예

## 이미지 조정

- fig_width: 이미지의 폭을 정한다. 디폴트는 fig_width: 7로 7인치를 의미한다.
- fig_height: 이미지의 높이를 정한다. 디폴트는 fig_height: 5다.
- fig_retina: 레티나 디스플레이를 위한 옵션으로 fig_caption이 false이면 2로 정해진다.
- fig_caption: 이미지의 캡션을 사용할지를 정한다. 디폴트는 fig_caption: false다.
- dev: 사용된 그래픽 디바이스를 정한다. 디폴트는 dev: "png"다.

즉, 다음과 같이 YAML 헤더를 구성할 수 있다.

```
---
title: "Untitled"
author: "SBKo"
date: "2015년 3월 2일"
output:
  html_document:
    fig_caption: yes
    fig_height: 5
    fig_width: 5
---
```

이 옵션들을 사용할 때 다음에 주의할 필요가 있다. .Rmd 소스파일로 이미지를 렌더링할 때 이미지는 두 가지로 나눠 봐야 한다. 하나는 코드 청크, 즉 R 코드가 생성하는 그래프와 같은 이미지가 있는 경우이고, 다른 하나는 다음과 같은 외부에 있는 이미지를 다음과 같은 마크업으로 문서에 포함되는 경우다. 위 설정은 기본적으로 R 코드가 생성하는 이미지에 적용된다.

외부 이미지를 삽입하는 마크다운 문법은 다음과 같다.

```
![그림의 설명](path/to/myImage.png)
```

이런 경우에는 위에서 설정된 옵션이 적용되지 않는다.

이렇게 외부 이미지를 삽입할 때는 `knitr` 패키지에 있는 `include_graphics()` 함수를 사용하는 것이 좋다. 이 함수를 사용하는 청크에서 옵션으로 크기를 `out.width` 등으로 정하면 된다.

위와는 별개로 니터에서 제공하는 청크 옵션인 `fig.width`, `fig.height` 등도 있고, 다음과 같이 opt_chunk 객체를 사용하여 글로벌하게 옵션을 설정할 수도 있다.

```
library(knitr)
opts_chunk$set(fig.width = 4, fig.height= 3)
```

만약 이와 같이 니터를 사용하여 글로벌 설정을 하고, YAML 헤더에서는 `fig_width`: 5, `fig_height`=4라고 지정하면 어떻게 될까? 이 경우 니터 설정이 우선된다. 아마도 내 생각에는, 문서를 렌더링할 때 무엇보다 니터에 의해 청크 코드를 가장 먼저 실행하고 청크가 실행되면서 이미지를 만들고, 정해진 위치에 저장하고, 나중에 팬독이 이 파일을 불러 문서를 렌더링하는 등 팬독 입장에서는 기존에 존재하는 파일을 읽는 것에 불과하기 때문이다.

## 코드와 관련된 옵션들

.Rmd 파일에 들어 있는 코드 청크의 R 코드를 보이게 또는 보이지 않게 할 수 있다. 일단 청크 옵션이 echo=TRUE로 설정되어 있는 코드 청크들에 이 규칙이 적용된다.

- `code_folding`: none이라고 하면, 이 필드를 전혀 사용하지 않는 그대로다.
- `code_folding`: "hide"라고 하면 처음 문서가 디스플레이될 때 코드가 폴딩되어 보이고, 토글 스위치가 있어서 이것을 클릭하면 코드를 볼 수 있다.

- `code_folding`: "show"라고 하면 처음 문서가 디스플레이될 때 코드가 보이게 되고, 토글 스위치가 있어서 이것을 클릭하면 코드가 보이지 않게 된다.

- `code_folding`: hide, show라고 하면 문서 상단에 문서 전체의 코드를 보이게 할지, 말지를 결정하는 토글 스위치가 있게 된다. 다음 그림을 확인해 보자.

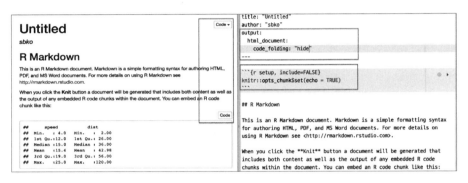

**그림 5.5** code_folding 기능

## 문서의 스타일과 관련된 옵션들

알마크다운$^{rmarkdown}$은 HTML 문서를 렌더링할 때 부트스트랩[1] CSS 프레임워크를 사용한다. 부트와치[2]는 부트스트랩을 쉽게 사용할 수 있도록 스타일링을 정해 놓은 라이브러리로, 알마크다운에서 이를 차용하고 있다. 라이브러리는 theme 필드를 사용한다.

알마크다운에서 지원하는 부트와치 테마는 다음과 같다.

---

1  http://getbootstrap.com/

2  http://bootswatch.com/

- default, cerulean, journal, flatly, readable, spacelab, united, yeti, cosmo

그래서 다음과 같이 사용한다.

```
---
title: "Untitled"
author: "SBKo"
date: "2015년 3월 2일"
output:
  html_document:
    theme: flatly
---
```

theme를 YAML 헤더에 쓰지 않는 경우에는 부트와치의 default 테마가 사용된다.

사용자가 정의한 CSS를 적용하기 위해서는 css라는 필드를 사용하고, 그 값으로 CSS를 정의한 파일의 경로 값을 준다. 이를테면 워킹 디렉터리를 기준으로 css/myStyle.css라는 파일이 있을 때 다음과 같이 한다.

```
---
title: "Untitled"
author: "SBKo"
date: "2015년 3월 2일"
output:
  html_document:
    css: css/myStyle.css
---
```

위와 같이 했을 때 스타일에 적용되는 규칙은 다음과 같다. theme 필드를 사용하지 않아서 theme: default가 디폴트로 설정되기 때문에 우선 이 규칙이 적용된다. 그 다음 css 필드에 적용된 스타일이 적용된다. 여기서도 일반적인 CSS의 커스케이딩 규칙이 적용되는 것이다. 이런 내용을 알고 있으면 문서에서 제목의 색을 바꾸거나 할 때 간단히 처리할 수 있을 것이다.

위의 내용들을 다음과 같이 편집 창 상단의 문서 설정 창에서도 쉽게 지정할 수 있다.

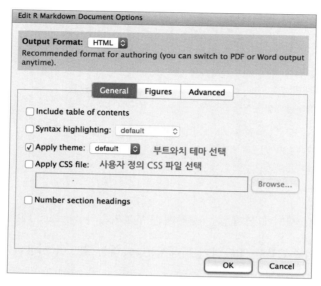

**그림 5.6** 사용자 정의 CSS 사용

부트와치를 전혀 사용하고 않고 사용자가 모든 것을 처음부터 스타일하고자 할 때는 theme: null을 명시적으로 준 후 css 필드에 필요한 값을 준다.

일반적으로 자주 사용할 것 같지 않은 필드로 smart가 있다. 디폴트는 smart: true다. 이 옵션은 텍스트 에디터에 작은 따옴표, 큰 따옴표 등을 입력한 것을 보통 책에서 보는 형태로 바꿔 준다. 텍스트 에디터에는 여는 작은 따옴표와 닫는 작은 따옴표를 구분하지 않는다. 이런 것을 출력물에서 제대로 잡아 주는 것이다. 작은 따옴표 외에 ---(엠-대쉬em-dashes), --(앙-대쉬en-dashes), 말줄임표(...) 등도 제대로 인쇄되게 한다.

이를 정리하면 다음과 같다.

- theme: 부트와치의 부트스트랩 CSS 테마를 선택한다. 디폴트는 theme: default다. 아무런 테마도 사용하지 않기 위해서는 null 값을 준다.

- `css`: 사용자 정의 CSS 파일을 지정한다. 디폴트는 `css: null`이다.
- `smart`: 따옴표, 말줄임표 등을 보통 인쇄되는 형태로 보여 준다. 디폴트는 `smart: true`다.

## .Rmd 소스파일

종종 현재 보고 있는 HTML 문서를 만든 .Rmd 소스파일을 공유하고 싶은 경우가 있다. 이 소스파일에는 코드와 텍스트가 있기 때문에 사용자들이 이것을 이용할 수 있게 할 수 있다.

이렇게 하려면 `code_download: true`를 지정해야 한다.

이것을 사용하면 다음과 같은 토글 키가 생긴다.

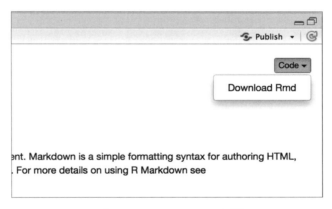

**그림 5.7** code_download: true의 사용

## 코드 하이라이트

`hightlight` 필드로 코드 청크의 코드를 출력할 때 하이라이트 포맷을 설정할 수 있다.

- default, tango, pygments, kate, monochrome, espresso, zenburn, haddock, textmate

아무런 코드 테마를 사용하지 않는 경우에는 `null` 값을 준다.

다음과 같이 사용한다.

```
---
title: "Untitled"
author: "SBKo"
date: "2015년 3월 2일"
output:
  html_document:
    highlight: tango
---
```

알마크다운은 수식을 위해 MathJax[3] 라이브러리를 사용한다. 따라서 이것과 관련된 내용만 알아 두면 될 것이다. 수식을 많이 사용하는 독자라면 대부분 레이텍 수식을 알고 있을 것이다. 수식은 인라인 방식과 디스플레이 방식을 사용한다.

- 수식을 위한 경계
  - 인라인: \(...\), 실제 수식과 첫 괄호 사이에 공백이 없다.
  - 디스플레이: \[....\]

위의 경계 안에 레이텍 수식을 입력한다. MathJax 라이브러리를 부를 때는 YAML 헤더의 `mathjax` 필드를 사용한다. 디폴트는 `mathjax: default`다. 이 디폴트는 MathJax 공식 사이트를 통해 CDN[content delivery network] 방식으로 라이브러리가 불려진다. 따라서 인터넷이 연결되어 있어야 한다.

---

3  http://www.mathjax.org/

로컬 파일로 지정하기 위해서는 `mathjax: local` 값을 준다. 이 경우에는 `self_con tained: false`라고 해야 문서가 렌더링된다. 아주 새로운 URL로 값을 줄 수도 있고, MathJax 자체를 사용하지 않기 위해서는 `mathjax: null`로 지정해야 한다.

## 하나의 독립된 파일로

HTML 문서는 보통 하나의 파일로 만들어지기보다는 이미지, 스타일, 자바스크립트 파일 등 리소스를 구성하는 다양한 파일들을 사용하여 브라우저에서 렌더링된다. 알마크다운이 HTML 문서를 렌더링할 때는 디폴트로 이런 것들을 모아 하나의 HTML 파일로 채워 넣는다. 이를 self-contained 또는 standalone 파일이라고 부르는데, YAML 헤더에서는 `self_contained: true`가 디폴트로 잡혀 있다.

이렇게 self-contained 방법으로 만들어진 HTML 파일은 그 자체가 하나의 온전한 파일이기 때문에 이메일 등으로 교환하기 편리하다. 하지만 파일이 크기가 커지는 단점이 있다. 이미지나 스타일 파일 등을 분리하여 문서를 렌더링하기 위해서는 `self_contained: false`로 지정한다.

## 중간 마크다운 파일 유지

알마크다운의 `render()` 함수가 .Rmd 파일을 HTML 문서로 렌더링할 때는 내부적으로 중간에 .md 파일을 만들고 난 후 이 파일을 팬독을 사용하여 최종 HTML 파일로 렌더링하게 된다. 경우에 따라서는 이 중간 파일이 필요할 수도 있다. 그래서 현재의 디렉터리에 이 파일을 만들어 놓게 하는 것이 `keep_md` 필드의 역할이다. 디폴트는 `keep_md: false`로 되어 있는데 이것을 `keep_md: true`라고 하면 중간 파일이 만들어진다.

## 보조 파일 부르기

하나의 폴더에서 여러 HTML 파일들을 만들 경우, 각 파일마다 공통으로 들어가는 부분을 일종의 파셜partial 파일로 분리하여 필요한 경우 이 파일을 불러오도록 코딩하여 문서를 만들 수 있다. 이러한 패턴은 웹을 만들 때 흔히 사용된다. 대표적인 예가 내비게이션 메뉴나 하단의 연락처 정보 등을 넣는 경우다.

즉, 공통으로 사용되는 부분은 하나의 파일로 정리하고, 필요할 때 이 파일을 가져다 쓰는 방법이다. 이 경우에 includes 필드를 사용한다.

```
---
output:
  html_document:
    includes:
        필드명: 필드 값
---
```

이런 include 필드는 in_header, before_body, after_body라는 서브 필드를 사용할 수 있다. 용어가 좀 헷갈릴 수 있다. 여기서 body는 <body>라는 요소가 아니라 실제 내용이 들어가는 곳으로 이해하는 것이 좋다.

- in_header <head> 엘리먼트에 들어가는 내용이다. 주로 리소스를 불러올 때 사용한다.
- before_body: <body> 엘리먼트 전에 들어가는 내용으로 오해할 수 있는 부분인데, 실제로는 <body> 엘리먼트에서 구체적인 내용이 들어가기 전에 들어갈 내용을 담은 파일을 지정한다.
- after_body: 마찬가지로, <body> 엘리먼트 후에 들어가는 내용이 아니라 <body> 엘리먼트의 구체적인 내용이 들어가고 난 다음, 즉 </body> 직전에 들어가는 내용이 들어가는 파일을 지정한다.

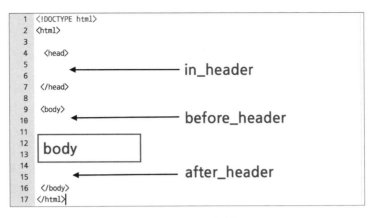

**그림 5.8** includes의 사용

만약, 현재 작업하는 파일의 디렉터리를 기준으로 이러한 파셜 파일이 include라고 하는 폴더에서 각각 header.html, before_body.html, after_body.html이라는 이름 으로 들어가 있다고 가정하면, 다음과 같이 지정하여 사용한다.

```
---
output:
  html_document:
    includes:
      in_header: include/in_header.html
      before_body: include/before_body.html
      after_body: include/after_body.html
---
```

## 공유하는 output 필드

하나의 폴더에서 여러 .Rmd 파일로 작업하는 경우, 이들이 output 필드의 내용이 모두 똑같다면 이것을 파일마다 반복하여 지정할 필요가 없다. 모든 YAML 헤더의 output: 필드의 값으로 사용되는 내용을_ouput.yml 파일을 만들어 작성한 후 프 로젝트 디렉터리에 지정한다. 다음은 _output.yml의 예다.

```
html_document:
    toc: true
    toc_depth: 2
    number_sections: true
    css: myStyle.css
```

파일을 작성하는 방법은 다음과 같다.

- 파일명은 _output.yml이라고 한다. 파일의 이름은 언더스코어(_)로 시작해야 한다. 뒤에서 웹 사이트나 책을 만드는 방법에서도 비슷한 파일들을 만들게 되는데, 이런 언더스코어로 시작되는 파일들은 문서 렌더링 과정에서 빠지게 만들도록 설정해 놓았기 때문이다.
- YAML 헤더의 output: 다음에 오는 내용을 적으면 된다.[4]

## 사용자 정의 템플릿 사용하기

사용자가 직접 정의한 템플릿을 사용할 때는 template 필드를 사용한다. 이를테면 사용자가 만든 템플릿이 myHTMLTemplate.html이라고 한다면 template: myHTMLTemplate.html이라고 지정한다.

## 팬독 커맨드라인 옵션

만약 포맷을 만드는 함수에 설정되어 있지 않으면서도 꼭 필요한 팬독 커맨드라인 옵션은 pandoc_args라는 필드를 사용한다. 앞에서도 설명했지만, 기준 번호를 재설정하는 경우 등에서 사용될 수 있다.

---

4  --- 등은 쓰지 않는다.

# R 노트북

여기에서 소개할 R 노트북<sup>notebook</sup>은 파이썬의 주피터 노트북(http://jupyter.org)과 유사한 것으로, RStudio 통합개발환경에서 인터랙티브 모드로 작업할 수 있는 기능을 제공한다.

인터랙티브 모드로 작업하면, 데이터 분석 과정에서 그 결과물을 청크 바로 아래에서 보면서 작업할 수 있기 때문에 무척 편리하다.

이 기능은 데이터를 분석하여 결과를 내는 과정에서 실제 결과물을 만들기 전 분석 과정에서 많이 쓰일 것이고, 또 나중에 업데이트할 때도 많이 쓰일 것이다. 노트북이 .Rmd 파일로 작성되기 때문에 YAML 헤더의 output: 필드 값만 바꾸면 바로 원하는 포맷의 결과물을 만들 수 있다.

## RStudio에서 노트북 사용하기

노트북을 사용할 때는 RStudio 메뉴에서 RStudio | New File | R Notebook을 사용하거나 RStudio 편집 창 왼쪽 끝을 보면 플러스 기호가 있는 녹색 버튼을 클릭하면 된다.

YAML 헤더에서 보듯이 output: html_notebook으로 되어 있는 것을 확인할 수 있다. 일반적인 .Rmd 파일에서도 이 필드를 이렇게 바꾸면 노트북으로 사용 가능하다.

노트북의 장점은 그 결과를 편집 창에서 바로 확인할 수 있다는 점이다. 먼저 코드를 실행하는 방법을 알아보자. 그림 5.9를 보면 코드 청크의 위쪽에 코드를 실행하거나 코드 청크를 조절하는 버튼이 있다. 버튼 가운데에 있는 아래로 향한 화살표를 클릭하면 현재 코드 청크를 기준으로 그 이전 코드 청크까지의 모든 R 코드를 실행한다.

R 코드는 청크 단위로 실행시킬 수도 있고, 한 줄씩 실행할 수도 있다. 상단의 Run 버튼을 클릭하면 청크를 실행하는 여러 가지 방법을 확인할 수 있다.

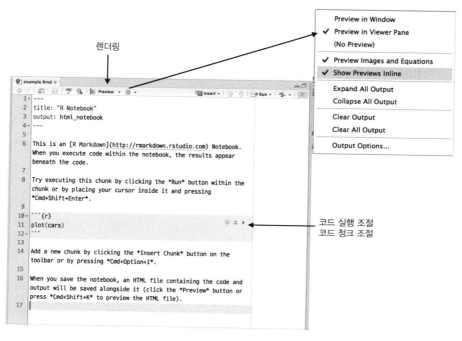

**그림 5.9** R 노트북 사용

결과물들은 그림 5.10과 같다. 노트북의 장점 중의 하나는 R 코드와 직접 관련이 없는 수학 수식 등을 입력할 때도 미리 보기를 지원한다는 점이다.

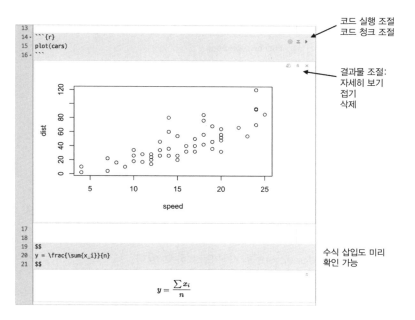

그림 5.10 R 노트북 청크, 수식 미리 보기

knitr::include_graphics() 함수를 사용하여 그림을 가지고 오는 경우, 그림도 바로 보여 주고, 데이터 프레임을 출력하는 경우 자동으로 paged 형태로 보여 주는 기능을 가지고 있어서 매우 편리하다.

## 결과물의 저장

R 노트북을 렌더링할 때는 우선 R 노트북을 전체적으로 한 번은 실행시켜야 한다. 편집 창 상단의 Run 버튼을 클릭하여 Run All을 실행시킨다.

해당 파일이 example.Rmd라면 example.nb.html 파일도 생성된다. .nb.html 파일은 self-contained 파일로, 바로 웹 서버에 올려 볼 수 있게 된다.

그림 5.11과 같이 Preview 버튼의 오른쪽 화살표를 클릭하면 원하는 출력 포맷으로 출력할 수 있다.

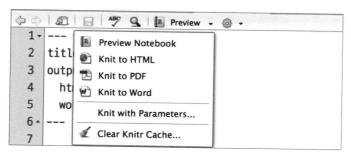

**그림 5.11** 출력 포맷을 선택할 수 있다.

어떻게 보면 노트북은 일반적인 .Rmd 문서에서 `output: html_document`를 선택하는 것과 비슷하다. 다만 문서 편집 창에서 결과를 볼 수 있는 기능만이 다르다. 실제로 R 노트북은 html_document를 기본으로 하고 있다.

`output:` 필드에는 여러 개의 포맷을 지정할 수 있고, 가장 처음 나오는 출력 포맷이 선택되기 때문에 이것을 활용하면 작업을 유연하게 할 수 있다.

## 파라미터를 가진 .Rmd 문서

.Rmd 문서의 YAML 헤더에 파라미터를 넣은 후 이 파라미터 정보를 가지고 문서를 렌더링할 수 있는데, 경우에 따라서는 많은 도움이 된다. 자세한 내용은 다음 사이트를 참고하기 바란다.

- 파라미터를 가진 보고서[Parameterized Reports]: http://rmarkdown.rstudio.com/developer_parameterized_reports.html

이를테면 데이터가 있고, 이 데이터에서 특정 지역이나 특정 시기 등에 대한 보고서를 따로 만들고 싶을 수도 있다. 이런 경우 파라미터 정보를 가지고 데이터를 필터링하여 특정한 보고서를 만들 수 있다.

나의 경우에는 이 책에서 소개하는 방법을 집필할 때, 좀 까다로운 문제 중의 하나가 그림이나 표의 캡션의 번호다. 여러 장과 절이 있는 상황에서 장에 따라 번호를 따로 부여하려면 트릭이 필요하다. 출판사는 워드 포맷을 원하기 때문에 워드 문서로 렌더링하는 경우, 이런 캡션 기능이 제대로 작동하지 않는다. 이런 경우 .Rmd 문서의 파라미터와 니터 패키지의 청크 훅을 사용하여 처리한다.

사용하는 방법은 간단하다. YAML 헤더에 params라는 필드에 값을 지정하면 된다.

```
---
...
params:
  region: east
---
```

이렇게 하면 본문의 코드 청크에서 params$region이라는 표현식으로 "east" 값에 접근할 수 있다.

나는 캡션을 위해 사용하는 훅에 다음과 같은 YAML을 사용한다.

```
1  ---
2  title: "`r params$chapter` 장: HTML 문서와 R 노트북"
3  params:
4    chapter: 5
5  output:
6    html_document:
7      pandoc_args:
8        pandoc_args: --number-offset=5, 0
9  ---
```

**그림 5.12** params를 가진 YAML 헤더

이렇게 지정하고 나면 params$chapter가 5라는 것을 의미하게 된다. 그래서 params$chapter를 사용하여 captioner라는 패키지를 사용하여 캡션을 정의한다. 코드는 그다지 말끔하지 않아 공개하지 않겠지만, 결론적으로 다음과 같이 문서들을 렌더링하게 만들 수 있다. 그림 5.13에서 그림의 캡션, 그리고 이것에 대한 상호

참조는 `params$chapter`를 사용한 훅에서 나온다. 참고로 장절은 위의 YAML에서 `--number-offset=5,0`으로 지정된 결과에서 비롯된다. 이 부분은 위의 목차와 제목 절에서 설명했다.

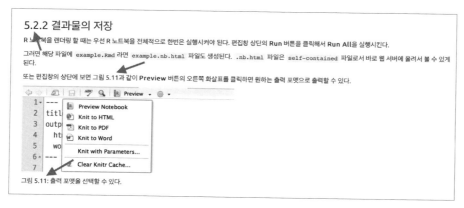

**그림 5.13** params를 사용한 트릭

params의 원리를 알면 다양하게 활용할 수 있을 것이다.

## 정리

이 장에서 가장 중요한 html_document와 html_notebook에 대해 알아보았다. 앞에서도 이야기했지만, 이 책에서 소개하는 여러 다이내믹 콘텐츠를 다루는 경우에는 이 문서가 가장 기본이 되기 때문에 잘 알아 두는 것이 좋다.

# WORD 문서

이 장에서는 .Rmd 소스파일을 워드 문서로 렌더링하는 방법을 설명한다.

## 워드 문서 포맷 지정하기

워드 포맷의 문서를 출력하기 위해서는 YAML 헤더에서 output을 word_document 로 정해야 한다.

```
output: word_document
```

세부 설정을 확인하기 위해서는 ?word_document를 사용하여 그 옵션들을 확인하면 된다. 알다시피 워드 문서는 상용으로 포맷에 관한 모든 것이 공개되지 않기 때문에 일부 한계는 있지만 그래도 꽤 괜찮은 워드 문서를 얻을 수 있다.

## 목차

목차를 표시하기 위해서는 toc: true, 목차의 깊이는 toc_depth: 3이라는 세부 옵션을 사용한다.

```
output:
  word_document:
    toc: true
    toc_depth: 2
```

## 워드 포맷 스타일 지정하기

상용인 워드 문서의 포맷 등을 우리가 원하는 대로 조절하는 데는 한계가 있지만 팬독에서 말하는 레퍼런스 워드 문서<sup>reference docx file</sup>를 사용하면 비교적 원하는 수준까지 자동화하여 작업할 수 있다.

이 레퍼런스 워드 문서를 만들고, 사용하는 방법은 다음과 같다.

1. 우선 .Rmd 문서를 가지고 워드 파일을 만든다. 워드프로세서를 사용하여 레퍼런스 문서를 작성할 수도 있지만, 잘 안될 수도 있기 때문에 여기서 설명하는 방법으로 만들어 사용하는 것을 권장한다.
2. 만들어진 워드 파일을 MyWordStyle.docx로 저장한다. 다른 이름으로 저장해도 상관없다.

3. MyWorldStyle.docx 파일을 열어 여러 스타일을 적용한 후 다시 저장한다. 이 부분은 뒤에서 다시 설명한다.

4. .Rmd 파일의 YAML 메타데이터 블록에서 `reference_docx:` 필드에 이 파일을 지정하여 불러온다.

```
---
...
output:
  word_document:
    reference_docx: MyWordStyle.docx
---
```

5. 이런 YAML 메타데이터 블록을 가진 .Rmd 문서를 워드 문서로 렌더링하면 MyWorldStyle.docx에 정의된 스타일대로 문서가 렌더링된다.

이제 이런 과정들이 구체적으로 어떻게 이루어지는지 알아보자.

## 레퍼런스 워드 문서에 스타일 입히기

레퍼런스 워드 문서는 .Rmd 문서를 가지고 생성한 워드 파일을 기초로 하여 필요한 스타일을 적용한 후 이것을 저장하여 만든다. 다음과 같은 MyDocx.Rmd 파일로 시작해 보자.

```
---
title: "예제 문서"
output: word_document
---
```

이 문서는 워드 포맷 스타일 커스터마이징을 위한 것이다.

주로는 레퍼런스 워드 파일에 대한 것이다.

## 레퍼런스 워드 파일 만들기

이 파일은 레퍼러슨 워드 파일 만들기 설명이다.

이를 렌더링한 후 MyDocx.docx 파일로 워드에서 열어보면 윈도우에서는 다음과
같이 보인다.

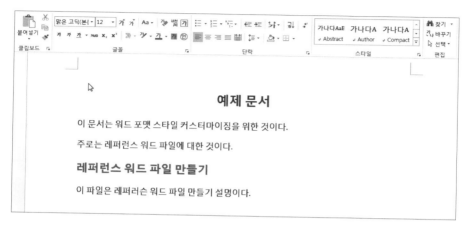

그림 6.1 워드 문서로 렌더링

맥에서는 다음과 같이 보인다.

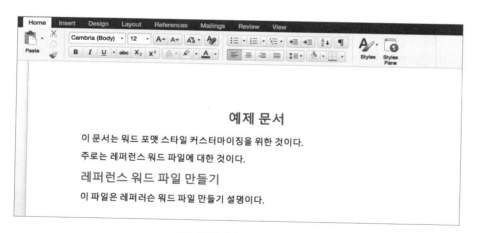

그림 6.2 맥에서 워드 문서 보기

차이점이 있다면 디폴트로 설정되는 폰트가 다르다는 것이다. 나머지는 전반적으
로 같다. 이제 이렇게 만들어진 파일을 가지고 여기에 스타일을 입혀서 레퍼런스

워드 파일을 만들어 보자. 여기서는 윈도우에서 워드를 사용하는 경우가 많을 것으로 보고, 이것을 기준으로 설명하지만, 맥에서도 이와 똑같은 방법으로 사용할 수 있다.

이제 이 파일의 스타일을 바꿔 보려고 한다. 먼저 "이 문서는 워드 포맷 ..."이라고 되어 있는 곳에 커서를 두고 스타일을 확인한다. 워드의 홈 탭 스타일을 보면 아마도 First Paragraph라고 설정되어 있을 것이다. 두 번째 문장인 "주로는 레퍼런스 ..."에 커서를 두고 스타일을 확인하면 본문이라고 설정된 것을 확인할 수 있다.

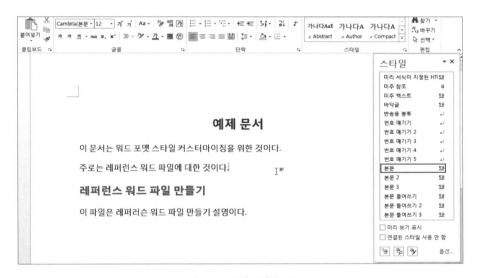

**그림 6.3** 스타일을 사용한 경우

워드에서는 첫 번째 단락과 두 번째 단락을 일반적으로 구분하는 것을 확인할 수 있다. 아무래도 첫 번째 단락은 들여쓰기를 하는 경우가 있기 때문이다.

우리는 여기서 First Paragraph와 본문의 스타일을 바꾸려고 한다. 간단하게 폰트는 나눔명조체, 폰트 크기는 11pt, 줄 간격은 1줄로 바꾸려고 한다. 먼저 First Paragraph의 "이 문서는 ..." 단락을 선택하여 폰트, 폰트 크기, 줄 간격을 바꾼다. 이렇게 선택된 상태에서 다시 스타일을 확인한다.

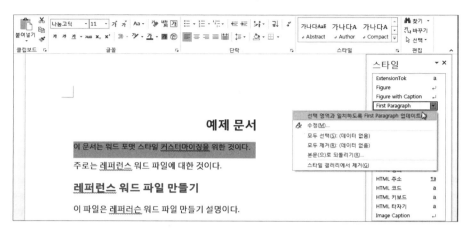

**그림 6.4** 스타일 지정

그림에서 보면 해당 스타일에 오른쪽 화살표 메뉴가 있는데, 이것을 클릭하여 '선택 영역과 일치하도록 First Paragraph 업데이트'를 선택하면 문서의 모든 First Paragraph 스타일이 새롭게 업데이트된다.

이와 똑같은 방법으로 두 번째 문장인 "주로는 ..."에 커서를 두고 폰트, 폰트 크기, 줄 간격 등을 바꾸고, 스타일에서 본문을 선택한 후 바꾼 내용으로 업데이트되게 한다.

이제 이 문서를 MyStyle.docx로 저장한다. 다른 이름을 사용해도 상관없다. 이 파일이 레러펀스 워드 파일이 되는 것이다.

## 레퍼런스 워드 파일 사용

이 레퍼런스 워드 파일을 사용하는 방법은 간단하다. YAML 메타데이터 블록의 reference_docx 필드에서 이 파일을 지정하면 된다. 철자도 약간 교정했다.

```
---
title: "예제 문서"
output:
```

```
word_document:
  reference_docx: MyStyle.docx
---
```

이 문서는 워드 포맷 스타일 커스터마이징을 위한 것이다.

주로는 레퍼런스 워드 파일에 대한 것이다.

## 레퍼런스 워드 파일 만들기

이 파일은 레퍼런스 워드 파일 만들기 설명이다.

이제 문서를 다시 렌더링해 보자. 그림과 같이 앞에서 바꾼 스타일을 사용한 문서로 렌더링된 것을 확인할 수 있다.

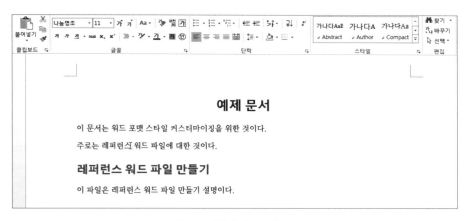

**그림 6.5** 스타일이 적용된 워드 문서

문서의 내용을 추가해 나가면서, 필요한 스타일이 있는 경우 앞에서 설명한 방법대로 스타일을 바꾸고 다시 MyStlye.docx로 저장한 후 이것을 불러와 사용하는 사이클을 반복하면서 작업을 진행한다.

이런 식으로 만들어진 레퍼런스 스타일은 나중에 다른 문서를 만들 때도 그대로 사용할 수 있다.

워드의 디자인 기능을 이용해도 좋다. 디자인 리본으로 되돌아가서 원하는 테마를
사용하여 스타일을 한꺼번에 지정할 수도 있다.

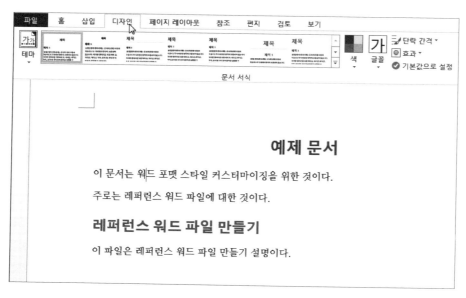

**그림 6.6** 디자인을 적용한 워드 문서

그림과 같은 테마를 선택한 후 다시 MyStyle.docx에 저장하고 닫는다. 다시 .Rmd
문서를 렌더링하면 이 테마가 적용된 문서가 만들어진다.


## 스타일 이외의 설정

앞에서 설명한 콘텐츠 스타일만 레퍼런스 워드 파일에서 지정할 수 있는 것은 아니
다. 다음과 같은 것들도 추가로 지정할 수 있다.

- 페이지 번호
- 머리글, 바닥글

- 페이지 레이아웃

위에서 사용한 MyDocx.docx 파일을 열어 페이지 번호 등을 삽입하고 저장한 후 .Rmd 파일에서 이것을 불러와 사용하면 원하는 문서를 얻을 수 있다.

## 워드 파일에 참고 문헌 삽입

참고 문헌을 넣는 방법은 앞에서 팬독 문법과 같다. 즉, 다음과 같은 형태로 YAML 메타데이터 블록에서 지정하여 사용한다.

```
---
title: AD
bibliography: myReferences.bib
csl: nature.csl
---
```

## 워드 포맷에서의 표

재현 가능 저술의 원칙에서 보면 표는 처리하기가 가장 까다로운 존재다. 왜냐하면 표는 텍스트보다 그림에 가까우므로 2차원적인 것을 텍스트로 표현하기 어렵고, 워드나 HTML, PDF(레이텍)의 표에 대한 마크업이 모두 다르기 때문이다. 따라서 하나의 소스로 멀티 포맷을 구현하기가 어렵다.

여러 가지 표를 위한 패키지들이 개발되어 있다. 전통적으로 많이 사용해 온 `xtable` 패키지나 우리나라 R 유저가 만든 `ztable` 등과 같은 패키지가 있지만 모든 상황을 만족시킬 만큼은 되지 못한다.

내가 가장 선호하는 방법은 니터 패키지의 `knit()` 함수를 이용하여 표를 만드는 것이다. 이 함수의 장점은 디폴트 출력이 팬독 파이프 테이블이라는 것이다. 따라서 어떤 포맷으로 문서가 출력되더라도 표가 정상적으로 출력될 가능성이 높아진다. 이렇게 출력한 후 해당 포맷에서 2차 작업을 통해 문서를 완성하는 방법을 사용한다.

## 여러 파일로 나눠 작업하기

어떤 프로젝트가 3개의 장chapter으로 구현되고, 각 파일의 이름은 chap1.Rmd, chap2.Rmd, chap3.Rmd라고 가정해 보자. 이렇게 여러 개의 파일을 모아 하나의 워드 파일로 만드는 방법을 소개한다.

우선 _output.yml 파일에 다음과 같이 문서 포맷과 세부 내용을 지정한다. 이를테면 다음과 같이 지정해 본다.

```
word_document:
  toc: true
  toc_depth: 2
```

chap1.Rmd, chap2.Rmd, chap3.Rmd는 다음과 같은 내용으로 작성했다고 가정해 보자. 먼저 chap1.Rmd이다.

```
# 이 책에 대해서 {#Introduction}
```
이 책의 개요에 대해서 설명한다.

다음은 chap2.Rmd이다.

```
# R language {#Rlanguate}
```
R 언어에 대해서 소개한다.

다음은 chap3.Rmd이다.

```
# R 그래픽스 {#Rgraphicx}
```

R 그래프에 대해서 소개한다.

그런 다음 앞의 3개 파일을 불러들일 파일, 즉 index.Rmd 파일을 만든다.

파일을 불러올 때는 니터<sup>knitr</sup> 패키지를 사용할 수 있는데, 인라인 청크를 사용하거나 블록 청크를 사용할 수 있다. 두 방법의 차이는 없다.

- 인라인 청크에서는 니터 패키지의 `knit_child("파일명")`를 사용한다.
- 블록 청크에서는 내용이 없는 코드 청크에 청크 옵션으로 `child="파일명"`을 사용한다.

여기서 chap1.Rmd와 chap2.Rmd는 인라인 청크를 사용하고, chap3.Rmd는 블록 청크를 사용한다. 따라서 index.Rmd는 다음과 같이 작성한다.

```
1  ---
2  title: R 그래픽스
3  ---
4
5  ```{r echo=FALSE, include=FALSE}
6  library(knitr)
7  ```
8
9
10
11 `r knit_child("chap1.Rmd")`
12
13
14 `r knit_child("chap2.Rmd")`
15
16
17 ```{r child="chap3.rmd"}
18 ```
19
```

**그림 6.7** 자식 문서를 불러서 하나의 파일로 만든다.

이런 문서를 작성한 후 Knit 버튼을 클릭하면 워드 문서가 통합된다.

## 각 장을 새로운 페이지에서 시작하기(page break)

이번에는 새로운 페이지에서 각 장이 시작되도록 하는 방법을 알아보자. 이는 워드의 스타일 기능을 활용하면 간단하게 해결할 수 있다. 우리가 만든 문서에서 #는 각 장을 의미하기 때문에 출력된 문서들이 일정한 포맷으로 바뀐다. 워드에서 제목을 클릭하고 스타일을 확인한 후 해당 스타일을 클릭한다. 그런 다음 '스타일 수정...'을 클릭한다.

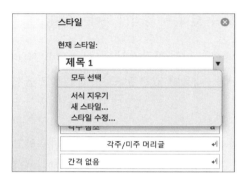

**그림 6.8** 각 장이 새로운 페이지에서 시작하도록 스타일 수정 창의 왼쪽 아래 단락을 선택한다.

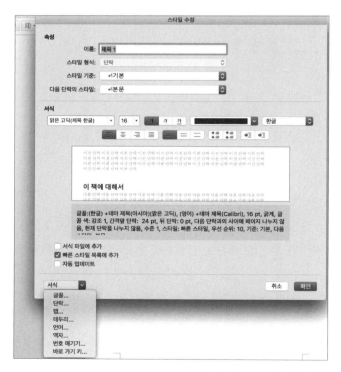

**그림 6.9** 각 장이 새로운 페이지에서 시작하도록 탭에서 줄 및 페이지 나누기를 선택한다.

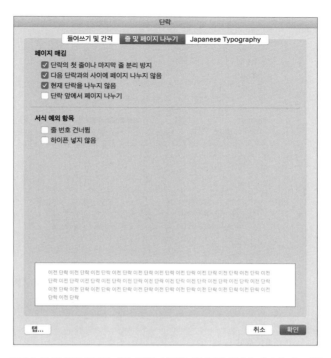

**그림 6.10** 각 장이 새로운 페이지에서 시작하려면 '단락 앞에서 페이지 나누기'를
선택한 후 확인 버튼을 누르면 된다.

## 번호 부여와 목차

번호를 부여하는 방법도 앞과 같다. 스타일에 들어가서 '스타일 수정'을 클릭하
고, 스타일 수정 화면에서 '번호 매기기'를 선택하여 필요한 사항을 지정하면 된다.

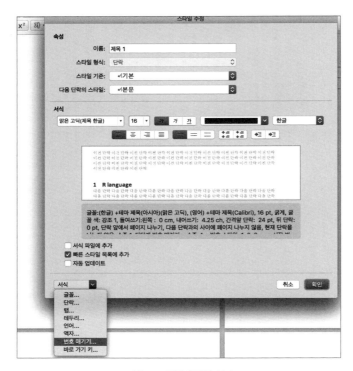

**그림 6.11** 장절의 번호 부여

## 정리

이 장에서는 간단하게 워드 문서를 만드는 방법을 알아보았다. 실제 워드에서 작업하는 것처럼 모든 것을 조절할 수는 없지만, 일단 결과물을 워드로 보낼 수 있다는 것에는 여러 장점이 있다.

# 7

# PDF 문서

.Rmd 소스파일로 PDF 문서를 만드는 방법을 설명한다. PDF 문서를 만들기 위해 서는 레이텍<sup>LaTeX</sup>[1]이 설치되어 있어야 한다. 레이텍은 도널드 커누스가 만든 TeX 시 스템에 대한 매크로로, 1980년 중반 레슬리 램포트<sup>Leslie Lamport</sup>에 의해 발표된 조판 시스템이다. 이와 관련된 내용은 한국텍학회(http://www.ktug.org/xe/?mid=KTS) 등 을 참고하기 바란다.

레이텍은 오픈소스로 다양한 배포판이 존재한다. 나의 경우에는 맥에서 MacTeX (https://tug.org/mactex/)를 사용하고, 윈도우에서는 MikTeX(https://miktex.org/)를 사용한다. 이 안의 엔진으로는 XeLaTeX를 주로 사용한다.

---

1 https://en.wikipedia.org/wiki/LaTeX

윈도우에 MikTeX를 설치하고 RStudio에서 문서를 만들면 처음에는 새로운 패키지를 설치할 것인지를 묻는 경고 창이 나타나는데, 이 경우에는 그대로 설치하면 된다. 다른 배포판에서는 패키지를 처음 설치할 때 한꺼번에 설치하는 경우가 많지만 MikTeX는 필요한 경우에만 설치하는 방법을 사용하기 때문이다. 처음에는 적어도 7~8개의 패키지를 설치해야 할 것이다.

레이텍의 기초부터 설명하기에는 너무나 이야기할 것이 많기 때문에 관심 있는 독자라면 한국텍학회의 http://faq.ktug.org/faq/lshort-kr에 있는 자료를 참고하기 바란다.

# .Rnw와 .Rmd의 차이

예전에 R markdown과 니터를 사용하여 PDF 문서의 만들 때는 주력 마크업 언어는 R 마크다운이었으며, 문서는 다음과 같은 과정으로 만들어졌다.

```
.Rnw --> .tex --> .pdf
```

그런데 rmarkdown(R 마크다운 버전 2)으로 버전업되고 팬독 마크다운이 기본 마크업으로 사용되면서부터는 대체로 다음과 같은 과정을 거쳐 문서가 완성된다.

```
.Rmd --> .md --> .tex --> .pdf
```

이와 같은 변화는 매우 큰 것이다. 예전과 방법으로 문서를 만들 때는 문서의 포맷을 설정한 후에 들어가야 했다. 즉, .Rmd, PDF 문서를 만들 때는 .Rnw 파일로 시작하고, 각각의 문법에 맞는 마크업으로 작업했다. 그러나 이제 하나의 .Rmd 파일로 작업한다는 것은 단순히 하나의 파일로 작업한다는 것을 넘어 하나의 마크업만으로도 작업할 수 있다는 의미를 가지기 때문에 획기적인 것이다.

레이텍이 좋은 조판 시스템이기는 하지만 비교적 소수의 그룹에서 사랑을 받는 것 같다. 내가 일하는 공간에 사람이 없기 때문인지는 몰라도 레이텍을 사용하는 사람을 아직 만나지 못했다. 이 말은 레이텍이 어렵다는 것을 의미한다. 그런데 일단 배우고 나면 다른 것은 그다지 쓰고 싶지 않을 만큼 매우 매력적인 도구라는 의미도 내포하고 있다.

레이텍을 선호하는 사람들은 별로 좋아하지 않을 수도 있지만 이렇게 팬독 마크다운을 가지고 레이텍을 내부 엔진으로 사용하는 방법은 진입 문턱을 크게 낮추는 효과가 있을 것 같다.

## 출력 포맷과 레이텍 엔진

레이텍을 사용하여 PDF 문서를 만들 때는 `output: pdf_document` YAML 헤더를 사용한다. 관련된 옵션들은 `?pdf_document`로 확인한다.

레이텍 엔진은 `latex_engine` 필드로 설정한다. 디폴트는 `latex_engine: pdflatex`로 되어 있다. XeLaTeX을 사용하는 경우라면 `latex_engine: xelatex`를 쓴다.

```
title: 예제 문서
output:
  pdf_document:2
    latex_engine: xelatex
```

## 프리앰블 구성하기

프리앰블preamble은 레이텍의 `\documentclass{}`에서 시작하여 `\begin{document}`까지 문서에 대한 전반적 메타데이터를 지정하는 부분이다. 이 부분을 YAML 헤더로 지정하는 방법을 설명한다.

앞에서 HTML 문서인 경우에는 output: 필드의 값으로 html_document:를 지정하고 이 필드의 서브 필드로 대부분의 세부 사항을 정했다. 그런데 PDF 문서를 만들 때는 문서에 영향을 미치는 많은 필드들이 output: 필드와 같은 레벨에 있는 상위 필드로 정해져 있기 때문에 주의가 필요하다. 그 이유는 알마크다운이 팬독이 채택하고 있는 레이텍 템플릿을 디폴트로 사용하기 때문이다.

예를 들어 documentclass가 그러하다. 만약 memoir 클래스를 사용한다면,

```
title: 예제 문서
output:
  pdf_document:
    latex_engine: xelatex
    documentclass: memoir
```

라고 하지 않고,

```
title: 예제 문서
documentclass: memoir
output:
  pdf_document:
    latex_engine: xelatex
```

로 해야 한다는 의미다. 이와 같은 옵션에는 다음과 같은 것들이 있다.

- documentclass: 문서의 종류
- fontsize: 문서에 주로 사용할 폰트의 크기(예) 10pt, 11pt, 12pt)
- classoption: documentclass에 사용되는 옵션(예) oneside)
- geometry: geometry 패키지를 사용한 마진 등의 설정(예) margin = 1in)
- mainfont, sansfont, monofont: XeLaTeX나 LuaTeX를 사용하는 경우, 폰트 지정
- linkcolor, urlcolor, citecolor: hyperref 패키지에서 사용되는 링크들의 색 지정

- `lang`: 사용하는 언어

이 밖에 프리앰블에 들어가야 할 내용들은 텍스트 파일로 작성한 후 YAML 헤더에서 includes: 필드의 서브 필드인 in_header: 필드를 사용하여 이 파일을 읽게 만든다. 특히 한글 사용과 관련된 부분은 피할 수 없는 부분이기 때문에 다음 절에서 다시 설명한다.

```
---
documentclass: book
classoption: twoside
title: 연습장
author: SBKo
output:
  pdf_document:
    latex_engine: xelatex
    includes:
      in_header: hangul.tex
---
```

레이텍에서 실제 내용 이외의 모든 메타데이터는 프리앰블에 들어가기 때문에 before_body나 after_body 서브 필드를 사용하는 경우는 그렇게 많지 않을 것이다.

## 한글 사용

한글 레이텍을 설정하는 방법은 여러 가지가 있다. 여기서는 간단하게 소개한다. myPreamble.tex라는 이름으로 텍스트 파일을 하나 만들어 프로젝트 디렉터리에 넣는다.

```
\usepackage{kotex}
\setmainfont{NanumMyeongjo}
```

```
\setmainhangulfont{NanumMyeongjo}
\setsansfont{NanumGothic}
\setsanshangulfont{NanumGothic}
\setmonofont{Inconsolata}
\setmonohangulfont{NanumGothicCoding}
```

이 파일을 다음과 같이 YAML 헤더에서 부른다.

```
---
 documentclass: article
 title: 나의 제목
 author: SBKo
 output:
   pdf_document:
     latex_engine: xelatex
     includes:
       in_header: myPreamble.tex
---
```

한글 이외에 필요한 패키지들과 설정 등도 같은 파일에 작성한다.


## 목차, 목차의 깊이, 번호

목차를 넣기 위해서는 pdf_document에 대한 서브 필드로 `toc: true`를 사용하고, 그 목차의 깊이는 `toc_depath: 3`, 목차 번호를 표시하기 위해서는 `number_sections: true`를 사용해야 한다. 앞에서 설명한 html_document에서와 거의 비슷한 의미다.

- `toc`: 목차를 포함시킬 것인지를 결정한다. 디폴트는 `toc: false`다.
- `toc_depth`: 목차에 포함시킬 제목의 수준을 정한다. 디폴트는 `toc_depth:2`다.

- `number_sections`: 목차에 번호를 표시할 것인지를 결정한다. 디폴트는 `number_sections: false`다.

## 그림과 관련된 옵션

pdf_document에서 그림과 관련된 옵션들은 다음과 같다.

- `fig_width`, `fig_height`: 그림의 폭과 너비로, 디폴트는 `fig_width: 6.5`와 `fig_height: 4.5`이다. 단위는 인치다.
- `fig_crop`: 이이 옵션은 보통 레이텍이 설치되면서 함께 설치되는 pdfcrop 이라는 커맨드라인 도구가 설치되어 있는 경우에 작동한다. PDF 이미지의 마진 길이를 줄여 이미지를 실질적으로 크게 만든다. 디폴트는 `fig_crop:true`다.
- `fig_caption`: 그림에 캡션을 넣을 것인지를 결정한다. 디폴트는 `fig_caption: false`다.

## 코드 하이라이트

앞에서 본 HTML 문서의 내용과 같다.

- `hightlight`: 필드로 코드에 하이라이트된 포맷을 설정할 수 있다.
- `default`, `tango`, `pygments`, `kate`, `monochrome`, `espresso`, `zenburn`, `haddock`, `textmate`
- 이와 마찬가지로 아무런 코드 테마를 사용하지 않는 경우에는 null 값을 준다.

## 중간 .tex 파일 남기기

HTML 파일을 렌더링할 때와 마찬가지로 중간 파일인 .tex를 남기기 위해서는 keep_tex 필드를 사용해야 한다. 디폴트는 `keep_tex: false`다. `keep_tex: true`는 중간 파일이 워킹 디렉터리에 남게 된다.

## 공유 출력 템플릿 옵션

여기서도 앞의 html_document에서 설명한 내용이 그대로 적용된다. 즉, _output. yml 파일에 필요한 설정 값을 기록한다.

## 정리

간략하게 정리했지만 레이텍을 사용하는 독자라면 어떻게 사용해야 하는지 이해할 수 있을 것이다. 레이텍을 모두 대체하기는 어렵다고 하더라도 상당 부분 쉽게 갈 수 있을 것이라고 생각한다. 레이텍은 호불호가 분명하게 갈리는 도구이기 때문에 이 정도 소개하는 선에서 정리하고자 한다.

# 8

# 프레젠테이션

이 장에서는 재현 가능 방법으로 발표용 문서를 만드는 방법을 설명한다. 알마크다운은 다음과 같은 슬라이드 포맷을 제공한다.

1. 웹 슬라이드: `ioslides_presentation()`과 `slidy_presentation()`
2. PDF 슬라이드: Beamer 슬라이드를 위한 `pdf_presentation()`

이 장에서는 위의 포맷들과 `revealjs` 패키지가 제공하는 `revealjs_prsentation()` 등에 대해서도 설명한다.

# 슬라이드 구성을 위한 팬독 문법

팬독은 슬라이드 구성을 위한 별도의 문법을 가지고 있는데, 먼저 이 팬독이 제공하는 슬라이드 구성 체계를 이해할 필요가 있다.

팬독을 가지고 슬라이드를 만들 때는 슬라이드 레벨을 정해야 한다. 슬라이드는 슬라이드 레벨을 기준으로 구분한다.

여기서 슬라이드 레벨이란, 어떤 수준의 장절을 기준으로 실제 슬라이드를 만들 것인지를 정하는 것이다. 슬라이드 레벨이 #인 경우에는 # 다음 내용들이 하나의 슬라이드로 구성되고, 슬라이드 레벨이 ##인 경우에는 ## 아래 내용들이 하나의 슬라이드로 구성된다. 이 경우 상위의 #은 목차 등을 만들 때 사용되고, 슬라이드를 구분하는 기호가 되지 않는다.

슬라이드 레벨은 명시적으로 지정할 수 있고, 암묵적으로 지정할 수도 있다. 우선 명시적으로 지정하는 방법을 살펴보자.

- 슬라이드 레벨을 명시적으로 지정하기 위해서는 다음과 같이 YAML 헤더에서 slide_level 필드를 사용해야 한다. 개인적으로는 slide_level: 2를 가장 많이 사용한다.

  ```
  ---
  title: "연습장"
  output:
    ioslides_presentation:
      slide_level: 2
  ---
  ```

- 이렇게 지정하면 레벨 2, 즉 ##이 슬라이드를 구분하는 기준이 된다. 상위의 #은 목차 등에서 사용된다. 그 이하 레벨 3에서 ###을 사용하면, 이것이 ##에 의해 만들어진 슬라이드 안으로 들어간다.

- 슬라이드 레벨을 암묵적으로 지정하기 위해서는 문서 전체의 포맷에서 2개의 헤더만을 사용하여 # 다음에 항상 ##과 그 내용이 들어가게 해야 한다.

이렇게 ##은 슬라이드 레벨로 사용하고, #은 목차 등을 만들 때 사용하는 경우가 많다. 이렇게 슬라이드 소스 파일을 만들면 다음과 같이 구조화된다.

1. 하나의 수평선 ---은 언제나 새로운 슬라이드를 만든다. 즉, 슬라이드의 구분은 ---를 사용한다.
2. ##이 사용된 제목(슬라이드 레벨)은 언제나 새로운 슬라이드를 시작한다. 앞의 마크다운 문법에서 ======(3개 이상)은 # 헤더와 같고, -----------은 ## 헤더와 같다고 설명했다. 그렇기 때문에 다음 두 가지는 같은 효과를 나타낸다.

   ## 슬라이드 만들기

   슬라이드 만들기
   --------------------

3. 슬라이드 레벨(##)보다 낮은 단계(예 ###)의 제목으로 쓰인 내용은 슬라이드의 내용이 된다.
4. 슬라이드 레벨(##)보다 높은 단계(예 #)의 제목으로 쓰인 것은 제목 슬라이드가 되고, 전체 슬라이드를 섹션으로 구분하는 데 사용된다.

이 밖에 목록(list)의 내용을 순차적으로 보이게 하는 마크업도 있다. 다음과 같이 앞에 > 기호를 붙이고 한 칸을 띈다.

> 1. 첫 번째로 중요한 내용
> 2. 두 번째로 중요한 내용
> 3. 세 번째로 중요한 내용

만약 모든 슬라이드에 적용되도록 할 때는 YAML 헤더의 incremental: true 필드를 사용한다.

```
ouput:
  ioslides_presentation:
    incremental: true
---
```

슬라이드의 어느 지점을 중심으로 앞의 것을 보여 주고 나머지를 다음에 보여 줄
수 있는, 멈추기^pause를 위한 마크업도 제공하는데, . . .과 같이 '중간에 빈칸이 들어
간 3개의 마침표'로 만들어진 기호를 사용한다.

## 중요한 내용 세 가지

첫 번째로 중요한 내용이다.

. . .

두 번째로 중요한 내용이다.

. . .

세 번째로 중요한 내용이다.

# ioslides 프레젠테이션

간단한 슬라이드를 만들어 보자.

1. RStudio에서 프로젝트 하나를 만들고 slides라고 해 보자.
2. RStudio의 메뉴에서 File | New File | R Markdown...을 클릭한다. 그
   러면 다음과 같은 창이 열린다. 창에서 왼쪽 Presentation 탭을 선택하고
   제목, 저자명을 입력한다. 그런 다음, 디폴트 출력 포맷인 HTML(ioslides)
   을 선택한다.

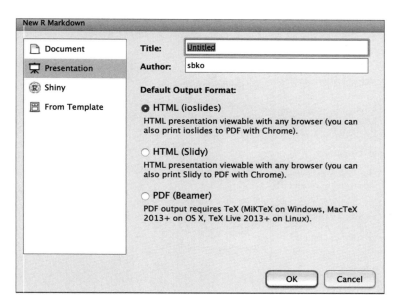

**그림 8.1** New R Markdown 창

3. 편집 창에 다음과 같은 내장 문서가 열린다. 이 문서를 저장하고 상단의 Knit 버튼을 클릭하면 슬라이드가 만들어진다.

4. 설정을 바꾸려면 편집 창 위에 있는 기어 버튼을 클릭한다. 이러한 설정이 어떤 효과를 나타내는지는 뒤에서 자세하게 설명한다.

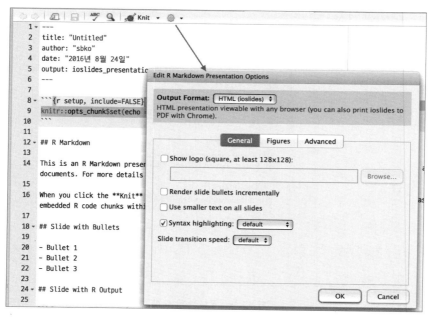

**그림 8.2** 슬라이드 옵션 설정

원래의 ioslides에 대한 정보는 사이트[1]를 참고한다.

그리고 알마크다운이 정의한 포맷은 다음과 같이 도움말에서 참고한다.

```
?ioslides_presentation
```

## 제목 처리

슬라이드 레벨이 2인 경우, #는 목차를 잡는 데 사용되고, 실질적인 슬라이드는 ##에 의해 만들어진다. 부제목을 포함하는 경우에는 다음과 같이 제목과 부제목 사이에 |을 넣는다.

---

1  https://code.google.com/p/io-2012-slides/

```
## 알마크다운 | 개발배경 {#rmarkdown}
```

## 로고 삽입

85×85 픽셀 이하의 이미지 파일을 사용한다. logo 필드를 사용한다.

```
ioslides_presentation:
  logo: Rlogo.jpg
```

## 슬라이드 레벨 정하기

앞에서 설명한 대로 slide_level 값을 정할 수 있다.

```
---
title: "웹 슬라이드 만들기"
author: "SBKo"
output:
  ioslides_presentation:
    slied_level: 2
    incremental: yes
    smaller: yes
    widescreen: yes
---
```

## 목록의 순차적 표시

앞에서 설명한 바와 같이 목록을 순차적으로 보여 줄 때는 개별 목록 앞에 > 기호를 붙인다.

```
## rmarkdown

> - 기존 R markdown의 기능을 개선한 것
```

> - 팬독 마크다운을 기본 문법으로 채택
> - 팬독의 문서 변환 기능을 간단히 사용할 수 있도록 함.

문서 전체에 이러한 효과를 적용하기 위해서는 YAML 헤더에서 정해야 한다.

```
---
title: "Example"
author: "SBKO"
output:
  ioslides_presentation:
    incremental: true
---
```

## 와이드 스크린 모드

와이드 스크린 모드는 widescreen 서브 필드를 사용한다.

```
---
title: "Example"
author: "SBKO"
output:
  ioslides_presentation:
    widescreen: true
---
```

## 슬라이드 전환 속도

슬라이드 전환 속도는 transition이라는 서브 필드를 사용하는데, default, slower, faster 값 중 하나를 선택한다.

```
---
title: "Example"
author: "SBKO"
```

```
output:
  ioslides_presentation:
    transition: slower
---
```

## 폰트를 작게

폰트의 크기를 줄이기 위해서는 smaller라는 서브 필드를 사용한다.

```
---
title: "Example"
author: "SBKO"
output:
  ioslides_presentation:
    smaller: true
---
```

## 커스텀 CSS

커스텀 CSS를 적용할 때는 css 서브 필드를 사용한다. 다음과 같이 설정하면 myStyle .css가 적용된다.

```
---
title: "Example"
author: "SBKO"
output:
  ioslides_presentation:
    css: myStyle.css
---
```

## 표 만들기

- 테이블은 팬독 마크다운에 따라 작성하면 된다. 만들어진 표에는 ioslides 에서 미리 정해 놓은 스타일이 적용된다.

## 슬라이드 레이아웃 설정하기

ioslides에서 슬라이드 제목 다음의 { } 안에 특성들을 부여할 수 있다. 이 경우 원래 의 ioslides에서 정해 놓은 클래스[2]를 적용할 수 있다.

- 슬라이드 내용을 수직 방향에서 가운데로 모이게 하기 위해서는 .flexbox 와 .vcenter를 지정해야 한다. 순서는 상관없지만 둘 다 지정해 주어야 한다.

  ```
  ## rmarkdown {.flexbox .vcenter}
  ```

  - 기존 R markdown의 기능을 개선한 것
  - 팬독 마크다운을 기본 문법으로 채택
  - 팬독의 문서 변환 기능을 간단히 사용할 수 있도록 함.

- 어떤 내용을 가운데 정렬로 만들기 위해서는 내용을 <div> 태그로 감싸고, 클래스를 .centered라고 주어야 한다.

  ```
  ## rmarkdown
  ```

  ```
  <div class='centered'>
  ```
  - 기존 R markdown의 기능을 개선한 것
  - 팬독 마크다운을 기본 문법으로 채택
  - 팬독의 문서 변환 기능을 간단히 사용할 수 있도록 함.
  ```
  </div>
  ```

---

2  https://code.google.com/p/io-2012-slides/를 참고한다.

- 내용을 2개의 컬럼으로 배치하기 위해서는 `<div class='columns-2'>`를 사용한다. 이 경우 한쪽 열이 모두 채워진 후에 다른 쪽 열이 채워지기 때문에 이를 적절히 배열하기 위해서는 그림 높이 등을 적절히 조절해야 한다.

```
<div class="columns=2">
![](image.png)

- 설명 1
- 설명 2
- 설명 3
</div>
```

## 텍스트의 색

ioslides에는 요소의 클래스로서 사전에 정의된 색들이 있다. 뒤에 붙는 숫자가 높을수록 진한 색이라고 보면 된다.

- 빨강 계열: red, red2, red3
- 파랑 계열: blue, blue2, blue3
- 녹색 계열: green, green2, green3
- 노랑 계열: yellow, yellow2, yellow3
- 회색 계열: gray, gray2, gray3, gray4

어떤 요소의 색을 바꾸기 위해서는 이들 값을 클래스로 지정해야 한다.

슬라이드 타이틀을 제외한 텍스트 색을 바꾸기 위해서는 다음과 같이 해야 한다.

```
## rmarkdown {.gray3}

- 기존 R markdown의 기능을 개선한 것
- 팬독 마크다운을 기본 문법으로 채택
- 팬독의 문서 변환 기능을 간단히 사용할 수 있도록 함.
```

특정 블록의 색을 바꾸고 싶으면 블록을 <div> 태그로 감싸고, 클래스를 해당 색으로 지정한다.

```
<div class="blue">
This is an R Markdown document. Markdown is a simple formatting syntax
for authoring HTML, PDF, and MS Word documents. For more details on using
R Markdown see <http://rmarkdown.rstudio.com>.
</div>
```

특정 텍스트의 색을 바꾸고 싶으면 텍스트를 <span> 태그로 감싸고, 클래스를 원하는 색 값으로 정한다.

```
This is an <sapn class="red">R Markdown</span> document.
```

## reveal.js 웹 프레젠테이션

다이내믹한 프레젠테이션을 좋아하는 독자라면, 알마크다운 저자 중 한 명인 제이제이 알레어[J. J. Allaire]가 만든 revealjs 패키지를 사용하는 웹 프레젠테이션을 사용해 볼 만하다.

그림 8.3 reveal.js 웹 프레젠테이션

232

실제 사례이면서 공식 문서는 다음 사이트를 참고한다.

- reveal.js 사이트: http://revealjs.com

여기에서는 원래 reveal.js 툴을 그대로 사용하지 않고, 이것을 재현 가능 방법으로 .Rmd 파일을 통해 작성할 수 있게 해 주는 revealjs라는 패키지를 사용할 것이다. 그래서 R 코드를 넣어 그 결과를 출력하게 할 수 있고, 샤이니 앱이나 htmlwidgets 등을 넣어 인터랙션 효과를 극대화할 수도 있다.

revealjs 패키지가 제공하는 출력 포맷 함수는 `revealjs_presentation()`이다. 사용할 수 있는 옵션들을 보기 위해서는 R 콘솔에서 `?revealjs_presentation`을 실행해야 한다.

앞에서도 설명했지만 알마크다운이 아닌 다른 패키지에 있는 문서 포맷 템플릿을 사용하는 경우에는 output 필드에서 다음과 같이 네임스페이스 연산자를 사용하여 패키지 이름을 분명하게 알려 줄 필요가 있다.

```
output: revealjs::revealjs_presentation
```

revealjs 패키지로 프레젠테이션 문서를 만드는 방법은 다음 사이트를 참고한다.

- reveal.js 설명 사이트: http://rmarkdown.rstudio.com/revealjs_presentation_format.html

이 절은 이 사이트를 참고하여 정리한 것이다.

## RStudio에서 revealjs 시작하기

RStudio에서 File | New File | R Markdown...을 클릭하거나 RStudio의 가장 왼쪽 상단에 있는 + 기호가 있는 버튼을 클릭하고 R Markdown....을 선택하면 다음과 같은 창이 열린다. 열린 창에서 왼쪽의 'From Template'을 선택하고, 오른쪽에 보이

는 리스트에서 해당 항목을 선택한다. 만약 패키지가 컴퓨터에 아직 설치되어 있지 않다면 해당 항목이 리스트에 나타나지 않는다.

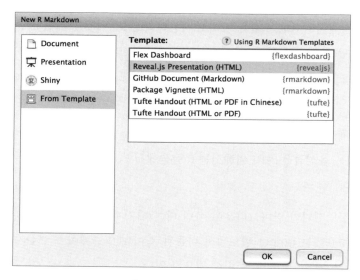

**그림 8.4** New R Markdown 창

이 과정이 끝나면 내장된 문서가 열리는데, 이 파일을 니팅해 보기 바란다. 그 내용은 YAML 헤더에서 output 필드가 다음과 같이 되어 있는 것 말고는 다른 .Rmd 파일과 다르지 않을 것이다.

```
output: revealjs::revealjs_presentation
```

## 슬라이드 레벨과 reveal.js의 특징

revealjs에서 디폴트 슬라이드 레벨은 2이다(slide_level: 2). 앞에서도 설명했지만 이 경우에는 ##가 하나의 슬라이드 내용이 되고, #은 목차 등으로 사용된다.

그리고 revealjs 슬라이드는 2차원으로 구성된다. 다음 그림에서 가장 높은 곳에 있는 슬라이드에는 #으로 만든 제목이 들어가 있고, 그 아래에 ##로 만들어진 세부 내용을 담은 슬라이드들이 배치된다. 위/아래 슬라이드는 위/아래 화살표로 이동하고, 수평으로 놓인 슬라이드는 왼쪽/오른쪽 화살표로 이동한다.

슬라이드 이동 키는 터치 스크린에서도 터치에 반응하기 때문에 편리하다.

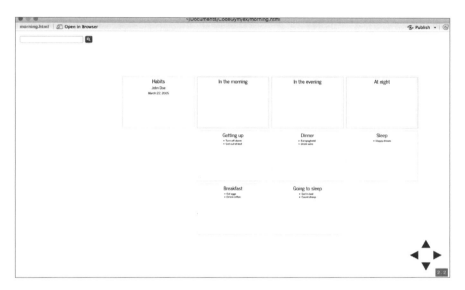

**그림 8.5** 슬라이드 레이아웃

웹 브라우저로 슬라이드를 볼 때 F는 "full screen"로 슬라이드를 전체 화면에 보여주고, O는 "overview"로 전체적인 배치를 보여 준다. 해당 위치를 클릭하면 쉽게 이동할 수 있다. ESC를 누르면 원래 상태로 되돌아온다.

## 슬라이드 내용 상하 정렬, 테마, 이동, 배경 조절하기

슬라이드의 내용은 위에서부터 채워지는 것이 디폴트인데, 필드를 center: true라고 지정하면 내용물들이 수직 방향에서 가운데로 모이게 된다.

슬라이드 테마는 YAML 헤더에서 'theme'라는 필드를 사용하여 지정한다. 사용할 수 있는 테마에는 다음과 같은 것들이 있다.

- theme: "simple", "sky", "beige", "serif", "solarized", "blood", "moon", "night", "black", "league", "white"

슬라이드 이동<sup>transition</sup>은 YAML 헤더에서 transition이라는 필드를 사용하여 지정한다. 사용할 수 있는 값은 다음과 같다.

- transition: "default", "none", "fade", "slide", "convex", "concave", "zoom" background_transition

배경을 이동할 때는 background-transition이라는 필드를 사용한다. 사용할 수 있는 값은 다음과 같다.

- background-transition: "default", "none", "fade", "slide", "convex", "concave", "zoom"

다음과 같이 YAML 헤더를 구성할 수 있을 것이다.

```
---
title: "Habits"
author: John Doe
date: March 22, 2005
output:
  revealjs::revealjs_presentation:
    theme: sky
    transition: "zoom"
    background-transition: concave
---
```

이렇게 YAML 헤더에서 지정하면 당연히 .Rmd 문서 전체에 있는 모든 슬라이드에 영향을 미치게 된다. 슬라이드 단위로 이것을 조절할 필요가 있는 경우도 있다. 이 경우에는 data- 속성을 사용한다. 일반적인 data- 속성은 다음 사이트를 참고한다.

- data- 속성: https://www.sitepoint.com/use-html5-data-attributes/

특정 슬라이드의 움직임을 조절하기 위해서는 data-transition이라는 속성을 사용해야 한다.

```
## revealjs 사용해 보기 {data-transition="zoom"}
```

## 슬라이드 배경 조절하기

슬라이드 배경은 data-background 속성으로 조절하는데, 이것으로 색, 이미지, 동영상, iframe 등을 조절할 수 있다. revealjs를 설명한 사이트를 살펴보면 다음과 같은 예가 나와 있다.

```
## CSS color background {data-background=#ff0000}

## Full size image background {data-background="background.jpeg"}

## Video background {data-background-video="background.mp4"}

## Embed a web page as a background {data-background-iframe="https://example.com"
```

배경색은 HTML 색을 지정하는 방법으로 #RRGGBB 값으로 지정하고, 이미지는 이미지의 경로를 지정해 준다. 동영상은 data-background-video로 소스를 지정하고, iframe은 data-background-iframe을 사용하여 웹 콘텐츠를 추가할 수 있다.

## 그림 크기 조절

그림 크기는 YAML 헤더에서 fig_height, fig_width를 사용하여 인치 단위의 숫자를 지정한다.

## 커스텀 CSS 설정법

디폴트로 정해진 CSS를 다시 지정하고 싶으면 YAML 헤더에서 css 필드를 사용하고, 해당 파일에 대한 경로를 그 값으로 준다.

```
css: myStyle.css
```

그리고 이 파일 안에서 스타일을 지정한다. 스타일을 지정할 때는 다음과 같은 reveal.js의 체계를 알고 있는 것이 좋다.

```html
<html>
    <head>
        <link rel="stylesheet" href="css/reveal.css">
        <link rel="stylesheet" href="css/theme/white.css">
    </head>
    <body>
        <div class="reveal">
            <div class="slides">
                <section>Slide 1</section>
                <section>Slide 2</section>
            </div>
        </div>
        <script src="js/reveal.js"></script>
        <script>
            Reveal.initialize();
        </script>
    </body>
</html>
```

이 중에서 슬라이드를 구성하는 부분은 다음과 같다.

```html
<div class="reveal">
            <div class="slides">
                <section>Slide 1</section>
```

```
        <section>Slide 2</section>
      </div>
    </div>
```

따라서 .reveal, .slides 컨테이너 안에 <section>이라고 하는 요소가 사용된다. 그래서 다음과 같이 하면 모든 텍스트가 파란색으로 바뀐다.

```
.reveal section p {
  color: blue;
}
```

그리고 특정 슬라이드에 아이디 또는 클래스를 지정하여 별도의 스타일을 지정할 수 있다. 예를 들어 다음과 같이 슬라이드를 정의했다고 가정해 보자.

```
## Next Steps {#nextsteps .emphasized}
```

이 경우 다음과 같이 스타일을 지정할 수 있을 것이다.

```
#nextsteps {
    color: blue;
}

.emphasized {
    font-size: 1.2em;
}
```

## 오리지널 reveal.js의 옵션 설정

YAML 헤더의 reveal_options라는 필드를 사용하여 원래의 reveal.js 옵션을 지정할 수 있다. 어떤 옵션들이 있는지는 깃허브 사이트(https://github.com/hakimel/reveal.js#configuration)를 참고한다. 이를테면 다음과 같이 지정할 수 있다.

```
---
title: "Habits"
output:
  revealjs::revealjs_presentation:
    self_contained: false
    reveal_options:
      slideNumber: true
---
```

이렇게 하면 슬라이드 번호가 표시된다.

## 플러그인의 사용

reveal_plugins 필드를 사용하면 reveal.js의 플러그인들을 사용할 수 있다. 플러그인의 예는 다음과 같다.

- notes: 슬라이드 노트
- zoom: 특정 부분 확대(Alt+Click)
- search: 특정 텍스트 찾기

이런 플러그인들을 사용하기 위해서는 self_contained: false를 반드시 지정한 후에 사용해야 한다. notes를 사용하면 새로운 브라우저 창에서 현재 시각과 경과된 시간, 다음 슬라이드 내용을 볼 수 있다.

웹 브라우저에서 S를 누르면 다음과 같은 브라우저 창이 열린다.

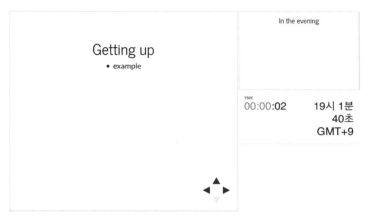

**그림 8.6** 프레젠테이션 노트

여기에 간단한 텍스트를 넣을 수 있다.

```
## 사례 {data-notes="원하는 텍스트"}
```

# Beamer PDF 슬라이드

Beamer 클래스는 레이텍 사용자들에게 매우 인기가 높은 슬라이드 제작 클래스다. 알마크다운에서 사용하는 Beamer 포맷의 정의는 `beamer_presentation()` 함수의 도움말에서 확인할 수 있다.

```
?beamer_presentation
```

Beamer는 레이텍을 사용한 PDF 문서이기 때문에 앞에서 설명한 `pdf_document()`에서 설명한 내용들이 거의 대부분 적용된다.

한글을 사용하기 위해서는 항상 한글 패키지를 불러와야 하기 때문에 프리앰블의 내용을 파일로 저장하거나 includes의 서브 필드인 in_header에서 이 파일을 불러와 사용하는 점 모두 PDF 문서에서 설명한 바와 같다. 이 중 몇 개를 정리해 보면 다음과 같다.

- Beamer의 테마 등은 편집 창의 기어 버튼을 클릭하여 출력 포맷을 정하는 창에서 쉽게 정의할 수 있기 때문에 편리하다.

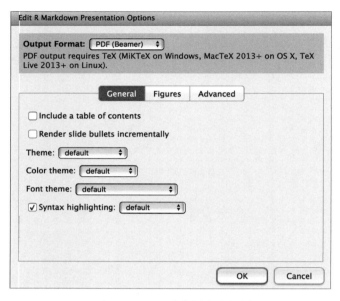

**그림 8.7** Beamer 프레젠테이션 테마 지정

- Beamer의 기본은 `latex_engine: pdflatex`인데, XeLaTeX를 사용하기 위해서는 `latex_engine: xelatex`를 사용해야 한다.
- Beamer에서는 이 장에 앞 부분에서 설명한 슬라이드 레벨 원칙이 그대로 적용된다. 따라서 레벨 1 #은 목차를 정하는 데 사용하고, 레벨 2 ##은 각각의 슬라이드를 구분할 때나 슬라이드의 제목에 사용한다.
- 알마크다운이 제공하는 Beamer의 기능이 원래의 Beamer에 미치지 못한다고 생각하면, `keep_tex: true` 필드를 사용하여 중간 파일인 .tex를 생성한 후 이 파일로 다시 작업하는 것이 편리하다.

기존에 Beamer를 사용해 왔던 독자라면 rmarkdown 사이트에 있는 다음 글이 도움이 될 것이다.

- Moving from Beamer to R Markdown: http://rmarkdown.rstudio.com/ articles_beamer.html

## 정리

이 장에서는 슬라이드 문서를 만들어 보았다. 파워포인트나 키노트에 비해 디자인 등이 화려하지는 않지만, 데이터와 다이내믹한 콘텐츠를 구성할 수 있기 때문에 데이터나 데이터 시각화를 많이 사용하는 경우에는 많은 도움이 될 것이다.

| 3부 |

# 샤이니
# 웹 애플리케이션과
# htmlwidgets 패키지

# 9

# Shiny 웹 애플리케이션의 기초

## 샤이니 패키지란?

여기에서 설명할 샤이니shiny 패키지는 R 패키지 중 하나로, 다이내믹 웹 애플리케이션 제작 프레임워크다. 샤이니 패키지를 사용하면 웹의 언어인 HTML, CSS, 자바스크립트를 사용하지 않고도 단지 R 언어만을 사용하여 빠르고 간편하게 강력한 다이내믹 웹 애플리케이션을 만들 수 있다. 최신의 반응성 프로그래밍reactive programming 모드를 디폴트로 사용하기 때문에 사용자가 입력한 값이 즉시 반영되는 웹 애플리케이션을 구현할 수 있다. 이러한 반응성 프로그래밍의 장점을 활용하면 지시형이 아닌 선언형 프로그래밍declarative programmig이 가능해지기 때문에 짧은 코드로도 뛰어난 기능을 가진 앱을 만들 수 있다.

샤이니는 그 자체만으로 훌륭한 웹 애플리케이션을 구성할 수 있는 것은 물론, 앞에서 설명한 .Rmd 파일에도 쉽게 임베딩하여 사용할 수 있다(이것을 인터랙티브 문서라고 한다).

최근 들어 다양한 자바스크립트 라이브러리들이 htmlwidgets 패키지로 개발되고 있다. htmlwidgets 패키지의 목표 중 하나는 이들 패키지로 만든 콘텐츠를 간단하게 샤이니에 임베딩할 수 있게 하는 것이다.

이제 R 샤이니의 세계를 탐구해 보자.


## 패키지 설치, 작업 환경, 유용한 정보원

샤이니 패키지는 CRAN에서 다운로드하여 설치한다.

```
> install.packages("shiny")
```

샤이니 앱을 만들기 위해 반드시 RStudio를 사용해야 하는 것은 아니지만, 여러 가지 편리한 점이 많기 때문에 이 책에서는 대부분 RStudio를 사용하여 작업한다고 가정하고 설명할 것이다. 샤이니 앱을 개발할 때 특별히 RStudio를 조절할 필요는 없다.

RStudio 왼쪽 상단의 더하기 버튼을 클릭하거나 File | New File | Shiny Web App...을 클릭하면 샤이니 앱을 바로 만들 수 있는 창이 열린다. 여기서부터 시작하면 된다.

웹에 샤이니 애플리케이션에 대해 참고할 자료들은 많다. 그중 가장 중요한 리소스는 샤이니 공식 개발자 사이트(http://shiny.rstudio.com)이다. 여기에 기본적인 샤이니 앱을 만드는 것에서부터 고급 기술까지 자세히 나와 있다.

## 처음으로 만들어 보는 샤이니 앱

RStudio에 디폴트로 내장되어 있는 샤이니 예제를 통해 샤이니 앱을 만드는 과정을 살펴보자.

먼저, RStudio 왼쪽 상단에 있는 더하기 버튼을 클릭하면 Shiny Web App... 메뉴가 나타나는데, 이를 클릭하면 다음과 같은 창이 열린다.

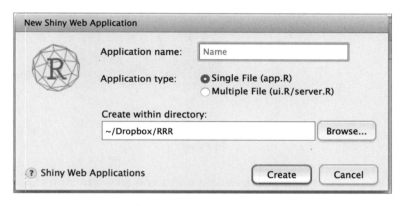

**그림 9.1** New Shiny Web Application 창

이 창에서 `Application name:`에 원하는 앱의 이름을 입력하고, `Application type:`은 `Single File(app.R)`이 선택된 상태를 그대로 유지하자. 먼저 Create within directory에서 작업할 디렉터리를 지정한다. 단일 파일Single File 또는 멀티 파일Multiple File의 차이는 뒷부분에서 자세히 소개한다. 입력이 끝나면 Create 버튼을 클릭한다.

편집 창에 'app.R'이라는 이름으로 된 예제 파일이 열린다. 이것이 샤이니 앱 코드다. 편집 창의 오른쪽 위에 있는 'Run App'이라는 버튼을 클릭하면 앱이 실행된다.

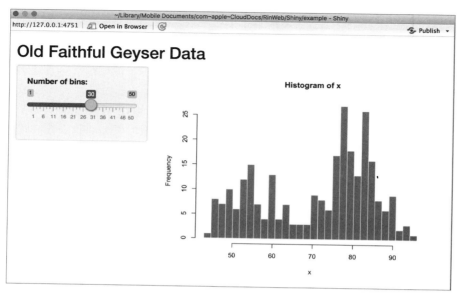

**그림 9.2** New

실행된 앱에서 왼쪽 슬라이드 바를 움직이면 히스토그램의 계급 구간이 바뀌고, 이에 따라 모양이 변하는 것을 확인할 수 있다. 간단하지만 온전한 샤이니 앱을 하나 경험한 셈이다.

이렇게 만들어진 샤이니 앱은 로컬 컴퓨터에서 바로 사용할 수 있고, Shiny Server 프로그램을 사용하여 서버에 올려 사용할 수도 있다. 이 부분은 뒤에서 설명한다. 웹 애플리케이션이라고는 하지만 app.R을 보면 웹과 관련된 HTML, CSS, 자바스크립트 코드는 거의 찾아볼 수 없고, R 코드와 샤이니에서 사용하는 함수들만 있는 것을 확인할 수 있다. 이렇게 샤이니 앱은 R 언어만으로도 웹 애플리케이션을 만들 수 있다.

슬라이드 바를 움직일 때마다 그래프가 자동으로 변하는 것을 확인했을 것이다. 이제 이런 것들이 어떻게 가능한지 간단하게 살펴보자.

## 샤이니 앱의 작동 방식

앞의 예에서 살펴보았듯이 반응성 프로그래밍reactive programming 모드를 기본으로 사용하는 샤이니 앱에서는 사용자가 어떤 변수의 값을 바꾸면, 자동으로 연결된 코드가 실행되고, 그 결과가 반영된다. 우선 간략하게 반응성 프로그래밍의 개념을 소개한다.


## 샤이니 반응성 프로그래밍

샤이니 앱은 반응성 프로그래밍 모델reactive programming model을 디폴트로 사용한다. 반응성 프로그래밍은 로컬 컴퓨터에서 매우 흔하다. 대표적인 예로는 엑셀을 들 수 있다. 엑셀에서 A1 셀에 1를 넣고, A2 셀에 2를 넣은 후 A3 셀에 수식 = A1 + A2을 넣는다. 나중에 A1 셀이 값이 바뀌거나 A2 셀의 값이 바뀌면 자동으로 A3의 값이 새로 계산된다. 이렇게 어떤 객체의 값이 바뀌면 연관된 수식들이 다시 계산되어 그 결과가 바로 반영되게 하는 것을 '반응성 프로그래밍'이라고 한다. 그렇게 낯선 개념은 아니므로 안심해도 된다.

그런데 웹 프로그래밍에서는 상황이 다르다. 웹은 클라이언트와 서버와의 대화다. 흔히 'HTTP'라는 프로토콜을 사용하여 대화한다. 클라이언트는 이런 HTTP 프로토콜을 통해 URL을 사용하여 뭔가를 보여달라는 요청을 서버로 보낸다. 이를 요청request라고 한다. 서버가 이에 응답하여 결과를 보내 주면, 클라이언트 브라우저는 그것을 받아 사용자에게 제시한다. 서버의 응답을 응답response이라고 한다. 웹을 이용할 때는 이러한 요청-응답이 여러 번 반복된다. 그런데 HTTP를 통한 연결은 기본적으로 독립적이다. 독립적이라는 말은 이전의 연결이 다음 연결과는 상관이 없다는 의미다. 그렇지만 우리가 어떤 사이트에 로그인하면 그 상태를 유지하는 것으로 느낄 수 있는데, 이러한 문제는 보통 쿠키coolies 등을 사용하여 해결한다. 이를 극복하고 웹 애플리케이션을 만들 수 있도록 도와주는 방법이 '반응성 프로그래밍'이고, 최근 이 방식을 채택한 여러 프레임워크들이 소개되고 있다.

샤이니 역시 이러한 반응성 프로그래밍 모델을 사용한다. 샤이니 미티어<sup>Meteor</sup>라는 웹 프로그래밍에서 채택하는 방법을 많이 참고했다고 알려져 있다. 샤이니의 경우에는 데이터 흐름을 httpuv라는 패키지를 통해 제어한다. 샤이니 반응성 프로그래밍 모델은 나중에 자세히 소개할 것이다.

## 샤이니 패키지에서 사전 정의된 주요 객체와 서버 함수

샤이니 앱 코드는 크게 클라이언트와 서버로 구성된다. 사용자 인터페이스에서 사용자가 값을 선택하면 그 데이터가 서버로 전달되고, 전달된 데이터를 기반으로 서버에서 어떤 프로세스들이 진행되며, 그 결과가 클라이언트로 보내진다. 이제 샤이니 앱의 엔진에서 어떻게 정보들이 이동하는지 알아보자.

샤이니 앱에서는 input, output, session이라는 객체를 사용하여 데이터를 이동시킨다. 샤이니에서 이 객체들은 키워드<sup>keyword</sup>이므로 같은 이름으로 변수 등을 만들면 안 된다. 이 객체들의 역할은 다음과 같다.

- input 객체는 사용자 인터페이스에서 사용자가 입력한 값을 받아 서버로 전달하는 역할을 한다. 만약 bins라는 변수에 값을 저장하면, 서버에서 input$bins라는 형태로 그 값에 접근할 수 있다. 이런 input에는 복수의 슬롯이 있기 때문에 여기에 여러 객체들을 붙일 수 있다. 예를 들어 a라는 객체와 b라는 객체에 값을 주면 이것들을 서버에서 input$a, input$b로 사용할 수 있는 것이다.
- output 객체는 서버에서 만들어 낸 어떤 결과를 사용자 인터페이스로 보내는 역할을 한다. 만들어진 결과가 그래프라고 했을 때 이름을 plot1이라고 지정하면 output$plot1이라는 형태로 내보내게 되고, 사용자 인터페이스에서는 이들을 렌더링하는 함수 안에서 plot1이라는 이름으로 접근한다.
- session은 사용자가 직접 입력한다기보다는 사용자와 관련된 기반 정보들을 제공하는 역할을 한다. 샤이니 앱을 처음 만들 때 이 객체를 다뤄야 하

는 경우는 극히 드물다. 그래서 샤이니 앱의 서버 로직을 구성하는 함수(이를 서버 함수라고 한다)에서도 이 객체는 옵션으로 되어 있다.

샤이니 서버 코딩의 핵심은 샤이니 서버 함수다. 샤이니 서버 함수는 위의 객체들을 인자로 취하므로 항상 다음과 같은 형태가 된다.

```
server <- function(input, output, session) {
    ....
}
```

## 샤이니 앱 코딩 패턴

샤이니 앱을 하나의 파일로 구성하든, 복수의 파일로 구성하든 기본적으로 사용자 인터페이스[ui] 부분과 서버 로직으로 나눌 수 있다. 실제로 샤이니 앱을 작성하다 보면 느끼겠지만 두 부분을 코딩할 때 큰 차이가 있다.

샤이니가 HTML 등과 같은 웹 관련 언어를 모르더라도 만들 수 있지만, 나중에 실제로 렌더링될 때는 이런 웹 언어로 바뀐다. 특히 UI를 구성할 때 HTML에 대한 지식이 있다면 훨씬 쉽게 접근할 수 있다. UI를 구성할 때는 R 함수들이 중첩된 형태를 가지고, 같은 레벨은 콤마(,)로 구분한다. 즉, 다음과 같이 코딩한다. 굳이 이 패턴을 외울 필요는 없다. 단지 중첩된 구조와 같은 레벨에 있는 것은 콤마로 구분한다는 것만 알면 된다.

```
ui <- fluidPage(
    titlePanel(),
    sidebarLayout(
      sidebarPanel(
        sliderInput()
      ),
        mainPanel(
        )
```

```
    )
)
```

반면, 서버 로직은 순수하게 R 코딩이다. 다음에서 서버 로직의 핵심을 이루는 `renderPlot({})` 안을 주의하여 살펴보자. 이 블록 안에서는 마치 R 콘솔에 있는 것과 같이 한 줄씩 코딩하면 되고, 줄이 바뀔 때 콤마를 사용하지 않는다는 점에 주목한다.

```
server <- shinyServer(function(input, output) {
    output$distPlot <- renderPlot({
        x    <- faithful[, 2]
        bins <- seq(min(x), max(x), length.out = input$bins + 1)
        hist(x, breaks = bins, col = 'darkgray', border = 'white')
    })
})
```

샤이니 앱을 만들 때 가장 많이 실수하는 부분은 UI에서 콤마 등을 쓰지 않거나 잘못 사용하는 경우다.


## 샤이니 앱의 여러 가지 형태

샤이니 앱은 용도에 따라 몇 가지 형태로 개발된다. 예를 들어 웹 사이트에 독립적인 웹 애플리케이션으로 만들 예정이라면 복수의 파일을 사용하는 쪽을 선택하고, 일반적인 웹 문서에 다이내믹 콘텐츠로 샤이니 앱을 사용할 예정이라면 .Rmd 파일에 넣어 사용하는 쪽을 선택한다. 분석 로직을 샤이니 애플리케이션에 담아 다른 사람들과 공유하고자 하는 경우 등에서는 단일 파일로 작성되는 샤이니 앱을 사용하는 쪽을 선택한다.

여기서는 샤이니 패키지에 포함된 `01_hello` 앱을 이용하여 형태별로 샤이니 앱을 만드는 방법을 소개한다.

## 01_hello 앱에 대해

샤이니 패키지에 포함되어 있는 예제 앱들은 다음과 같이 확인할 수 있다.

```
library(shiny)
runExample()
Valid examples are "01_hello", "02_text", "03_reactivity", "04_mpg",
"05_sliders", "06_tabsets", "07_widgets", "08_html", "09_upload", "10_
download", "11_timer"
```

이 가운데 01_hello를 실행하기 위해서는 다음과 같이 실행해야 한다.

```
runExample('01_hello')
```

다음과 같이 실행된다.

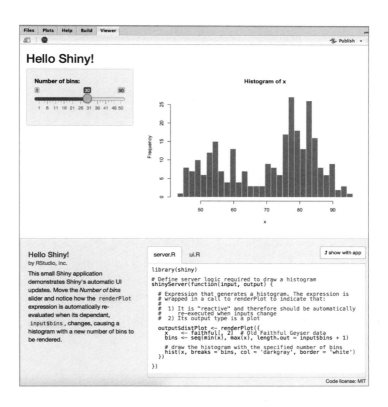

이 앱의 로직은 매우 간단하다.

- 입력: slideInput()을 통해 최소 1, 최대 50 사이의 값을 입력 받아 input $bins 변수에 저장한다.
- 중간 처리: R에 내장되어 있는 faithful이라는 데이터셋을 사용한다. 이는 미국 옐로스톤 국립공원에 있는 올드페이스풀 간헐천의 활동을 기록한 데이터다. 자세한 내용은 help(faithful)로 확인한다. 여기서는 분출 사이의 시간을 정리한 두 번째 열(faithful[, 2])에 대하여 히스토그램을 만들어 보고 있다. 앞에서 입력된 값은 히스토그램에서 중요한 계급 구간[bin]을 결정하는 데 사용한다.
- 출력: renderPlot()을 사용하여 작성한 히스토그램을 출력한다.

따라서 반응성 고리는 사용자가 입력하는 값에서 시작하고, input$bin을 통해 서버로 전달되어 bins 변수를 계산하는 데 사용되며, 이것이 다시 hist()에서 사용되는 형태로 만들어진다.

이제 이 앱을 이용하여 샤이니 앱의 타입을 살펴보자.

## 전통적 복수 파일을 사용한 샤이니 앱

샤이니 패키지의 위치는 R 콘솔에서 find.package("shiny")를 통해 확인할 수 있다. 컴퓨터에서 해당 위치를 확인해 보면 examples라는 폴더가 있고 이 폴더에 사례 앱들이 들어 있다. 이 폴더에서 01_hello만 복사하여 다른 위치에 놓고 살펴보기로 한다.

부가적인 역할을 하는 파일들을 제외하면, 이 앱은 다음과 같은 구조로 되어 있다. 즉, 01_hello 폴더 안에 server.R과 ui.R이라는 파일로 구성되어 있다.

```
.
└── 01_hello
    ├── server.R
    └── ui.R
```

이것이 바로 전통적인 복수 파일을 사용하여 사이니 앱을 구성하는 방법이다.

1. 폴더를 만든다. 이 폴더의 이름이 곧 샤이니 앱의 이름이 된다. 여기서는 01_hello다.
2. 이 폴더 안에 server.R과 ui.R이라는 2개의 파일을 만든다.
   – server.R: 서버에서 사용되는 것으로 앱의 로직을 R 언어로 코딩한다.
   – ui.R: 사용자 인터페이스[1]를 정의하는 파일로, 크게 사용자에게서 값을 입력 받는 부분과 사용자에게 결과를 보여 주는 부분으로 나눌 수 있다.

이제 실제 파일 내용을 검토해 보자. server.R의 내용은 다음과 같다. 코멘트는 삭제했다.

```
library(shiny)

shinyServer(function(input, output) {

  output$distPlot <- renderPlot({
    x    <- faithful[, 2]
    bins <- seq(min(x), max(x), length.out = input$bins + 1)
    hist(x, breaks = bins, col = 'darkgray', border = 'white')
  })

})
```

ui.R의 내용은 다음과 같다.

```
library(shiny)

shinyUI(fluidPage(
```

```
    titlePanel("Hello Shiny!"),
  sidebarLayout(
    sidebarPanel(
      sliderInput("bins",
                  "Number of bins:",
                  min = 1,
                  max = 50,
                  value = 30)
    ),
    mainPanel(
      plotOutput("distPlot")
    )
  )
))
```

로직을 제거하면, 위 파일들은 다음과 같은 형태를 가진다. 먼저 server.R이다.

```
library(shiny)

shinyServer(function(input, output) {
....
})
```

그리고 ui.R은 다음과 같다.

```
library(shiny)

shinyUI(fluidPage(
....
))
```

샤이니 버전 0.10부터는 shinyServer()와 shinyUI() 함수를 사용하지 않아도 되도록 바뀌었다. 이를 제거하면 다음과 같은 형태가 된다. server.R은 다음과 같다.

```
library(shiny)

function(input, output) {
....
}
```

그리고 `ui.R`은 다음과 같다.

```
library(shiny)

fluidPage(
....
)
```

이제, 좀 더 집중하여 내용을 살펴보자.

`server.R`을 작성할 때는 하나의 익명 함수를 사용한다. 이 익명 함수를 서버 함수 server function라고 부르고, 이 서버 함수에 앱의 로직을 정의한다. 이 함수는 반드시 input과 output이라는 객체를 인자로 가지고 있어야 한다. 옵션으로 session이라는 객체를 인자를 사용할 수 있다. 이들 객체는 샤이니 앱에서는 이름을 바꿔 사용할 수 없는 키워드다. 따라서 반드시 input, output, session이라고 사용해야 한다. input 객체는 ui.R에서 서버로 값을 전달하는 역할을 하고, output 객체는 서버 함수에서 만들어진 것을 ui.R로 전달하는 역할을 한다. ui.R은 UI 관련 장에서 설명하겠지만, UI를 정의한다.

여기서 하나 알아 둘 사항이 있다. 앞에서 샤이니 0.10부터는 `shinyServer()` 함수와 `shinyUI()` 함수를 사용하지 않아도 된다고 했는데, 이 경우 server.R에서 서버 함수를 반환하게 해야 하고, ui.R에서는 하나의 UI 객체를 반환하게 해야 한다. 이 말은 이들 파일에 다른 코드들이 함께 있을 경우, R의 함수처럼 마지막 표현식으로 이들을 배정해야 한다는 의미를 담고 있다.

이제 앱을 실행해 보자. 샤이니 앱은 기본적으로 `runApp()`이라는 함수를 사용한다.

RStudio 또는 R 콘솔로 작업 중이고, 현재 워킹디렉터리(getwd())가 01_hello 디렉터리로 설정되어 있다면, 다음과 같이 실행할 수 있다.

```
> shiny::runApp()
```

그러면 콘솔에 Listening on http://127.0.0.1:5420과 같이 주소와 포트 번호를 출력한다. 웹 브라우저 주소 창에 http://127.0.0.1:5420을 입력하면 앱을 확인할 수 있다. 여기서 끝의 5420은 포트 번호로, 임의의 수를 사용하여 출력된다. 사용자의 출력된 내용에 맞게 사용하면 된다. runApp() 함수 도움말에 있는 port라는 옵션을 이용하면 사용할 포트를 직접 지정할 수 있다. 예를 들어 3333포트를 사용하려면, runApp(port=333)을 사용해야 한다.

만약 현재의 워킹디렉터리가 01_hello 디렉터리가 아닌 다른 디렉터리에 있다면, runApp() 함수에 앱이 있는 경로path를 지정해 주면 된다. 예를 들어 워킹디렉터리가 01_hello의 부모 디렉터리로 설정되어 있는 경우라면 다음과 같이 해야 한다.

```
> shiny::runApp('01_hello')
```

RStudio 또는 R 콘솔을 사용하지 않고, 01_hello 디렉터리를 터미널을 사용하여 실행할 수도 있다. 이 경우에는 R이 설치되어 있고, 경로 등이 Rscript 명령을 사용할 수 있는 상태가 되어 있어야 한다. 코드 중간에 ;을 사용하는 것에 주의해야 한다.

```
$ Rscript -e "library(shiny);runApp()"
```

샤이니 실행을 중단하려면 RStudio에서는 R 콘솔 상단에 보이는 빨간색 버튼을 클릭하면 되고, 플레인 R 콘솔이나 Rscript에서는 Ctrl + C를 사용하면 된다.

이렇게 복수의 파일로 샤이니 앱을 만드는 경우는 기본적으로 앱의 로직과 UI를 별도의 파일로 작성하는 패턴이므로 웹에 실제로 구현하거나 앱이 크고 복잡해져서 로직과 UI를 따로 작성하고 관리하는 것이 편리할 때 주로 사용한다. 그러나 간단한 앱인 경우에는 하나의 파일에서 작성하는 것이 편리할 수도 있다.

## 하나의 파일로 작성하는 샤이니 앱

하나의 파일로 샤이니 앱을 만들 때는 보통 app.R이라는 파일명을 사용한다. 다른 이름을 사용할 수는 있지만, 이렇게 하면 나중에 실행하는 부분이 약간 달라진다. 일단 app.R 파일로 만들어 사용한다고 가정하고 설명한다. 즉, 다음과 같이 01_hello_single이라는 디렉터리에 app.R 파일을 만들어 앱을 작성한다.

```
.
└─ 01_hello_single
    └─ app.R
```

이제 app.R에 앱을 만드는 과정을 살펴보자. app.R에서 앱을 만들 때는 UI를 대표하는 객체와 서버 함수를 대표하는 객체를 만들고, shinyApp()이라는 함수에서 이 두 객체를 가져와 앱을 구성한다. 이를 구체적으로 살펴보면 다음과 같다.

```
library(shiny)

// UI 객체
ui <- fluidPage(
  titlePanel("Hello Shiny!"),
  sidebarLayout(
    sidebarPanel(
      sliderInput("bins",
                  "Number of bins:",
                  min = 1,
                  max = 50,
                  value = 30)
    ),
    mainPanel(
      plotOutput("distPlot")
    )
  )
)
```

```
// 서버 함수 객체
server <- function(input, output) {
  output$distPlot <- renderPlot({
    x    <- faithful[, 2]
    bins <- seq(min(x), max(x), length.out = input$bins + 1)
    hist(x, breaks = bins, col = 'darkgray', border = 'white')
  })
}

shinyApp(ui, server)
```

코드를 살펴보면 `shinyServer()`, `shinyUI()` 함수를 사용하지 않은 것과 각각을 ui, server라는 객체로 할당하는 것을 확인할 수 있다. 그런 다음, `shinyApp()`에서 이 둘을 인자로 사용한다.

이 앱을 실행할 때는 앞에서와 같이 `runApp()` 함수를 실행한다. RStudio나 플레인 R 콘솔에서 워킹디렉터리가 `01_hello_single` 디렉터리로 설정되어 있는 경우에는 다음과 같이 실행한다.

```
> runApp()
```

만약, 워킹디렉터리가 다른 위치로 설정되어 있다면, `runApp()` 함수에 경로명을 준다. 예를 들어 `01_hello_single` 디렉터리의 부모 디렉터리로 워킹디렉터리가 설정되어 있다면 다음과 같이 실행한다.

```
> runApp('01_hello_single')
```

만약 app.R 파일이 아니라 example.R이라는 파일로 작성했다고 가정하면 이 스크립트로 먼저 소싱(`source()`)한 후 `print()` 함수로 넘겨야 한다.

```
> print(source('example.R'))
```

`shinyApp()` 함수는 샤이니 앱을 나타내는 하나의 객체를 반환한다. 이 반환되는 객체도 하나의 R 객체이기 때문에 그 내용을 보기 위해 `print()` 함수를 사용하는 것

이다. 이 객체를 또 다른 객체로 할당할 수도 있고, 이를 파일로 저장할 수도 있다.

이렇게 단일 파일로 앱을 구성하는 것은 여러 파일로 만들 때와 비슷한데, ui.R을 ui 객체로, server.R을 server 객체로 할당하고, 이를 `shinyApp()`이라는 함수로 합쳐 사용한다는 것을 알 수 있다. 하나의 파일로 작업하기 때문에 한 면에서 앱의 로직을 파악할 수 있고 보통은 프로토타입을 만들거나 앱을 파일로 저장하여 이메일 등으로 교환할 때 편리하다. 여러 파일로 작업할 때와 조금 다르지만 UI 부분과 서버 함수가 모두 온전한 형태로 사용된다는 점을 다시 확인해야 할 필요가 있다.

## .Rmd 파일에서 사용하는 샤이니 앱

샤이니 앱을 .Rmd 파일에 넣어 문서를 인터랙티브하게 만들 수 있다. 앞에서 살펴본 바와 같이 샤이니 앱을 독립적으로 구성할 때는 그 자체가 하나의 웹 페이지를 구성하지만 .Rmd 파일에 포함될 때는 샤이니 앱이 문서의 콘텐츠로 들어간다. 그렇기 때문에 UI나 앱의 레이아웃을 구성하는 부분이 필요 없게 된다. 따라서 값을 입력하는 `sliderInput()` 함수나 플롯을 출력하는 `renderPlot()` 함수를 직접 사용하여 작성하면 된다.

단지 이 경우에는 YAML 헤더에 `runtime: shiny`라는 필드가 들어가 있어야 한다. 이것이 들어가 있으면 편집 창의 상단에 있는 knit HTML이 Run Documet로 바뀐다. 예를 들어 다음과 같은 문서를 만들 수 있다. 샤이니 앱이 들어 있는 .Rmd 문서를 렌더링할 때 `runtime: shiny`가 없으면 이를 추가할 것인지를 묻는 팝업 창이 나타난다. 이를 포함하지 않으면 샤이니 앱을 만들 수 없다.

```
---
title: "Untitled"
output: html_document
runtime: shiny
---
```

````
```{r include=FALSE}
knitr::opts_chunk$set(echo = TRUE)
```
````

Rmarkdown 파일에 샤이니 앱 포함

````
```{r echo=FALSE}
library(shiny)
sliderInput("bins",
            "Number of bins:",
            min = 1,
            max = 50,
            value = 30)


renderPlot({
   x <- faithful[, 2]
   bins <- seq(min(x), max(x), length.out = input$bins + 1)
   hist(x, breaks = bins, col = 'darkgray', border = 'white')
 })
```
````

이 파일에서 보는 것처럼 앱의 레이아웃이나 UI 등을 구성하는 많은 함수들이 빠져 있고, 단지 입력 받고 그 결과를 출력하는 함수로 작성해야 한다.

실제로 이 문서는 하나의 샤이니 앱이고, 나중에 웹 서버에서 배치하는 경우에는 R 로 하여금 문서를 프로세싱한 후에 클라이언트에게 보여진다.

샤이니 작성의 실제 워크플로(개인적인 권고 사항)

실제 샤이니 앱을 만드는 것을 본격적으로 설명하기 전에 개인적으로 샤이니 앱을 만드는 실제 과정을 설명하고자 한다. 여기서는 샤이니 앱에 포함된 예제인

03_reactivity라는 앱을 만든다고 가정하고 설명해 본다. 앱은 다음과 같이 실행해 볼 수 있다.

먼저 종이에 전체 애플리케이션에 대한 스케치인 목업mockup을 그린다. 목업의 장점은 설계를 미리 해 볼 수 있다는 것이고, 사용할 변수들의 이름을 미리 정해 놓고 시작하면 나중에 어떤 이름으로 정할지 고민하지 않아도 된다는 것이다. 잘 그리지 않아도 되고, 빈 A4 용지에 그리면 된다. 여기서는 슬라이드에 그려 보았지만 종이에 직접 그려 보는 것이 제일 낫다고 생각한다.

나는 정적인 콘텐츠는 A4 용지에 바로 써 넣고, 동적인 콘텐츠는 박스로 표현하며, 그 박스 안에 입력으로 사용될 변수나 출력으로 사용될 변수를 큰따옴표를 사용하여 적어 놓는다.

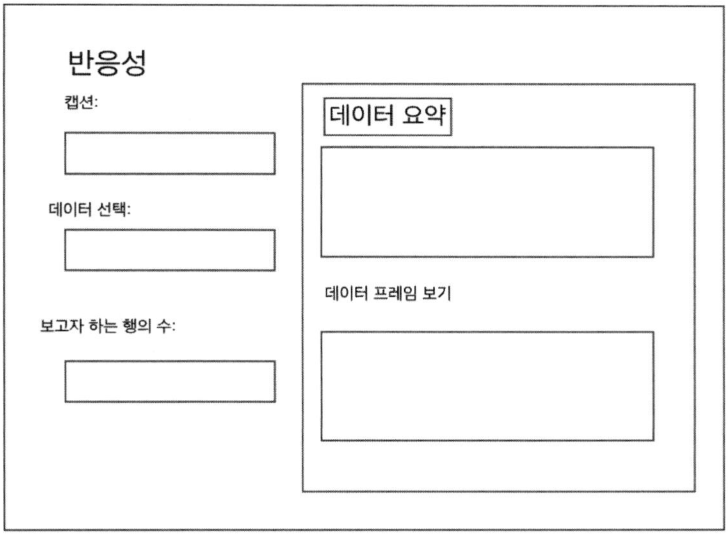

그림 9.3 샤이니 앱의 목업 1: 전반적인 레이아웃

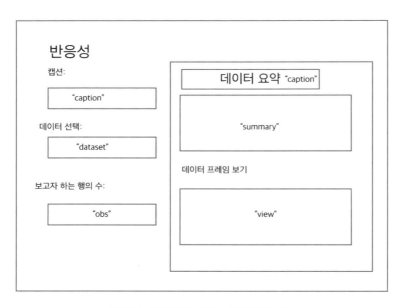

그림 9.4 샤이니 앱의 목업 2: 사용될 변수 이름

그런 다음, 또 다른 A4 용지에 변수의 흐름을 적는다. 나중에 반응성에 대해 자세히 설명하겠지만, 이러한 변수들은 반응성 소스, 반응성 표현식, 반응성 관찰자로 나누는데, 나는 이를 네모, 마름모, 삼각형으로 표현한다. 앞에서 그린 목업에서 큰따옴표가 쳐진 변수를 다시 가져와 네모, 마름모, 삼각형 안에 적어 놓는다. 그런 다음 데이터가 어떻게 사용되어야 하는지를 화살표로 표시한다. 이렇게 하면 사실상 서버 로직에 대한 청사진이 마련되는 셈이다.

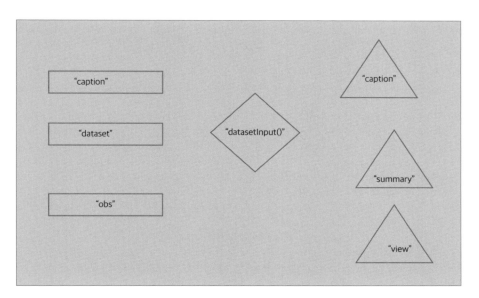

그림 9.5 샤이니 앱의 목업 3: 변수들

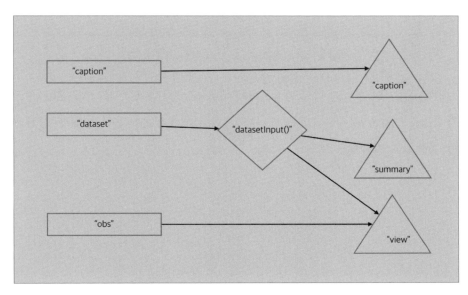

그림 9.6 샤이니 앱의 목업 4: 정보의 흐름

그런 다음 다시 처음 A4 목업으로 되돌아가서, 용도에 맞게 UI에 사용될 위젯들의 이름과 결과물을 표시할 *Output() 함수들의 이름을 적어 놓는다.

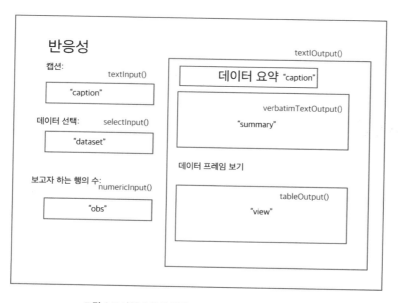

그림 9.7 샤이니 앱의 목업 5: 입력위젯들과 출력 함수들

그런 다음, 두 번째 A4로 다시 되돌아와서 이번에는 결과물을 만들어 낼 render*() 함수들을 그림에 써 넣는다. 처음에는 잘 기억이 나지 않을지 몰라도 몇 번 작성하다 보면 금방 익숙해질 것이다.

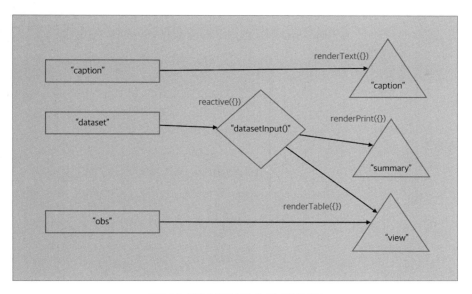

그림 9.8 샤이니 앱의 목업 6: 렌더링 함수들

그리고 애플리케이션 레이아웃을 정의하기 위한 함수들을 적어 놓는다. 처음 하나의 큰 상자가 있고, 각 구역을 나눈다고 생각하고 필요한 함수들을 적어 놓는다. 이들 레이아웃에 대한 함수들은 나중에 설명한다.

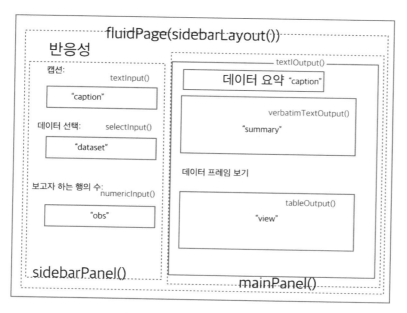

그림 9.9 샤이니 앱의 목업 7: 레이아웃 함수들

이렇게 해 놓으면 실질적으로 샤이니 앱이 거의 완성된 것이나 다름없다. 이제부터는 완성된 A4 용지 2장을 가지고 코딩해 나가면 된다. 코딩은 나중에 자세하게 설명할 것이다. 여기에서는 감만 잡으면 될 것 같다. 먼저 다음과 같이 전체 윤곽만 잡는다.

```
library(shiny)

ui <- fluidPage()
server <- function(input, output) {

}
shinyApp(ui, server)
```

다음은 ui에서 레이아웃만 잡아본다. UI는 HTML과 같이 항상 계층 구조를 가지고 있고, 위계는 중첩으로 표현하며, 같은 계층은 콤마(,)로 구분한다는 것에 주의한다.

```
library(shiny)

ui <- fluidPage(sidebarLayout(
  titlePanel("반응성"),
  sidebarPanel(),
  mainPanel()
))
server <- function(input, output) {

}
shinyApp(ui, server)
```

다음 ui에서 위젯들을 배치한다.

```
library(shiny)

ui <- fluidPage(sidebarLayout(
  titlePanel("반응성"),
  sidebarPanel(
    textInput("caption", "캡션:"),
    selectInput("dataset", "데이터 선택:", choices = c("rock", "pressure",
    "cars")),
    numericInput("obs", "보고자 하는 행의 수:", 10)
  ),
  mainPanel(
    textOutput("caption"),
    verbatimTextOutput("summary"),
    tableOutput("view")
  )
))
server <- function(input, output) {

}
shinyApp(ui, server)
```

다음은 server에서 그 로직을 정리한다. 앞에서 두 번째 A4 용지의 반응성 체인을 보면서 만들어 나가면 된다. 앞에서도 설명했지만, 여기서는 콤마를 사용하지 않는다는 점을 명심한다.

```
library(shiny)

ui <- fluidPage(sidebarLayout(
  titlePanel("반응성"),
  sidebarPanel(
    textInput("caption", "캡션:"),
    selectInput("dataset", "데이터 선택:", choices = c("rock", "pressure",
    "cars")),
    numericInput("obs", "보고자 하는 행의 수:", 10)
  ),
  mainPanel(
    textOutput("caption"),
    verbatimTextOutput("summary"),
    tableOutput("view")
  )
))
server <- function(input, output) {
  datasetInput <- reactive({
                    switch(input$dataset,
                           "rock" = rock,
                           "pressure" = pressure,
                           "cars" = cars)
  output$caption <- renderText({
      input$caption
  })
  output$summary <- renderPrint({
    summary(datasetInput())
  })
  output$view <- renderTable({
    head(datasetInput(), n = input$obs)
```

```
    })
})

}
shinyApp(ui, server)
```

처음 샤이니를 접하는 독자라면 함수가 익숙하지 않을 것이므로 차차 하나씩 익히면 된다. 사실 함수를 익히는 것은 그다지 어려운 일은 아니다. 더 어려운 일은 이를 구성하는 방법이다. 단어만 안다고 해서 글을 쓰는 것이 아닌 것과 같이 앱을 만드는 것 또한 작문과 비슷한 측면이 있다.

내게는 여기 소개한 방법이 꽤 효과가 있었고, 일반적으로도 그럴 것이라고 생각하는 이유는 샤이니 앱이 반응성 프로그래밍에 기반을 두고 있으므로 코딩이 지시형이 아닌 선언형으로 이루어져야 한다는 것과 연관이 있다. 선언형이라고 하는 것이 "이건 이렇게, 저건 저렇게 해!"라고 지시하는 것이 아니라 "이런 모양이 되도록 해 주면 좋겠어!"라고 말하는 것과 같으므로 텍스트보다 그림으로 생각하는 편이 훨씬 우리 뇌에 부담을 덜 주기 때문이다(나는 신경과 의사이므로 믿어도 좋다.).

샤이니를 위한 R 언어 지식

컴퓨터 비전공자들이 R 언어를 사용하는 경우가 많고, 많은 경우 통계 패키지로 R을 시작하기 때문에 R의 인터랙티브 모드에 익숙하다. R 콘솔에서 데이터를 읽고, 이를 분석하고, 그 결과를 살펴보는 과정이다. 이러한 과정이 대부분의 R 유저에게 익숙한 반면, 스크립트를 사용한 방법은 익숙하지 않은 것이 사실이다. 나 자신도 처음에 그런 경험들을 많이 했기 때문에 여기서는 주의할 사항을 몇 가지 언급하려고 한다. 샤이니 앱을 만들다 보면 R 언어에 대한 지식이 더 풍부해질 것이다. 인터랙티브 모드를 벗어나서 프로그래밍 모드를 경험하게 된다. 이러한 경험은 분명 여러모로 도움이 될 것이다. '도대체 얼마나 R에 대한 지식이 있어야 샤이니 앱을 작성할 수 있을까?'라는 질문을 해 볼 수 있다. 샤이니 개발 센터(http://shiny.rstudio.

com/tutorial/quiz/)를 방문하면 샤이니 앱을 만들 수 있는 R 지식이 있는지 테스트해 볼 수 있으므로 참고하면 좋을 것 같다.

비표준 함수

비표준 평가nonstandard evaluation[1]를 사용하는 함수들도 있다. 이를테면 subset() 함수가 있다. 비표준 함수는 $ 연산자를 사용하지 않아도 되기 때문에 대화형으로 작업할 때 무척 편리하다. 하지만 샤이니에서 서브셋을 위해 그 기준열을 문자열로 줄때는 작동하지 않는다. 따라서 샤이니 앱에서는 데이터 세브 세팅을 위해 subset() 함수 대신 [함수를 사용하는 것이 좋다.

어떤 데이터 프레임에서 df$age와 같이 그 열 값을 얻을 경우 만약 age 부분을 샤이니 입력 위젯으로 정보를 준다고 했을 때 df$input$txt와 같은 형태로 사용할 수 없다. age <- input$txt; df$age를 사용하더라도 원하는 결과를 얻지 못한다. 기본적으로 $ 뒤에 실제 문자열이 아닌 변수에 저장된 값을 사용할 수 없다. 이 경우에도 []을 사용해야 한다. df[, input$txt]라는 형태로 사용해야 한다.

인기 있는 ggplot2 패키지에서 사용하는 aes() 함수도 이와 마찬가지다. 이에 대한 사례를 살펴보자. 이 앱은 다음과 같은 일을 한다.

- R에 내장된 mtcars라는 데이터셋을 사용한다. 3개의 숫자형 변수인 wt, hp, disp와 mpg와의 관계를 중심으로 제시하고, 또 cyl별로 어떻게 되는지를 ggplot2 패키지를 사용하여 제시할 수 있도록 한다.
- wt, hp, disp 중 사용자 선택하는 변수는 x축에, mpg는 y축에, cyl은 색으로 구분하여 그래프를 그릴 것이다.

이 앱을 다음과 같이 만들면 결과를 제대로 얻을 수 없다.

---

[1] http://adv-r.had.co.nz/Computing-on-the-language.html

```
library(shiny)
library(ggplot2)

ui <- fluidPage(
  titlePanel("Simple Shiny App"),
  selectInput("sel", "열 선택:",
              choices=c("wt", "hp", "disp")),
  plotOutput("simplePlot")

)


server <- function(input, output) {
  output$simplePlot <- renderPlot({
    p <- ggplot(mtcars, aes(input$sel, mpg, col=as.factor(cyl))) + geom_
point()
    p
  })
}

shinyApp(ui, server)
```

aes() 함수가 비표준 평가를 사용하기 때문에 input$sel로 넘어오는 문자열을 제대로 처리하지 못한다. 이 경우에는 aes() 함수의 표준 평가형인 aes_string() 함수를 사용해야 한다. 이 함수는 모든 인자를 문자열로 받는다. col=as.factor(cyl) 부분도 앞에 정리해 놓고 작업해야 한다. 따라서 다음과 같이 앱을 작성해야 한다.

```
library(shiny)
library(ggplot2)

ui <- fluidPage(
  titlePanel("Simple Shiny App"),
  selectInput("sel", "열 선택:",
              choices=c("wt", "hp", "disp")),
  plotOutput("simplePlot")
```

```
)

server <- function(input, output) {
  output$simplePlot <- renderPlot({
    mtcars$cyl <- as.factor(mtcars$cyl)
    p <- ggplot(mtcars) + aes_string(input$sel, "mpg", col="cyl")  +
geom_point()
    p
  })
}

shinyApp(ui, server)
```

완성된 앱은 다음과 같다.

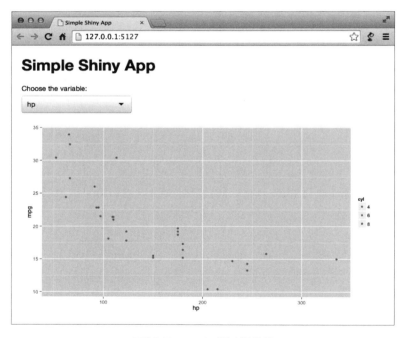

그림 9.10 aes_string()을 사용한 앱

대화형에서는 잘 사용되지 않는 함수들

샤이니 내장 앱인 02_text을 살펴보면 switch()라는 함수가 있다. 이 앱은 run Example('02_text')로 실행할 수 있다. 이 함수는 R의 base 패키지에 내장되어 있다. 일반적인 R 함수와는 행동이 조금 다르다. 예에서는 다음과 같이 사용하고 있다.

```
switch(input$dataset,
        "rock" = rock,
        "pressure" = pressure,
        "cars" = cars)
```

이 함수를 다음 사례로 이해해 보자.

```
switch(k, sum(1:10), sum(1:100))
```

이 경우 k가 1인 경우에는 sum(1:10)이 실행되고, 2인 경우에는 sum(1:100)이 실행된다.

```
switch("a", a = sum(1:10), b = sum(1:100))
```

이 경우에는 sum(1:10)이 실행된다. 만약, 앞의 "a"를 "b"로 바꾸면 sum(1:100)이 실행된다.

샤이니 앱에서 input$dataset이 "pressure"로 설정되면, 그 뒤의 pressure라는 표현식이 실행되어 결과적으로 그 데이터셋이 선택되는 것이다.

get()과 같은 함수도 일반적으로 사용하는 함수는 아니다. 예를 들어 get("myData")라고 하면 myData라고 하는 객체를 현재의 환경에서 찾게 된다. 따라서 찾고자 하는 이름을 샤이니 앱으로 전달할 때는 get(input$myData)와 같은 코드를 사용한다.

이와 마찬가지로 assign()이라는 함수가 있는데, 해당 객체를 어떤 이름으로 저장할 때 사용한다.

정리

이 장에서는 샤이니에 대한 기본적인 내용들을 살펴보았다. 일반적인 R 코딩과 마찬가지로 많이 만들어 보는 것이 최선의 지름길이다. 처음 접하는 독자라면 과감하게 도전해 볼 것을 권한다.

10

샤이니 반응성 프로그래밍

이 장에서는 샤이니 앱에서 입력을 담당하는 부분과 출력을 담당하는 부분을 설명한다. 샤이니 앱에서는 입력 위젯을 사용하여 사용자로부터 값을 입력 받는다. 이렇게 입력 받은 값을 사용하여 서버 로직에서 프로세싱하고 그 결과를 출력 객체를 사용하여 사용자에게 보낸다. 이 장에서는 값을 입력하고, 결과를 출력하는 데 관여하는 요소들을 다룬다.

샤이니에서는 입력을 담당하는 요소를 입력 위젯input widgets라고 부르고, 출력을 담당하는 요소를 출력 요소라고 부른다. 이 장에서는 입력 위젯과 출력 요소들을 자세히 알아본다.

이들은 샤이니 앱을 구성하는 핵심적인 콘텐츠다. 이러한 지식을 통해 앱을 만들 수 있게 된다.

입력 위젯

샤이니 패키지는 여러 종류의 입력 위젯을 만들기 위한 함수들을 제공한다. http://shiny.rstudio.com/gallery/widget-gallery.html을 보면 샤이니 위젯들을 하나로 보여 준다. 우선 그중 하나인 숫자 입력을 위한 numericInput() 위젯 함수를 살펴보자.

```
numericInput(inputId, label, value, min = NA, max = NA, step = NA,
  width = NULL)
```

이 함수의 이름은 숫자 입력을 의미하는 numericInput다. 첫 번째 인자는 inputId 인데, 위젯에 입력되는 값을 input 객체로 실어 보낼 슬롯 이름으로, 문자열로 지정한다. 만약 'obs'라고 정하면, 이 값은 input$obs로 서버로 전달된다. 두 번째 인자는 레이블로 화면에 표시할 텍스트다.

numericInput()은 전형적인 입력 조절 위젯의 사용법을 보여 준다. 정리하면 입력 위젯들은 다음과 같은 공통점을 가진다.

- 대부분의 이름이 *Input()이다. radioButtons, actionButton 등과 같이 이런 패턴을 따르지 않는 위젯들도 있기는 하다.
- 첫 번째 인자는 선택되는 값을 저장할 변수 이름이고, 문자열로 지정한다.
- 두 번째 인자는 UI에 표시될 레이블이다.
- 세 번째 이후의 인자는 입력 위젯 특이 옵션들이다.

실제로 코딩할 때는 다음과 같은 내용들에 주의한다.

- 각각의 입력 위젯들에 의해 서버 로직으로 넘겨지는 값들이 어떤 데이터 타입인지 주의할 필요가 있다. 입력 위젯마다 서버 로직으로 넘겨지는 데이터 타입이 다르기 때문에 나중에 서버 로직을 구성할 때 오류를 범할 수 있다.
- 각 위젯에 대하여 초기 디폴트 값을 지정하는 것이 좋다. 샤이니 앱을 실행하면 사용자가 입력하기 전에 앱이 구동되기 때문에 초깃값이 없는 경우에는 원하지 않는 결과가 나타나거나 오류가 발생할 수 있다. 이 부분은 나중에 다시 설명한다.

http://shiny.rstudio.com/gallery/widget-gallery.html에 나온 것과 비슷하게 샤이니 앱을 구성하면서 설명하려고 한다. 사용할 앱의 기본 골격은 다음과 같다.

```
library(shiny)
ui <- fluidPage(
        titlePanel("샤이니 입출력"),
        sidebarPanel(),
        mainPanel()
        )
server <- function(input, output, session){

}

shinyApp(ui, server)
```

처음 샤이니 앱을 만들어 보는 독자라면 다음 순서를 따르기 바란다.

1. RStudio에서 편집 창의 툴 바 왼쪽에 있는 더하기 기호가 있는 버튼을 클릭한다.

그림 10.1 새로운 샤이니 앱 생성하기

2. 단일 파일 샤이니 앱을 선택한다. 이름은 임의로 정한다.

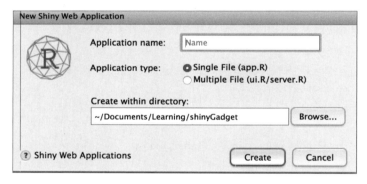

그림 10.2 단일 파일 샤이니 앱 선택

3. 빌트인으로 들어 있는 내용을 모두 지우고 위의 내용을 입력한다. 직접 입력해 보는 것이 좋다. 앞 장에서도 설명했지만 ui 부분에서는 함수들의 중첩과 콤마에 주의하고, server에서는 콤마 없는 R 코드를 사용해야 한다는 것에 주의한다.

```
library(shiny)
ui <- fluidPage(
```

```
        titlePanel("샤이니 입출력"),
        sidebarPanel(),
        mainPanel()
        )
server <- function(input, output, session){

}

shinyApp(ui, server)
```

4. 실행은 Run App 버튼을 누르면 된다. 오류가 있다면 앞에서 권고한 내용을 바탕으로 코드들을 잘 살펴보도록 한다.

5. 이제 입력 위젯을 하나씩 넣는다. sidebarPanel() 안에 넣어 보면 된다. 예를 들어 numericInput()은 다음과 같이 넣어 실행해 보면 될 것이다.

```
    library(shiny)
ui <- fluidPage(
        titlePanel("샤이니 입출력"),
        sidebarPanel(
          numericInput("number", "숫자", 25, min = 1, max = 100)
        ),
        mainPanel()
        )
server <- function(input, output, session){

}

shinyApp(ui, server)
```

이런 식으로 하나씩 위젯을 넣어 보면서 연습한다. 결과 출력에 대해서는 나중에 하나씩 배울 것이다.

숫자 입력용 위젯

숫자 입력을 위한 위젯의 대표적인 예로는 numericInput()을 들 수 있다. 앞에서 설명한 2개의 인자 이후에, 초깃값, 최솟값, 최댓값, 단계 등을 설명하는 옵션이 있다. ?numericInput을 참고한다. 다음은 그 예다.

```
library(shiny)

ui <- fluidPage(
        titlePanel("숫자 입력을 위한 위젯들"),
        sidebarPanel(
          numericInput("number", "숫자 입력:", 25, min = 1, max = 100)
        ),
        mainPanel(
          verbatimTextOutput("theValue")
        )
        )

server <- function(input, output, session){
  output$theValue <- renderPrint(
    input$number
  )
}
shinyApp(ui = ui, server = server)
```

생성된 앱에서 입력 필드에 값을 직접 써 넣거나 위, 아래 화살표를 이용하여 값을 바꿀 수 있다. step은 옵션을 사용하여 특정 값 만큼씩 변하게 할 수 있다. 이렇게 입력되는 값은 숫자로 넘어간다. 약간 버그인 것 같은데 화살표로 값을 바꾸는 경우에는 최댓값, 최솟값의 범위를 벗어나지 않지만, 값을 직접 입력하는 경우에는 그 범위를 벗어난다.

그림 10.3 numericInput()의 사용

다음은 그래픽이 강화된 슬라이더 입력 위젯을 살펴보자. sliderInput()을 사용하면 다양한 방식으로 숫자를 입력할 수 있다. sliderInput()의 다양한 사용 예는 샤이니 앱에 포함된 사례 앱인 05_sliders에 나타나 있다. 다음과 같이 실행해 보면 된다.

이 앱을 약간 수정하면서 그 사용법을 설명한다. 앞의 numericInput() 대신 sliderInput()으로 바꿔 본다.

```
library(shiny)

ui <- fluidPage(
        titlePanel("슬라이더를 사용한 숫자 입력"),
        sidebarPanel(
          sliderInput("number", "숫자 입력:", 25, min = 1, max = 100)
        ),
        mainPanel(
          verbatimTextOutput("theValue")
        )
        )

server <- function(input, output, session){
  output$theValue <- renderPrint(
    input$number
```

```
    )
}
shinyApp(ui = ui, server = server)
```

sliderInput()은 슬라이더를 움직여 숫자를 입력할 수 있게 해 준다.

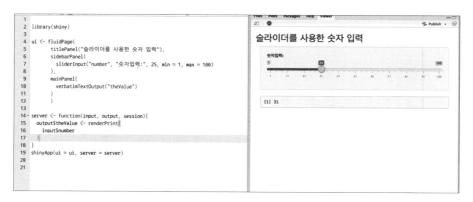

그림 10.4 sliderInput의 사용

05_sliders 사례에서도 알 수 있듯이 sliderInput()의 옵션은 매우 많다. 그중 한국 원화를 표시하기 위해서 pre라는 옵션을 사용해 본다. 이 옵션에 원화에 해당하는 유니코드 값 "₩"로 지정한다.

```
library(shiny)

ui <- fluidPage(
      titlePanel("슬라이더를 사용한 통화 입력"),
      sidebarPanel(
        sliderInput("number", "가격 입력:", 25, min = 10000, max =
        1000000, pre="&#8361;")
      ),
      mainPanel(
        verbatimTextOutput("theValue")
      )
      )
```

```
server <- function(input, output, session){
  output$theValue <- renderPrint(
    input$number
  )
}
shinyApp(ui = ui, server = server)
```

이렇게 sliderInput()의 세 번째 옵션은 초깃값으로 사용할 값을 지정한다. 이 값을 2개의 길이를 가진 숫자형 벡터로 지정해 주면 숫자에 대한 범위를 입력할 수 있다.

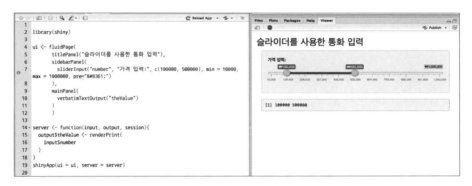

그림 10.5 numericRange의 사용

이렇게 숫자의 범위를 입력하면, 내부에서도 2개의 길이를 가진 숫자형 벡터 형태로 서버 로직에 전달된다.

문자열 입력 위젯

문자열 입력용 위젯은 textInput()이다. 다음은 그 예다.

```
library(shiny)

ui <- fluidPage(
    titlePanel("텍스트 입력"),
```

```
      sidebarPanel(
        textInput("myText", "이름:", placeholder = "이름 입력")
      ),
      mainPanel(
        verbatimTextOutput("theText")
      )
      )

server <- function(input, output, session){
  output$theText <- renderPrint(
    input$myText
  )
}
shinyApp(ui = ui, server = server)
```

입력된 값은 문자열로 넘겨지고, placeholder 옵션에는 입력 필드에 안내용으로 들어가는 텍스트를 지정한다.

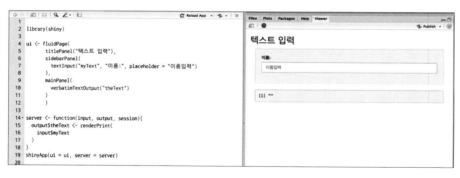

그림 10.6 textInput의 사용

항목 중에서 선택

먼저 어떤 항목들 중에서 선택할 수 있는 selectInput() 함수가 있다. 첫 번째 인자와 두 번째 인자의 사용법은 앞에서 본 다른 입력 위젯들과 동일하다. 세 번째 인자에 선택 대상이 되는 항목들을 리스트(list)로 준다. 리스트의 요소에서 이름이 UI에 표시되고, 실제 값이 선택된다. 즉,

```
list("남자"= "M", "여자" = "F")
```

와 같이 세 번째 인자를 주면, 입력 필드에서는 "남자" 또는 "여자"가 표시되고, 실제 선택되는 값은 "M" 또는 "F"가 된다. selected라는 옵션이 있으므로 디폴트로 선택되는 값을 지정할 수 있다. multiple이라는 옵션을 사용하지 않는 경우에는 이것이 첫 번째 요소 값이 된다. 따라서 별도로 지정할 때에는 요소의 이름이 아닌 값을 주어야 한다. 즉, 위에서 디폴트 값을 여자로 선택하기 위해서는 selected="F"로 주어야 한다.

```
library(shiny)

ui <- fluidPage(
        titlePanel("선택하여 입력"),
        sidebarPanel(
          selectInput("sel", "다음 중에서 선택",
                      list("남자"="M", "여자"= "F"), selected = "F")

        ),
        mainPanel(
          verbatimTextOutput("theText")
        )
        )

server <- function(input, output, session){
  output$theText <- renderPrint(
    input$sel
  )
}
shinyApp(ui = ui, server = server)
```

이 앱은 다음과 같이 나타난다.

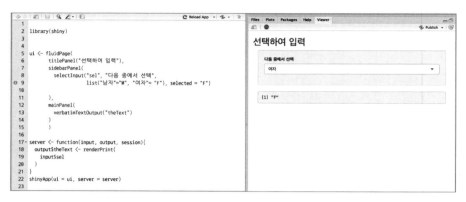

그림 10.7 selectInput의 사용

여러 가지 항목들 가운데 복수 선택을 가능하게 하기 위해서는 `multiple=TRUE`라는 옵션을 사용해야 한다.

```
library(shiny)

ui <- fluidPage(
        titlePanel("선택하여 입력"),
        sidebarPanel(
          selectInput("sel", "좋아하는 과일은(복수 선택 가능)?",
                      list("사과", "배", "복숭아", "수박", "참외"),
                      multiple = T,
                      selected = "복숭아"
                      )
        ),
        mainPanel(
          verbatimTextOutput("theText")
        )
        )

server <- function(input, output, session){
```

```
  output$theText <- renderPrint(
    input$sel
  )
}
shinyApp(ui = ui, server = server)
```

이 앱은 다음과 같이 만들어진다.

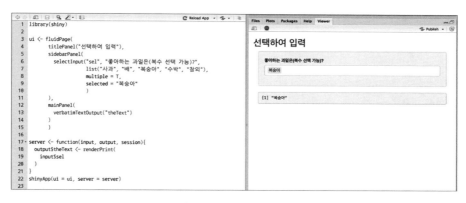

그림 10.8 selectInput의 사용 예

앞에서 본 바와 같이 selectInput()은 드롭다운 리스트를 만든다. 이와 유사한 것이 checkboxGroupInput()이다. 이는 드롭다운 리스트가 아니라 체크박스를 통해값을 선택할 수 있게 한다. 이 위젯은 기본적으로 복수의 항목을 선택하기 위해 사용된다.

선택할 항목을 정하는 세 번째 옵션의 사용법은 selectInput()과 같다. 리스트의요소 이름은 화면에 표시되고, 그 값을 선택하면 서버 로직으로 전달된다.

```
library(shiny)

ui <- fluidPage(
    titlePanel("선택하여 입력"),
    sidebarPanel(
        checkboxGroupInput("checked", "항목을 선택:",
```

```
                        list(Cylinders = "cyl",
                                Transmission = "am",
                                    Gears = "gear"),
                            selected = "am"
                        )

            ),
            mainPanel(
                verbatimTextOutput("theText")
            )
            )

server <- function(input, output, session){
    output$theText <- renderPrint(
        input$checked
    )
}
shinyApp(ui = ui, server = server)
```

이 앱은 다음과 같이 나타난다.

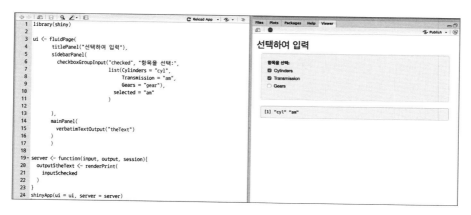

그림 10.9 checkboxGroupInput의 사용

이는 checkboxGroupInput()과 유사하지만 radioButtons() 위젯과는 조금 다르다. 전자는 복수의 항목을 선택하는 데 사용되고, 후자는 하나의 항목을 선택하는 데 사용된다. 나머지 사용법은 거의 같다. 다음은 앞의 예에서 checkboxGroupInput을 radioButtons로 위젯의 이름만 바꾼 것이다.

```
library(shiny)

ui <- fluidPage(
        titlePanel("선택하여 입력"),
        sidebarPanel(
          radioButtons("checked", "항목을 선택:",
                            list(Cylinders = "cyl",
                                Transmission = "am",
                                Gears = "gear"),
                          selected = "am"
                          )
        ),
        mainPanel(
          verbatimTextOutput("theText")
        )
        )

server <- function(input, output, session){
  output$theText <- renderPrint(
    input$checked
  )
}
shinyApp(ui = ui, server = server)
```

이 앱은 다음과 같이 나타난다. 이때 하나의 항목이 선택되는 것에 주의한다. 하나의 라디오에서 어떤 방송 주파수의 선택은 하나라는 것을 생각하면 된다.

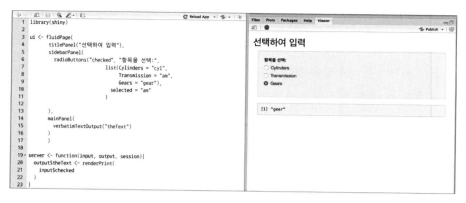

그림 10.10 radioButtons의 사용

이런 선택을 하기 위한 위젯들과 비슷한 것으로는 checkboxInput()을 들 수 있는데, 이는 어떤 항목이 선택되었는지를 체크한다. 체크되면 TRUE를, 체크되지 않으면 FALSE를 전달한다. 위의 위젯에서는 주로 문자열이나 문자열 벡터로 전달되는데, 이는 서버 로직에 논리 값으로 전달되는 점이 다르다.

```
library(shiny)

ui <- fluidPage(
        titlePanel("체크했는가?"),
        sidebarPanel(
            checkboxInput("checked", "선호", value = FALSE)

        ),
        mainPanel(
            verbatimTextOutput("theText")
        )
        )

server <- function(input, output, session){
    output$theText <- renderPrint(
        input$checked
    )
```

```
}
shinyApp(ui = ui, server = server)
```

이 앱은 다음과 같이 나타난다. 넘어가는 값이 논리 값이라는 것에 주의한다.

그림 10.11 checkboxInput 위젯의 사용

날짜, 파일 등 특수한 입력 위젯

dateInput() 위젯과 dateRangeInput() 위젯은 날짜를 입력하기 위해 특별히 만들어진 것이다. 전자는 하나의 날짜를, 후자는 날짜의 범위를 선택할 때 사용된다. 이렇게 입력된 날짜는 문자열, 문자열 벡터로 서버 로직에 전달된다. 다음은 dateInput()을 사용한 예다.

```
library(shiny)

ui <- fluidPage(
  titlePanel("날짜 선택"),
  sidebarPanel(
    dateInput("myDate", "날짜 선택", value = Sys.Date(), startview =
    "year", language = "kr")
  ),
  mainPanel(
```

```
    verbatimTextOutput("out1")
  )
)

server <- function(input, output) {
  output$out1 <- renderPrint({
    input$myDate
  })
}

shinyApp(ui, server)
```

?dateInput 도움말을 보면 language라는 옵션이 있는데, 이 옵션을 이용하면 언어를 지정할 수 있다. 한국어는 "kr"로 지정한다. 이 앱은 다음과 같이 나타난다. 날짜 입력란에 커서를 올려놓으면 달력이 나타날 것이다. 여기서는 startview라는 옵션을 사용하여 연도부터 나타나도록 했다.

그림 10.12 dateInput의 사용

dateRange()는 날짜의 범위를 선택하기 위한 것으로, 도움말에서 start, end 옵션으로 선택되는 범위를 보이게 할 수 있다.

fileInput()은 파일을 업로딩할 때 시스템에 있는 파일을 선택할 수 있는 위젯을 만들어 준다. 파일 업로딩에 대해서는 나중에 자세히 다룰 것이다.

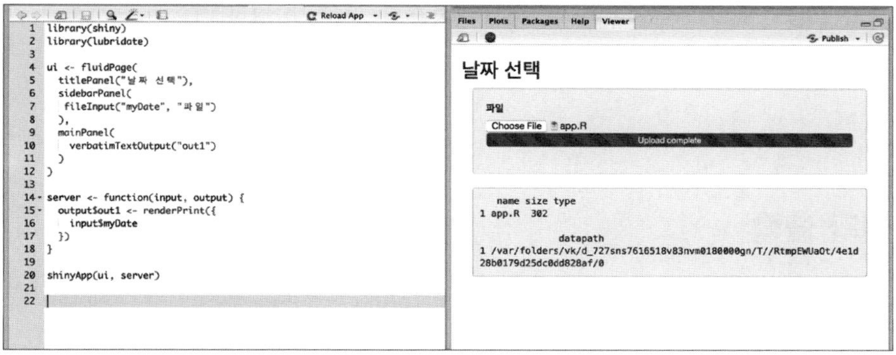

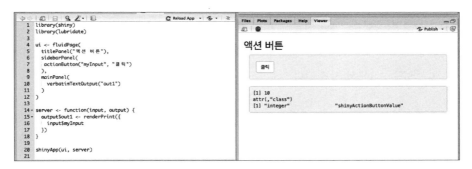

그림 10.13 fileInput의 예

actionButton 위젯

actionButton() 위젯은 버튼을 만들고, 이 버튼이 클릭되었을 때, 버튼에 지정된 변수의 값이 1씩 커지도록 한다.

그림 10.14 actionButton 사용

이처럼 위젯의 기능은 매우 단순하다. 나중에 샤이니 앱의 반응성을 조절하는 부분에서 설명하겠지만 이 버튼은 원래 반응성 체인으로 묶여 있지 않은 것을 반응성 체인으로 끌고 오는 reactive({}) 안에서 주로 사용된다. 여기서는 일단 '버튼을 누르면 해당 값이 1씩 바뀐다.'라는 사실만 알고 있으면 된다. 이 값이 중요한 것이 아니라 값이 바뀐다는 사실이 중요하다. 반응성에서는 이러한 변화가 계산을 시작하도록 하기 때문이다.

결과 출력

앞에서 사용자 입력을 다루는 입력 위젯들에 대해 살펴보았다. 입력 위젯에서 입력된 값은 input이라는 객체를 통해 서버 로직으로 전달되어 프로세싱에 사용된다. 그 결과는 다시 사용자 인터페이스로 넘겨진 후 브라우저를 통해 사용자에게 보이게 된다. 이번에는 이 마지막 과정에 참여하는 샤이니 함수들에 대해 설명한다.

출력에 관여하는 서버 함수들과 사용자 인터페이스 함수들

이 마지막 과정에는 크게 두 가지 분류의 함수가 참여한다. 하나는 서버 로직에서 결과를 output 객체로 실어 주는 함수다. 이들은 대부분 `renderPlot()`과 같이 `render-`로 시작한다. 이들 함수는 서버 로직에서 사용된다. 두 번째는 이 결과를 받아 실제로 UI에 뿌려 주는 함수로, `plotOutput()`과 같이 끝이 `-Output()`으로 끝나며, 이 함수는 UI에서 사용된다.

이 둘 사이는 완전히 1:1로 매칭되는 것이 아니지만 대체로 매칭되는데, 이는 프로세싱의 결과물이 무엇인지에 따라 결정된다. 예를 들어, 그래프인 경우에는 `render Plot()`, `plotOutput()`이 사용되고, 텍스트인 경우에는 `renderText()`, `textOut put()`이 사용되며, R 콘솔에 출력되는 텍스트인 경우에는 [(예) `summary(iris)`와 같이] `renderPrint()`, `verbatimTextOutput()` 등이 사용된다.

`render-`로 시작되는 함수의 첫 번째 인자는 표현식expression, 즉 R 코드다. 여러 행에 걸친 R 코드를 {}로 둘러싸면 크게 하나로 취급된다. 이 코드 안에서는 R의 일반적인 함수와 같이 마지막 표현식이 이 코드가 반환하는 결과물이 된다. 이렇게 만들

어진 결과물은 output 객체의 슬롯으로 이름을 붙여 할당하면 샤이니가 알아서 UI로 결과를 보낸다. 예를 들면 다음과 같다.

```
output$plot1 <- renderPlot({
  df <- iris
  hist(df$Sepal.Length)
})
```

이렇게 하면 {} 안의 마지막 표현식이 hist(df$Sepal.Length) 이기 때문에 이 결과물이 output 객체의 plot1이라는 슬롯으로 넘겨지는 것이다. 이렇게 UI로 넘겨진 것은 UI에서 -Output() 함수로 받게 되는데, 넘어오는 것이 플롯이기 때문에 plotOutput() 함수를 사용하고, 넘어오는 객체를 인자로 지정하여 plotOutput('plot1') 이라고 하여 결과를 웹 브라우저에 렌더링한다.

```
plotOutput('plot1')
```

여기서는 그래프를 처리하는 부분을 먼저 살펴보자.

그래프 출력

그래프를 출력에 관여하는 대표적인 함수로는 renderPlot() 과 plotOutput() 함수를 들 수 있다. 다음은 사용자 입력과 그 처리 과정을 넣지 않은 아주 간단한 앱이다.

```
library(shiny)

ui <- fluidPage(
  titlePanel("renderPlot과 plotOutput"),
  sidebarPanel(
  ),
  mainPanel(
   plotOutput("plot1")
  )
```

```
)

server <- function(input, output) {
  output$plot1 <- renderPlot({
    hist(iris$Sepal.Width)
  })
}

shinyApp(ui, server)
```

여기에서 서버 함수의 output$plot1 <- renderPlot({}) 부분과 이에 상응하는 UI
의 plotOutput('plot1') 함수를 주의깊게 살펴보자. ggplot2 패키지를 사용한 예
도 이와 마찬가지다.

이렇게 일반적인 이미지는 대부분 renderPlot()과 plotOutput() 함수로 처리된
다. 이 쌍으로 처리되는 경우, 플레인 R 콘솔에서 png()와 dev.off() 사이에 들
어갈 수 있는 경우라면 문제가 없다. 만약 그렇지 못한 경우에는 renderImage(),
imageOutput() 함수를 사용해야 하는데, 이 부분은 나중에 다룬다.

여기서 잠깐 R 그래프에 한글을 넣는 문제를 잠깐 언급해 보자. R 그래프에 한글을
삽입하기 위해서는 고려해야 할 것이 많은데, 개인적으로 showtext 패키지가 가장

편리하다.[1] 이 패키지를 사용하면 컴퓨터에 설치된 폰트를 비교적 자유롭게 R 그래프에 포함시킬 수 있기 때문이다. 소개한 글을 찾아 읽어 보면 R에서의 그래픽과 폰트에 대한 지식을 많이 얻을 수 있다. 뒷부분에서 사용법을 자세하게 소개할 예정인데, font.add() 함수로 폰트를 가져오고, showtext.begin()과 showtext.end() 사이에 플롯 코드를 넣는 것이 핵심이다.

```
library(shiny)
library(showtext)
font.add("myGothic", "NanumGothic.ttc")

ui <- fluidPage(
  titlePanel("renderPlot과 plotOutput"),
  sidebarPanel(
  ),
  mainPanel(
   plotOutput("plot1")
  )
)


server <- function(input, output) {
 output$plot1 <- renderPlot({
   showtext.begin()
   hist(rnorm(1000), main="히스토그램", family="myGothic" )
   showtext.end()
 })
}

shinyApp(ui, server)
```

이는 다음과 같이 나타난다.

---

1   Qiu, Y. (2015). showtext: Using System Fonts in R Graphics. The R Journal, 7(1), pp.99~108

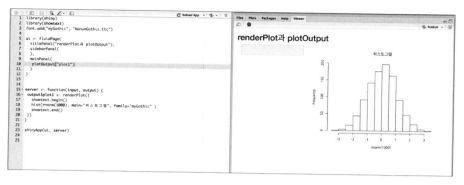

그림 10.15 showtext를 사용한 예

표로 출력하기

표를 출력할 때는 renderTable()과 tableOutput()을 사용한다. renderTable()
함수는 xtable이라는 패키지를 사용해 본 경험이 있다면 더 유용하게 사용할 수 있
다. xtable 패키지는 R의 여러 가지 객체들을 표의 레이텍이나 HTML 표로 만들어
주는 패키지다. 네모 형태의 데이터 프레임이나 매트릭스뿐만 아니라 여러 통계 분
석 정보를 담고 있는 객체들도 표로 만들어 준다. 이러한 특성을 그대로 사용할 수
있다. 다음은 가장 흔하게 데이터 프레임을 출력해 보는 예다.

```
library(shiny)

ui <- fluidPage(
  titlePanel("renderPlot과 plotOutput"),
  sidebarPanel(
  ),
  mainPanel(
    tableOutput("table1")
  )
)

server <- function(input, output) {
```

```
output$table1 <- renderTable({
  head(iris)
})
}

shinyApp(ui, server)
```

이 앱은 다음과 같이 나타난다.

그림 10.16 renderTable의 사용

다음은 통계 분석 결과다. 어떤 것들이 가능한지는 xtable 패키지에 들어 있는 갤러리 비니에트를 참고하기 바란다.

그림 10.17 xtable 패키지를 내부에서 사용

텍스트 출력

샤이니 앱에서 텍스트 출력은 renderPrint()와 verbatimTextOutput() 쌍, render Text(), textOutput() 쌍을 이용한다. 전자는 플레인 R 콘솔에서 summary(iris)

라는 명령을 주었을 때 출력되는 것처럼 약간 형식을 갖춘 텍스트를 출력할 때 사용
되고, 후자는 일반적인 텍스트를 출력할 때 사용된다. 먼저 전자의 예를 살펴보자.

```
library(shiny)

ui <- fluidPage(
  titlePanel("print() 출력"),
  sidebarPanel(
  ),
  mainPanel(
    verbatimTextOutput("print1")
  )
)


server <- function(input, output) {
 output$print1 <- renderPrint({
    summary(iris)
 })
}

shinyApp(ui, server)
```

이 앱은 다음과 같이 나타난다.

다음은 renderText()와 textOutput()의 예다.

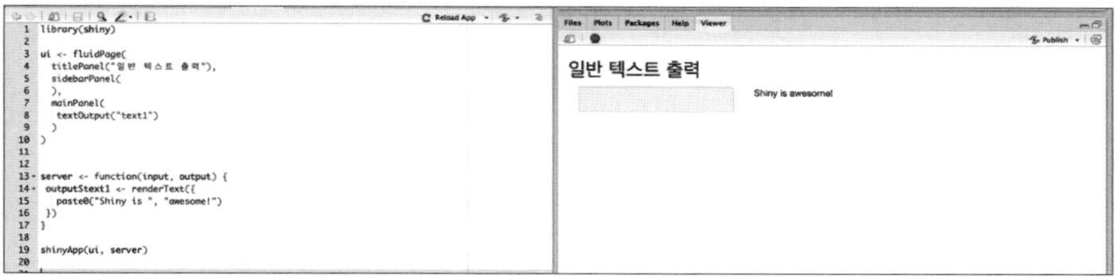

그림 10.18 textOutput의 사용

입력과 출력을 반응성으로 연결하기

지금까지 우리는 사용자 입력을 위한 위젯들과 결과를 반환하기 위한 함수들을 자세히 살펴보았다. 소개하지 않은 함수들이 있더라도 이제는 대충 어떻게 사용하면 될 것이라는 감을 잡을 수 있을 것이다.

이제까지는 입력과 출력을 별도로 알아보았는데, 이제는 그 연결을 설명하려고 한다. 연결을 설명하기 위해서는 샤이니 반응성에 대한 이해가 필요하다. 샤이니 반응성은 다음 장에서 다루기로 하고, 여기서는 핵심적인 내용만 알고 우리가 공부한 것들을 어떻게 연결시켜 앱으로 완성시키는지 이해해 보기로 한다.

샤이니 반응성 관계의 성립

샤이니 반응성 체인의 핵심은 '어떤 함수가 어떤 객체를 사용하는 것'이다. 어떤 함수가 어떤 객체를 사용하면, 이 객체와 이 함수, 이 함수의 반환 결과는 반응성 체인으로 묶인다. 이것이 샤이니 개발에서 가장 중요한 개념이다. 어떤 함수가 어떤 객체를 사용하면 이 둘 사이가 반응성 체인으로 묶이고, 결과적으로 이 함수가 출력하는 것도 반응성으로 묶이게 된다.

이 함수는 대부분 앞에서 살펴본 render*() 함수다. 예들 들어 보자. 먼저 UI에서 다음과 같은 위젯이 사용된다.

```
sliderInput("obs", "계급의 수:", 10, min=1, max=30)
```

이렇게 하면 input$obs라는 객체로 선택된 값이 서버 로직으로 넘어간다. 그런 다음 서버 로직에서 다음과 같이 사용된다.

```
output$plot1 <- renderPlot({
  hist(rnorm(1000), n=input$obs)
})
```

여기에서는 renderPlot() 함수가 내부에서 input$obs를 사용하기 때문에 반응성 체인으로 묶인다. 그래서 obs 값이 바뀌면 그래프가 바뀌고, 결국 plot1에까지 영향을 미치는 것이다.

가장 간단한 체인

반응성 체인을 사용하는 예를 제시하기 위해 매우 간단한 앱을 만들어 보자. 다음은 어떤 숫자를 입력한 후 이것에 텍스트를 붙여 출력하는 예다.

```
library(shiny)

ui <- fluidPage(
  titlePanel("숫자를 입력하여 텍스트로 출력"),
  sidebarPanel(
    sliderInput("myNum", "숫자 입력:", 50, min=30, max=150)
  ),
  mainPanel(
    textOutput("text1")
  )
)

server <- function(input, output) {
 output$text1 <- renderText({
```

```
      paste(input$myNum, "을 입력했습니다.", sep="")
  })
}

shinyApp(ui, server)
```

숫자를 입력하기 위해 sliderInput()을 사용했고, 텍스트를 출력하기 위해 render
Text()와 textOutput()을 사용했다. 이제 입력된 값을 받아 히스토그램을 만드는
앱을 만들어 보려고 한다. 입력 위젯은 그대로 두고, 그래프를 그리기 위해 render
Plot()과 plotOutput() 함수를 사용하고, 중간에 계산 과정을 둘 것이다. 입력 받
은 값은 rnorm() 함수에 넣어 난수의 개수를 정하는 데 사용된다.

```
library(shiny)

ui <- fluidPage(
  titlePanel("숫자를 입력하여 텍스트로 출력"),
  sidebarPanel(
    sliderInput("myNum", "숫자 입력:", 50, min=30, max=150)
  ),
  mainPanel(
    plotOutput("plot1")
  )
)



server <- function(input, output) {
  output$plot1 <- renderPlot({
    myRandom <- rnorm(input$myNum)
    hist(myRandom)
  })
}

shinyApp(ui, server)
```

이 경우 이전 앱과 달리 `renderPlot({})` 안에서 myRandom이라는 변수를 만드는데 `input$myNum`이 사용되었다. 다시 myRandom은 `hist()` 함수에서 사용되기 때문에 관련된 것들이 모두 반응성으로 엮인다. 여기서 myRandom을 만드는 표현식이 `renderPlot()` 함수 안에 있다는 것을 주목하기 바란다. 다음 절에서는 밖에 있는 경우를 다룬다. 이 앱은 다음과 같이 렌더링된다.

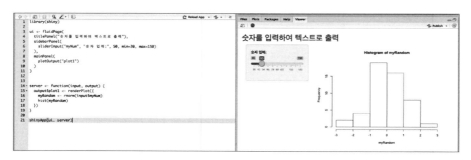

그림 10.19 간단한 샤이니 앱

반응성 표현식이 필요한 경우

다음 장에서 반응성에 대해 자세히 설명할 것이지만 여기서 알아 두는 것도 나쁘지 않다. 앞의 예에서 myRandom 표현식을 `renderPlot()` 함수 밖에 두면 오류가 발생한다. 즉, 다음 앱은 작동하지 않는다.

```
library(shiny)

ui <- fluidPage(
  titlePanel("숫자를 입력하여 텍스트로 출력"),
  sidebarPanel(
    sliderInput("myNum", "숫자 입력:", 50, min=30, max=150)
  ),
  mainPanel(
    plotOutput("plot1")
  )
```

```
)

server <- function(input, output) {
  myRandom <- rnorm(input$myNum)
  output$plot1 <- renderPlot({
    hist(myRandom)
  })
}

shinyApp(ui, server)
```

이 중에서 서버 함수를 자세히 보자.

```
server <- function(input, output) {
  myRandom <- rnorm(input$myNum)
  output$plot1 <- renderPlot({
    hist(myRandom)
  })
}
```

샤이니 앱에서 renderPlot({}) 안은 특별한 공간으로 취급되는데, 이를 반응성 맥락이라고 한다. hist(myRandom)에서 myRandom은 현재의 스콥(맥락)에 존재하지 않기 때문에 오류를 일으키는 것이다.

이 경우처럼 반응성 맥락 밖에 있는 객체를 가져오기 위해서는 그 객체를 반응성 맥락 안으로 옮겨 놓아야 한다. 옮겨 놓은 함수는 reactive({...})다. 이를 반응성 표현식이라고 한다. 다음과 같이 수정해도 작동하지 않는다.

```
server <- function(input, output) {
  myRandom <- reactive({rnorm(input$myNum)})
  output$plot1 <- renderPlot({
    hist(myRandom)
  })
}
```

이렇게 반응성 표현식을 사용하면 여러 가지 장점이 있다. 이 부분은 다음 장에서 다룬다. 여기서는 다음 두 가지만 꼭 기억하기 바란다.

1. 반응성 맥락 밖에 있는 표현식을 안으로 끌어들이기 위해서는 reaactive ({}) 함수를 사용하여 반응성 표현식으로 만든다.

2. 반응성 표현식을 실제로 사용하기 위해서는 함수 호출과 같이 끝에 ()를 붙인다.

수정된 앱은 다음과 같다.

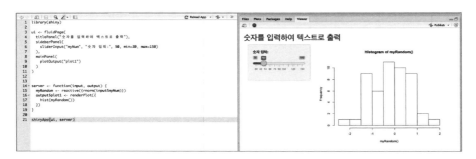

그림 10.20 반응성 표현식을 사용한 앱

정리

이 부분까지 배운 것을 응용해도 간단한 샤이니 앱을 만드는 데 지장이 없을 것이다. 다음 장에서는 좀 더 이론적인 샤이니 반응성을 설명할 것이다. 반응성을 잘 이해하면 훨씬 효율적인 샤이니 앱을 만들 수 있다.

11

샤이니
반응성 프로그래밍

샤이니는 반응성 프로그래밍 모델을 디폴트로 사용한다. 샤이니의 엔진에 비유되는 반응성 프로그래밍 모델을 자세히 알아보자.

반응성 프로그래밍 모델

샤이니 앱은 반응성 프로그래밍 모델reactive programming model에 따라 움직인다. 주변에서 쉽게 찾을 수 있는 반응성 프로그래밍의 예로는 엑셀을 들 수 있다. 엑셀에서 A1 셀에 1를 넣은 후 A2 셀에 2를 넣고, A3 셀에 수식 = A1 + A2을 넣는다. 나중에 A1 셀이 값이 바뀌거나 A2 셀의 값이 바뀌면 자동적으로 A3의 값이 새로 계산된다. 이렇게 어떤 객체의 값이 바뀌면 연관된 수식들이 다시 계산되어 그 결과가 바로 반영되도록 하는 것을 '반응성 프로그래밍'이라고 한다.

샤이니 앱에서 어떤 값을 바꾸면 그 값이 반영되어 결과가 즉시 나타난다. 보통 웹에서 사용하는 방법을 따르면, 값이 바뀌는 것을 이벤트로 정의하고, 이 이벤트에 따라 계산이 수행되며, 그 결과가 다시 결과로 보내진다.[1] 반면 샤이니는 반응성 프로그래밍을 디폴트로 사용하고 있기 때문에 이런 코드를 따로 준비할 필요가 없다. 사용자 입력 값과 이를 사용하는 코드 등의 관계를 연결해 놓으면 샤이니가 알아서 그렇게 움직이게 한다.[2]

샤이니 반응성 객체

샤이니 패키지에서는 반응성 값reactive value, 반응성 표현식reactive expression, 반응성 관찰자observer라는 객체를 사용하여 반응성 프로그래밍을 구현한다. 이것들은 다음과 같은 역할을 한다.

- 반응성 값: 사용자가 입력하는 값으로, 반응성 체인의 시발점이 된다.
- 반응성 표현식: 반응성 값이나 다른 반응성 표현식에 접근하여 계산을 수행하며, 그 결과로 값을 반환하고 그 값을 캐싱(저장)한다. 값의 캐싱은 연산의 효율성을 높인다.
- 반응성 관찰자: 반응성 값이나 반응성 표현식에 접근하여 계산을 수행하며, 그 결과 부수효과side-effect를 낸다. 값을 반환하지 않는다는 점이 반응성 표현식과 다르다.

반환 값return value, 부수효과side-effects의 의미는 다음과 같다. 함수는 보통 하나의 값을 반환하거나 부수효과를 만든다. 여기서 부수효과란 외부 세계에 영향을 미치는

---

1 이런 것을 event−driven programming이라고 부른다.

2 전문적인 용어로 declarative programming이라고 부른다.

것으로, 예를 들어 글로벌 변수의 값을 <<- 함수를 사용하여 바꾸거나, 그래프를 그리거나, 파일 등에 내용을 써 넣는 경우에 부수효과를 낸다고 말한다. 샤이니 앱에서 관찰자가 부수효과를 낸다는 말을 주로 웹 브라우저에 표나 그래프 등을 출력하는 것을 의미한다.

샤이니 웹 사이트[3]에서는 다음 그림과 같은 기호들을 사용하여 반응성을 설명하고 있는데, 여기서도 이러한 기호들을 사용한다. 이들을 사용하여 앱을 분석하는 방법도 뒤에서 소개할 것이다.

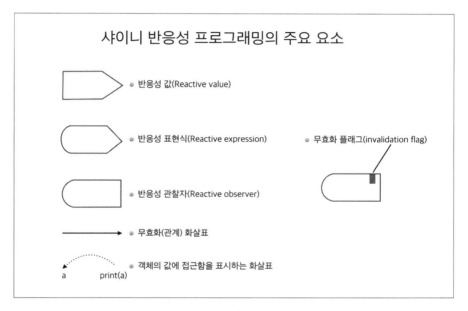

그림 11.1 반응성 객체들

_____

3 http://shiny.rstudio.com/articles/

반응성 체인: 반응성 소스, 반응성 종점

반응성 체인이란, 어떤 것이 바뀔 때 자동으로 바뀌도록 설정된 관계를 말한다. 다음과 같은 앱이 있다고 가정해 보자.

```
library(shiny)

ui <- fluidPage(
    numericInput("number", "숫자입력", min=0, max=100, value=0),
    textOutput("out1")
)

server <- function(input, output, session){
  output$out1 <- renderText({
    input$number + 1
  })
}

shinyApp(ui, server)
```

이를 분석해 보면 입력된 값은 서버 로직에서 input$number로 사용된다. 이를 사용하여 1을 더한 것이 output 객체의 out1 슬롯에 놓인다. 이를 다시 받아 textOutput()으로 출력한다. 이 경우 input$number가 바뀌면 output$out1이 자동으로 바뀐다. 즉, 반응성 체인으로 연결된다.

이 경우 input$number를 '반응성 소스'라고 하고, output$out1를 '반응성 종점'이라고 한다. 이 관계는 다음 코드에 의해 설정되는 것이다.

```
output$out_number <- renderText({
  input$number + 1
})
```

이 체인은 반응성 프로그래밍 방식에서 가장 간단한 형태에 속한다. 그 이유는 반응성 소스로부터 직접 반응성 종점으로 연결되기 때문이다. 좀 더 복잡하게 중간에 반응성 표현식이 끼어들 수도 있다.

반응성 표현식과 관찰자

여기서는 예제를 통해 반응성 소스, 반응성 표현식, 반응성 종점을 좀 더 자세하게 알아본다.

다음은 데이터셋을 선택하여 summary(), str() 결과를 출력하는 앱이다. 먼저 반응성 표현식을 사용하지 않고 앱을 만들어 보았다.

```r
library(shiny)

ui <- fluidPage(
  titlePanel("반응성 표현식 이해하기"),
  sidebarPanel(
    selectInput("dataSet",
                "데이터셋 선택 입력",
                list("mtcars", "sleep","iris", "co2")
    )
  ),
  mainPanel(
    verbatimTextOutput("out1"),
    verbatimTextOutput("out2")

  )
)

server <- function(input, output, session){
  output$out1 <- renderPrint({
    summary(get(input$dataSet))
  })

  output$out2 <- renderPrint({
    str(get(input$dataSet))
  })
}

shinyApp(ui, server)
```

앱은 다음과 같이 나타난다.

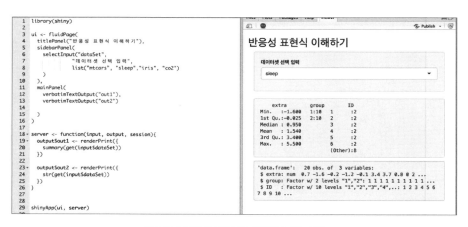

그림 11.2 반응성 표현식을 사용하지 않은 경우

get() 함수는 문자열을 주었을 때 해당 문자열을 이름으로 가지고 있는 R 객체를 반환하는 함수다. 이 앱에서 보면 계산이 중복된다는 것을 알 수 있다. output$out1 쪽과 output$out2 쪽에서 똑같은 계산이 일어나고 있다. 이러한 중복이 간단한 계산인 경우에는 문제가 되지 않을 수 있지만, 간단한 계산이 아니라면 이야기가 달라진다.

더욱이 웹에 올려놓는 경우, 느린 반응은 사용자 경험에 악영향을 미칠 수 있다. 반응성 표현식을 사용하면 이런 앱을 효율적으로 만들 수 있다.

일단 중복되는 것을 render*() 함수 밖으로 뺀다. 이렇게 빼면 반응성 맥락을 벗어나게 된다. 따라서 이를 다시 반응성 맥락으로 가져오기 위해서는 reactive({}) 함수를 사용해야 한다. 그리고 실제 값을 쓸 때는 함수 호출 형태로 사용한다. 따라서 앞의 서버 로직을 다음과 같이 바꾼다.

```
server <- function(input, output, session){
  myData <- reactive({get(input$dataSet)})
  output$out1 <- renderPrint({
    summary(myData())
```

```
  })

  output$out2 <- renderPrint({
    str(myData())
  })
}
```

이렇게 만들면 데이터셋을 가져오는 연산이 한 번만 실행되고, 자원도 절약할 수 있다. 이렇게 계산된 반응성 표현식의 값(이것을 반응성 값이라고 한다)은 캐싱되기 때문에 앱의 성능이 좋아진다.

따라서 다음을 꼭 기억할 필요가 있다.

- 반응성 표현식은 reactive() 함수에 의해 만들어진다. 즉, reactive({...}) 함수 안의 표현식은 반응성 표현식이 된다.
- 반응성 표현식은 값^{value}을 만들며, 이 값을 사용하기 위해서는 함수를 호출하는 것과 같이 사용해야 한다. 예를 들어 datasetInput이 아니라 dataset Input()을 사용해야 한다.
- 반응성 표현식은 다른 반응성 표현식에서 사용할 수 있다.
- 반응성 표현식은 코딩의 효율성을 높인다.
- 반응성 표현식은 앱의 계산 효율성을 높인다.
- 반응성 표현식은 일반 R의 함수와 비슷하다. 값을 반환하고, 늦게 평가되고$^{lazy\ evaluation}$, ()를 사용하여 호출될 수 있다. 차이가 있다면 계산 결과가 캐싱된다는 점이다.

이러한 반응성 표현식의 행동은 반응성 관찰자와 뚜렷한 차이가 있다. 둘의 차이를 기억해야 한다.

반응성 관찰자는 observe({...})라는 함수로 만든다. 이 함수는 반응성 맥락 안에서 사용되고, 반응성 값이나 반응성 표현식을 읽어 그 값이 바뀌면 자동으로 실행된다.

이 행동은 reactive({..}) 와 상당한 대조를 이룬다. reactive({...}) 는 호출되면 값을 반환하는데, observe({...}) 는 값을 반환하지 않는다. 그 대신 부수효과를 낸다. 따라서 파일 등으로 결과를 내보낼 때는 이것을 사용해야 한다.

reactive({...}) 는 호출되면 값을 반환하는 데 반해, observe({...}) 는 호출될 필요 없이 바로 안의 표현식이 실행된다. reactive({...}) 를 사용한 반응성 표현식은 '늦은 실행lazy evaluation을 한다'라고 말하고, observe({...}) 를 사용한 반응성 표현식은 '바로 실행eager evaluation한다'라고 말한다.

rective({...}) 에서 안의 코드는 무효화되었다는 신호를 전달 받았을 때로, 이렇게 필요한 상황에서 실행되기 때문에 늦은 실행 메커니즘을 가진다. 반면 observe ({...}) 는 안에서 사용된 반응성 값이나 반응성 표현식의 값이 바뀌면 자동으로 실행된다. 다른 신호 없이 그대로 실행되기 때문에 '바로 실행eager evaluation'이라고 한다.

다음은 observe() 를 사용한 매우 간단한 앱이다. 이는 버튼을 클릭하면 클릭한 횟수가 웹 브라우저가 아닌 서버 화면에 출력되도록 하는 함수다. 이 경우 부수효과는 텍스트를 화면에 표시하는 것이다. 물론 더 복잡하게 서버에 어떤 파일로 내용을 저장하게 할 수도 있을 것이다.

```
library(shiny)

ui <- fluidPage(
    actionButton("myButton", "Click Me")
)

server <- function(input, output) {
  observe({
    cat("당신은", input$myButton, "번 클릭했습니다.\n")
  })
}

shinyApp(ui, server)
```

실제 앱이 작동하는 것은 모습은 다음과 같다.

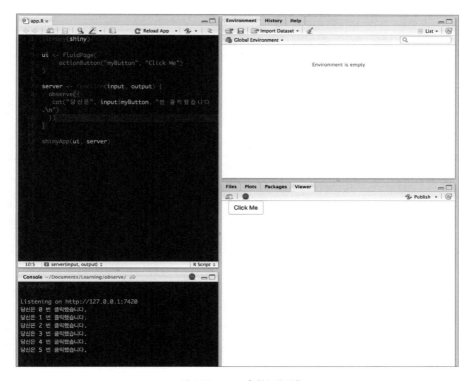

그림 11.3 observe() 함수의 이용

observe() 함수는 부수효과, reactive()는 값과 항상 연결하여 생각할 필요가 있는데, reactive() 함수는 자주 많이 사용하지만, observe()는 자주 사용하지 않는다. 왜냐하면 뒤에서 살펴볼 observeEvent(), eventReactive() 함수를 대신 사용하는 경우가 많기 때문이다. 이들 함수의 내부에서 observe()가 사용된다.

반응성 메커니즘 차근차근 이해하기

샤이니에서 사용하는 반응성 프로그래밍의 메커니즘에 대해 알아보자. 샤이니는 R의 컴퓨터 프로그래밍 언어로서의 특징을 적극적으로 사용하는 것을 볼 수 있을 것이다.

연결된 코드의 상태

R에서 어떤 객체의 값과 표현식이 사용되는 방법은 간단하다. 먼저 a라는 객체에 '45'라는 값을 할당했다.

```
> a <- 45
```

이 객체를 출력하는 다음과 같은 표현식이 있다.

```
> print(a)
```

객체 a와 표현식 print(a)의 관계를 살펴보자. 현재의 상태에서 표현식 print(a)를 실행하면 당연히 '45'가 출력된다. 이제 a의 값을 '50'으로 바꿔 보자.

```
a <- 50
```

이 상태가 되면 a 값은 바뀌었지만 이를 사용하는 표현식인 print(a)가 만들어 내는 결과인 '45'는 그대로 있다. 이 경우 표현식 print(a)는 객체 a에 대하여 out-of-date 상태에 있다고 말하거나 'invalidated' 또는 'dirty' 상태에 있다고 말한다. 즉, a는 바뀌었지만 이것을 사용하여 출력한 결과는 아직 변화를 반영하고 있지 못하고 있는 상태다. 이 out-of-date 상태를 업데이트하는 방법은 매우 간단하다. 이 표현식을 재실행하면 되는 것이다. 재실행하면 '50'이 출력되고, 표현식의 상태는 업데이트로 바뀐다.

이렇게 R 콘솔에서 사용자가 직접 실행하는 경우, 사용자가 재실행하기 때문에 아무런 문제가 없다. 하지만 샤이니 앱에는 그런 사용자가 있지 않기 때문에 프로그램이 스스로 알아서 실행하도록 설계해야 한다. 반응성 프로그래밍의 요체는 값이 바뀌면, 즉각 바뀐 값에 반응하여 결과를 내놓는 것이다. 이를 구현하기 위해 필요한 것이 무엇인지 생각해 보자. 언제^{when}, 어떤^{where 또는 which} 코드를, 어떻게^{how} 실행해야 할지 결정해야 한다. 샤이니에는 이러한 문제를 어떻게 해결하고 있는지 살펴보자. 여기 정리한 내용들은 주로 샤이니 웹 사이트의 반응성 프로그래밍[4] 부분을 정리한 것이다.

코드가 실행되는 과정

여기서 설명하는 내용들은 샤이니 웹 사이트에 있는 Execution Scheduling[5]의 이해를 돕기 위해 주석을 단 것으로 보면 된다. 이상한 부분이 있으면 원본 사이트를 참고하기 바란다. 조금 복잡해 보여도 어려운 내용은 아니므로, 잘 이해하고 넘어가기 바란다.

먼저 단순한 형태에 대해 알아보자. 이번에는 샤이니 패키지에 포함된 예제를 이용하여 설명한다.

샤이니 패키지의 01_hello 사례 앱은 다음 그림과 같이 하나의 반응성 값이 하나의 반응성 관찰자로 직접 연결된 구조다. 이제 앱이 어떻게 작동하는지를 그림으로 표현해 보면 다음과 같다.

---

4 http://shiny.rstudio.com/articles/

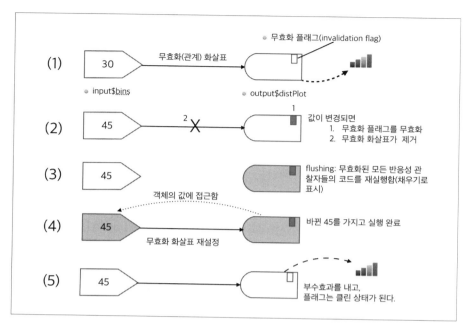

그림 11.4 hello_01 앱의 흐름

앱이 실행되면 (1)번 상태가 된다. 반응성 값인 input$obs는 '30'이라는 값을 가지고 있다. 반면, output$distPlot은 값을 가지고 있는 것이 아니라 다음과 같은 표현식을 가지고 있다.

```
output$distPlot <- renderPlot({
  x    <- faithful[, 2]  # Old Faithful Geyser data
  bins <- seq(min(x), max(x), length.out = input$bins + 1)

  # draw the histogram with the specified number of bins
  hist(x, breaks = bins, col = 'darkgray', border = 'white')
})
```

이 화살표를 무효화 화살표invaliation arrrow라고 한다. 이 화살표는 반응성 객체들을 서로 관계 있는 체인으로 연결한다. 샤이니는 이 관계를 output$distPlot의 표현식에서 input$bins라는 반응성 값을 사용하는 것을 읽어, 이들 간의 관계를 자동으로 설정한다. 이런 무효화 화살표는 객체들끼리 형성되었다가 제거되었다가 하는 동적인 움직임을 보인다.

그리고 output$distPlot은 무효화 플래그$^{invalidation\ flag}$라고 하는 어떤 표시를 가지고 있다. 이 표시는 반응성 관찰자와 이 관찰자가 의존하는 반응성 값과의 관계를 설명한다. 그래서 무효화 상태^{invalidated}와 비무효화 상태$^{not\ invalidated}$를 반복한다.

사용자가 슬라이더 바를 움직여 input$bins를 45로 선택한 상황이 (2)번 상황이다. 새로운 값을 선택하면 두 가지 일이 일어난다.

1. 무효화 화살표를 따라서 관계가 있는 모든 반응성 객체들의 무효화 플래그를 무효화^{invalidated} 상태로 만든다.
2. 무효화 상태가 되면 두 객체를 이어 주던 무효화 화살표가 제거된다.

이렇게 반응성 관찰자들이 모두 무효화되면, 이벤트 플러싱^{flushing}이 발생한다. 즉, 모든 무효화된 반응성 관찰자들이 재실행되는 것이다. 이것이 (3)번 상황이다.

반응성 관찰자들의 코드가 재실행되는데, 이 코드 안에는 반응성 값을 읽는 다음 과정이 존재한다.

```
bins <- seq(min(x), max(x), length.out = input$bins + 1)
```

그렇기 때문에 반응성 값에 접근하게 된다. 이 과정을 샤이니가 감지하고 반응성 값을 부른 쪽(반응성 관찰자)과 반응성 값 사이에 관계를 재설정하고, 무효화 화살표가 다시 연결된다. 그리고 바뀐 값을 가지고 계산을 완료한다. 이것이 (4)번 과정이다.

계산이 종료되면 반응성 관찰자는 부수효과를 내고, 무효화 플래그는 클린 상태$^{not\ invalidated}$를 유지한다. 이것이 (5)번 상황이다. (1)과 비교했을 때 input$bins의 값이 바뀌었고, 이 값에 따른 그래프를 새로 얻게 된다.

반응성 값이 바뀌면 무효화 화살표를 따라서 연결된 반응성 객체들의 무효화가 일어난다. 무효화는 무효화 화살표를 제거한 후 코드를 재실행하게 한다. 재실행 과정에서 값에 접근하는 과정에서 무효화 화살표가 다시 만들어지고, 새로운 값을 읽어 실행 과정을 마친다. 실행을 마치면 반응성 관찰자는 부수효과를 내어 웹 브라우저에 뭔가를 표시하게 한다.

'01_hello' 앱은 반응성 값과 반응성 관찰자가 직접 연결되는 비교적 간단한 과정으로 되어 있다. '03_reactivity' 사례 앱은 중간에 반응성 표현식이 개입되기 때문에 좀 더 복잡할 수 있는데, 이와 같은 방법으로 연산이 이루어지는 원리를 설명해 보기로 한다.

'03_reactivity' 사례 앱을 runExample("03_reactivity")로 실행해 보기 바란다. 모든 반응성 체인에 대한 과정을 살펴보는 것은 앞의 01_hello 사례를 분석한 것과 중첩되기 때문에 다음 그림과 같은 부분만을 분석해 보기로 한다. 우선 전체적인 반응성 체인은 다음과 같은 구조를 가진다.

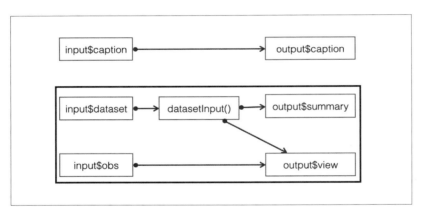

그림 11.5 03_reactivity 사례 앱의 반응성 체인

시작은 다음 그림 (1)과 같다.

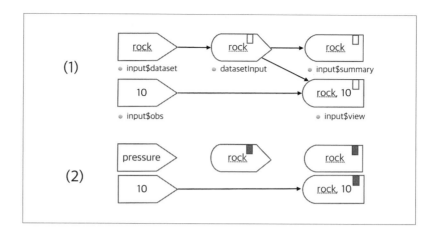

input$dataset을 rock에서 pressure로 사용자가 값을 바꿨다고 생각해 보자. 그러면 앞에서 설명한 대로 무효화 화살표를 따라 연관 있는 모든 반응성 객체들의 무효화 플래그를 무효화시킨다. 그리고 무효화 화살표를 제거한다. 이것이 (2)번 상황이다.

의존하는 반응성 관찰자는 2개이고, 반응성 표현식은 1개다. 모두 무효화되었기 때문에 이벤트 플러싱이 일어난다. 즉, 반응성 체인의 끝에 있는 반응성 관찰자들의 코드가 재실행된다. 반응성 관찰자 중 어느 것이 먼저 실행될 것인지는 예측하기 어렵다고 했다. 여기서는 input$summary가 재실행을 먼저 한다고 가정해 보자.

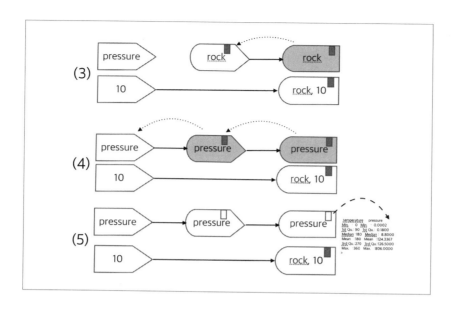

input\$summary 반응성 관찰자의 내부에는 반응성 표현식인 datasetInput을 사용하는 코드가 있기 때문에 이 반응성 표현식에 접근하여 값을 가져오려고 한다. 이런 관계를 샤이니가 읽어, 무효화 화살표를 다시 생성시킨다. 지금까지가 (3)번 상황이다.

그런데 이 반응성 표현식 역시 무효화되었기 때문에 재실행하게 된다. 그리하여 사용자가 선택한 pressure라는 정보를 활용하여 데이터셋을 만들고, 만든 것을 반응성 관찰자로 넘긴다. 그리고 반응성 관찰자의 코드들이 실행되자마자 그 부수효과를 낸다. 그리고 무효화되어 있던 플래그를 클린 상태로 만든다. 이것이 (4), (5)번 상황이다. 이제 남은 것은 무효화된 input\$view의 재실행이다.

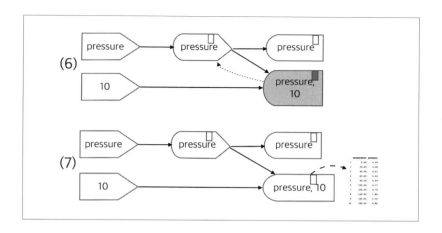

이와 마찬가지로 반응성 관찰자인 input$view의 코드들이 재실행되면서 의존하는 반응성 표현식에 접근한다. 그런데 이 반응성 표현식은 무효화되어 있지 않고, 클린한 상태이기 때문에 앞에서처럼 재실행되지 않는다. 따라서 그 값을 그대로 사용하게 된다. 반응성 표현식은 그 값을 저장(캐싱)하는 특성을 가진다. 이 기능은 계산을 다시 실행하는 것을 막기 때문에 자원을 아낄 수 있다. 이것이 (5)번 상황이다.

마지막으로 input$view가 코드를 모두 실행시키고 나면, 부수효과를 내고 무효화 플래그가 클린 상태가 된다.

여기서 반응성 관찰자의 이벤트 플러싱event flushing과 조급한 연산eager evaluation의 이미를 음미하고 넘어갔으면 한다. 여기서 플러싱은 변기의 물의 내리는 플러싱과 같이 쌓여 있는 모든 것을 처리한다는 의미를 담고 있다. 즉, 어떤 반응성 값이 바뀌면 무효화 화살표를 따라 연결된 모든 반응성 관찰자들이 무효화된다. 이 무효화된 반응성 관찰자들의 코드를 하나하나 처리하며 모두 해결할 때까지 일이 진행된다는 뜻이다. 반응성 관찰자들은 앞에서 보았듯이 자기가 가지고 있는 코드를 재실행하자마자 지체 없이 부수효과를 낸다. 이를 '조급한 연산을 수행한다'라고 말한다. 이는 신호가 왔을 때 어떤 객체에 접근하여 값을 생성하는 반응성 표현식의 느긋한 연산법과는 대조되는 행동이다.

반응성 로그 시각화 툴 사용하기

앞에서 반응성 객체들에 대해 살펴보았는데, 실제 앱에서 이들이 어떤 체인으로 연결되어 있고 실행 과정은 어떠한지를 웹 브라우저로 볼 수 있는 기능이 있다.

먼저 R 콘솔에서 다음과 같이 실행한다.

```
library(shiny)
options(shiny.reactlog=TRUE)
```

그런 다음, 샤이니 앱을 일반적인 방법을 통해 실행한다.

```
runExample("03_reactivity")
```

앱은 웹 브라우저에서 실행될 것이다. 웹 브라우저에서 Ctrl + F3(윈도우) 또는 Command + F3을 클릭하면 브라우저에서 반응성 객체들과 그 체인들이 작동하는 방식을 볼 수 있다. 단계를 진행시킬 때는 오른쪽 화살표를 사용한다.

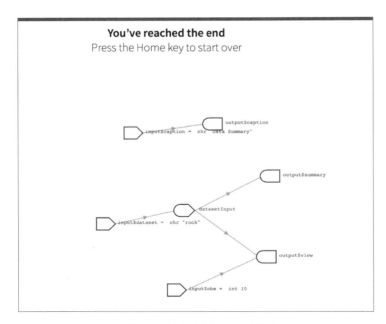

그림 11.6 샤이니 반응성 로그 시각화 툴

서버 코드의 실행과 변수의 스코프

샤이니 앱에서 반응성 체인으로 연결된 코드들은 반응성 소스가 바뀔 때마다 실행된다. 그런데 server.R에서는 반응성 체인으로 연결되지 않는 코드들도 있는데, 이런 것들이 어떻게 실행되는지 알아야 효율적인 샤이니 앱을 작성할 수 있다. 샤이니 패키지에서 제공되는 '04_mpg'라는 사례를 이용하여 설명한다.

04_mpg의 server.R 코드는 다음과 같다.

```
library(shiny)
library(datasets)

mpgData <- mtcars
mpgData$am <- factor(mpgData$am, labels = c("Automatic", "Manual"))

shinyServer(function(input, output) {

  formulaText <- reactive({
    paste("mpg ~", input$variable)
  })

  output$caption <- renderText({
    formulaText()
  })

  output$mpgPlot <- renderPlot({
    boxplot(as.formula(formulaText()),
            data = mpgData,
            outline = input$outliers)
  })
})
```

이 샤이니 앱이 론칭되면 shinyServer() 함수 밖의 코드와 shinyServer() 함수가 실행된다. 위의 경우에는

```
library(shiny)
library(datasets)

mpgData <- mtcars
mpgData$am <- factor(mpgData$am, labels = c("Automatic", "Manual"))
```

과 같은 코드와

```
shinyServer(function(input, output) {
    ...
    })
```

와 같은 shinyServer() 함수가 실행된다.

이렇게 론칭된 상태에서 어떤 사용자가 웹을 통해 앱에 접근하면 서버 함수만 실행된다. 즉, function(input, output){...} 내부만 실행되는 것이다.

그 다음은 사용자가 원하는 대로 값을 입력하는 단계가 된다. 반응성 체인에 따라 연결된 코드들이 다시 실행된다.

이상의 상황을 정리해 보면 다음과 같다. 딱 한 번만 실행될 필요가 있는 코드는 shiny Server() 밖에 있게 되는데, 이 코드는 주로 다음과 같은 역할을 한다.

- 앱에서 사용될 데이터를 로딩하는 코드
- 앱에서 필요한 R 패키지를 로딩하는 코드
- 앱에서 필요한 보조 함수들을 정리해 놓은 R 스크립트를 불러오는(소싱하는) 코드 [예 source("myUtils.R", local=TRUE)]

그리고 샤이니 앱에서 객체가 어디서 정의되는지에 따라 객체의 사용 범위가 결정된다. shinyServer() 밖에서 정의된 객체는 모든 세션에 걸쳐(접속하는 모든 사용자에게) 유효하다. shinyServer() 밖에 정의된 객체들은 shinyServer() 안에서 접근이 가능하다. 즉, 밖에 있는 객체들은 변수의 사용 범위(scope)가 넓다. 그래서

shinyServer()밖에 있는 mpgData를 다음과 같이 내부에서 사용할 수 있는 것이다.

```
output$mpgPlot <- renderPlot({
  boxplot(as.formula(formulaText()),
          data = mpgData,
          outline = input$outliers)
})
```

ui.R과 server.R에 동시에 필요한 객체라면 global.R이라는 스크립트를 만들고, 여기에 객체를 정의해야 한다. 이 스크립트 파일은 ui.R과 server.R 및 나란히 놓으면 된다.

또 하나 언급할 것은 이런 코딩은 그다지 추천하지 않지만, shinyServer()의 밖에서 불러온 myData의 값을 shinyServer() 안에서 바꾸고자 할 때는 일반적인 할당 기호(<-)를 써서는 안 되며 <<-라는 글로벌 할당 기호를 사용해야 한다는 것이다.

여기서 설명하는 내용은 비단 샤이니에만 국한되는 성질이 아니다. 혹시 잘 이해가 되지 않는다면 R의 함수와 변수의 범위에 대한 이해가 부족하기 때문일 수도 있으므로 이것을 다시 복습하면 이해하기가 쉬울 것이다.

반응성 체인의 조절

샤이니 앱의 디폴트 모드는 반응성으로 연산이 이루어지는 것이다. 입력 값을 바꾸면 지체 없이 반응성 체인의 흐름을 따라 코드들이 재실행되고 결과가 도출된다. 그렇지만 이것이 언제나 좋은 것은 아니다. 중간에 개발자가 개입할 여지가 없으면 할 수 있는 것들이 상당히 제한될 것이다. 다행히 샤이니는 이러한 반응성 체인을 조절할 수 있는 여러 가지 방법들을 가지고 있다.

isolate() 함수

샤이니의 반응성 디폴트를 벗어나, 어떤 경우에는 "사용자가 필요로 하는 경우에만" 또는 "어떤 조건이 될 때만" 실행되도록 할 필요가 있다. 이때 isolate() 함수를 사용한다.

isolate()라는 이름이 이 안에 들어가는 R 표현식이 완전히 고립되는 것으로 생각할 수 있지만 실제로는 그렇지 않다. 이를 번역하면 '고립'이 맞겠지만, 의미상은 '보류'가 맞을 것 같다. 보류했다가 필요한 경우에만 사용하는 것이다.

다음 샤이니 앱은 sliderInput() 위젯을 사용하여 숫자를 입력하고, 이 개수만큼 난수를 생성하여 히스토그램을 만드는 로직을 사용한다. 여기서는 2개의 반응성 체인을 만들 것인데, 하나는 반응성으로 구성했고, 다른 하나는 isolate() 함수를 사용하여 비반응성으로 구성했다. 앱은 다음과 같다.

```r
library(shiny)

ui <- fluidPage(
  titlePanel("App Title"),
  sidebarPanel(
    sliderInput("sel1", "반응성", min = 50, max =100, value=75),
    sliderInput("sel2", "비반응성", min=50, max = 100, value =75)
  ),
  mainPanel(
    h2("반응성 플롯"),
    plotOutput("plot1"),
    h2("비반응성 플롯"),
    plotOutput("plot2")
  )
)

server <- function(input, output, session){
  output$plot1 <- renderPlot({
    hist(rnorm(input$sel1), main="Reactive")
```

```
  })
  output$plot2 <- renderPlot({
    isolate({
      hist(rnorm(input$sel2), main="Isolated")
    })
  })
}

shinyApp(ui, server)
```

이 앱을 그림으로 표현하면 다음과 같다.

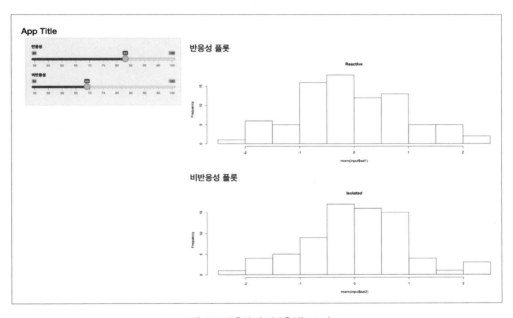

그림 11.7 반응성 대 비반응성(isolate)

위 그림은 반응성으로 연결되어 있기 때문에 왼쪽 슬라이더를 움직이면 자동으로
업데이트된다. 그렇지만 아래 그림은 고립되어 있기 때문에 왼쪽 두 번째 슬라이더
를 움직여도 반응하지 않는다.

이제 반응하지 않는 것을 반응하도록 해 보자. 이 경우 사용하는 것이 actionButton()
위젯이다. actionButton("go", "적용")이라고 하면, 이 버튼을 누를 때마다 input$go
의 값이 하나씩 바뀐다. 그래서 이 바뀌는 값을 신호로 사용한다. 위젯을 넣는 것은
다른 위젯과 동일하다. 서버에서는 다음과 같이 한다.

```
output$plot2 <- renderPlot({
  input$go
  isolate({
    hist(rnorm(input$sel2), main="Isolated")
  })
})
```

input$go가 바뀌면 이 신호에 따라 renderPlot() 안의 내용들이 반응성으로 연결
된다. 따라서 다음과 같이 전체 앱을 바꾼다.

```
library(shiny)

ui <- fluidPage(
  titlePanel("App Title"),
  sidebarPanel(
    sliderInput("sel1", "반응성", min = 50, max =100, value=75),
    sliderInput("sel2", "비반응성", min=50, max = 100, value =75),
    actionButton("go", "적용")
  ),
  mainPanel(
    h2("반응성 플롯"),
    plotOutput("plot1"),
    h2("비반응성 플롯"),
    plotOutput("plot2")
  )
)

server <- function(input, output, session){
  output$plot1 <- renderPlot({
```

```
      hist(rnorm(input$sel1), main="Reactive")
  })
  output$plot2 <- renderPlot({
    input$go
    isolate({
      hist(rnorm(input$sel2), main="Isolated")
    })
  })
}

shinyApp(ui, server)
```

이 앱을 그림으로 표현하면 다음과 같다.

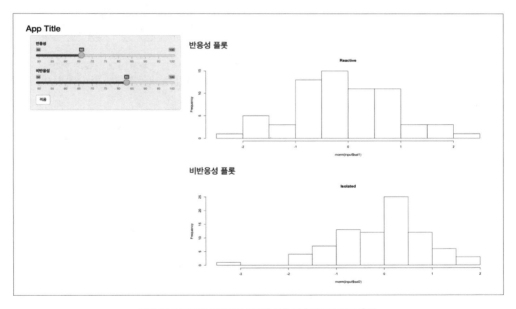

그림 11.8 버튼을 클릭하여 비반응성을 반응성으로 끌고 온다.

isoloate()와 actionButton()은 함께 사용하는 경우가 많다.

observeEvent( ), eventReactive( ) 함수

웹의 언어인 자바스크립트로 사용자 인터랙션을 구현할 때는 이벤트 기반 프로그 래밍event-driven programming을 사용한다. 마우스 클릭과 같은 이벤트와 이 이벤트에 반 응하는 함수를 만들어 등록해 놓고, 해당 요소를 클릭하면 등록한 함수가 실행된다. 이 경우 등록한 함수를 콜백callback 함수라고 한다.

이런 이벤트 기반 프로그래밍과 비슷한 효과를 내는 함수가 observeEvent(), event Reactive() 함수다. 도움말을 보면 두 함수는 거의 비슷하다는 것을 알 수 있는데, observeEvent()는 행동을, eventReactive()는 값을 계산하는 데 사용하도록 하고 있다. 이에 대한 예를 들어 보자.

```
observeEvent(input$button, {
    cat("Showing", input$x, "rows\n")
})
```

이렇게 하면, input$button이 변하는 경우에만 안에 있는 cat(...) 함수가 실행 된다. 다음을 살펴보자.

```
df <- eventReactive(input$button, {
    head(cars, input$x)
})
```

이 경우에는 input$button이 변하는 경우에만 head() 함수가 실행된다. 보통 input $button은 actionButton()에서 넘어오는 값이 된다. 이처럼 행동을 유도할 때는 observeEvent() 함수를 사용하고, 어떤 값을 얻을 때는 eventReactive() 함수를 사용 한다.

이들 함수는 사실상 위의 isolate() 함수와 앞에서 본 observe() 함수를 내부적으 로 사용하고 있는데, 이는 일반적인 이벤트 기반의 프로그래밍 방법과 유사하게 사 용할 수 있도록 만든 함수라고 이해하면 될 것이다.

reactiveValues( ) 함수

샤이니에서 기본적으로 input이라는 특별한 객체를 가지고 반응성 값을 시작한다. 앞에서 여러 가지 입력 위젯 함수를 사용하여 input 객체에 원하는 값을 서버로 실어 보내는 것을 많이 보았다. 서버로 보내는 input 객체는 input$x의 형태로 서버에서 사용되어 결국에는 결과를 만들게 된다. 하지만 개발자가 중간에 input$x를 직접 개입할 수 있는 길이 없다. 그런데 가끔은 이것을 조절하여 원하는 결과를 효율적으로 만들고 싶은 경우가 있다. 이때 사용할 수 있는 것이 reactiveValues() 함수다. 그 예는 나중에 보기로 하고, 우선 어떻게 작동하는지에 초점을 맞춰 보기로 한다.

reactiveValues()는 R 리스트와 비슷한 객체를 만든다.

```
values <- reactiveValues(a = 2)
isolate(values$a)
[1] 2
```

이렇게 되면 values라는 객체의 슬롯 a에 2가 할당되어 반응성 맥락에서 values$a라는 코드로 값에 접근할 수 있다. 만약 input$a라는 반응성 값이 있다면 우리는 이 객체에 새로운 값을 할당할 수 없지만, 이 경우에는 새로운 값을 할당할 수 있는 것이다.

```
values <- reactiveValues(a = 3)
isolate(values$a)
[1] 3
```

앞에서 isolate() 함수는 비반응성 맥락의 표현식을 반응성 표현식으로 가져올 때 사용했는데, 이처럼 R 콘솔에서 반응성 표현식을 호출할 수도 있다.

반응성 함수들의 이용 사례

샤이니의 반응성을 조절하여 얻을 수 있는 효과들에 대해서는 샤이니 개발자 사이트[5]에서 예제와 함께 자세히 소개되어 있다. 여기서 설명한 내용을 본 후에 웹 사이트를 참조하면 많은 도움이 될 것이라 생각한다.

샤이니 개발자는 샤이니 반응성에 관여하는 함수들의 역할을 잘 구분하고 활용할 수 있다면 샤이니 중급 레벨 이상은 된다고 말한다.

1. `render*()`
2. `reactive()`
3. `isolate()`
4. `observeEvent()`
5. `eventReactive()`
6. `reactiveValues()`
7. `observe()`

정리

이 장에서는 샤이니의 디폴트 모드인 반응성 프로그래밍을 살펴보았다. 반응성 프로그래밍의 원리와 필요한 경우 반응성을 잠시 보류시키는 방법도 설명했다. 이를 적절히 혼합하면 자신이 원하는 형태대로 앱을 구성할 수 있을 것이다.

---

5 http://shiny.rstudio.com/articles/action-buttons.html

12

샤이니
애플리케이션 레이아웃

이 장에서는 샤이니 앱의 시각적인 측면인 레이아웃을 조절하는 방법을 설명한다. 샤이니 패키지에는 이런 레이아웃을 조절하는 다양한 함수들이 준비되어 있기 때문에 이를 활용하면 멋진 웹 페이지를 만들 수 있다.

샤이니는 클라이언트 디바이스의 크기에 따라 적절하게 반응하는 응답형^{responsive} 웹을 구현하기 위해 부트스트랩 CSS 프레임워크(http://getbootstrap.com)를 채용하고 있다. 특히 이 프레임워크가 제공하는 그리드^{grid layout} 방법을 많이 사용한다. 관심 있는 독자는 공식 웹 사이트, http://www.w3schools.com/bootstrap/와 같은 사이트를 보면서 익히기를 바란다. 샤이니는 부트스트랩을 더 쉽게 사용할 수 있도록 사전에 대부분의 내용이 정의되어 있는 부트와치^{Bootwatch}(https://bootswatch.

com) 테마를 채용하고 있다.

최근 들어 CSS에 플렉스 박스^{flexbox}라는 레이아웃 방법이 제안되었다. 일반적으로 전통적인 CSS에는 박스 모델$^{box\ model}$에 기초한 플로 레이아웃 방법을 사용해 왔다. 이와는 콘텐츠를 채우는 방법이 좀 다르다. 샤이니에서도 이런 플렉스 박스 레이아웃을 구현할 수 있다. 이 부분은 flexdashboard에서 샤이니 앱을 넣을 때 설명하려고 한다. flexdashboard 패키지가 이런 플렉스 박스를 사용하기 때문에 샤이니 역시 이에 맞추려면 조정해 주어야 하는 것들이 있다.

부트스트랩 그리드 시스템 이해하기

부트스트랩에서 사용하는 그리드 레이아웃을 이해하면, 이것을 이용하는 샤이니 앱의 레이아웃을 이해하는 데 도움이 되기 때문에 먼저 소개하고자 한다. 공식 문서는 http://getbootstrap.com/css/#grid에 있는 내용을 참고하기 바란다.

부트스트랩에서는 12열 그리드 레이아웃을 사용하여 콘텐츠를 배치하고, HTML 요소인 클래스^{class}를 사용하여 크기를 조정한다. 가장 작은 모바일폰은 xs, 태블릿은 sm, 일반 데스크톱은 md, 큰 데스크톱은 lg라는 용어를 사용한다. 일단 행(.row)을 만든 후 그 행에서 열을 배치한다. 열의 크기는 .col-sm-2와 같은 형식으로 클래스를 준다. .col-sm-2라는 의미는 태블릿을 기준으로 12열로 나누었을 때 2열 너비를 차지하는 크기가 된다. 그리고 별도의 지시사항이 없으면 이 태블릿 크기 이상의 디바이스에도 적용된다. 즉, .col-md-2, .col-lg-2가 생략된 것으로 보면 된다.

콘텐츠를 배치하는 방법은 다음과 같다.

1. 우선 .row를 정의한다.
2. 다음 열을 배치한 후 열의 너비를 .col-md-3과 같이 설정한다.
3. 하나의 행에 들어가는 열들의 너비 값은 항상 12가 되도록 한다.

4. 앞의 비우는 공간은 `.col-md-offset-3`과 같이 표현한다.

이를테면 다음과 같이 한다.

```
<div class="row">
  <div class="col-md-8">일반 데스크톱 이상에서 8열의 너비</div>
  <div class="col-md-4">.일반 데스크톱 이상에서 4열의 너비</div>
</div>
```

또는 다음과 같이 할 수 있다.

```
<div class="row">
  <div class="col-md-6">.col-md-6</div>
  <div class="col-md-6">.col-md-6</div>
</div>
```

이들을 조합하여 만들 수도 있다.

```
<div class="row">
  <div class="col-xs-12 col-md-8">.col-xs-12 .col-md-8</div>
  <div class="col-xs-6 col-md-4">.col-xs-6 .col-md-4</div>
</div>
```

모바일 디바이스에서는 중첩되므로 위는 전체 12열, 아래는 6열이 된다. 일반 데스크톱^{md} 이상에는 8:4의 비율로 너비가 정해진다. 모바일폰, 태블릿, 일반 데스크톱, 큰 데스크톱을 나누는 기준을 브레이크포인트^{breakpoint}라고 하는데, 디폴트 값이 있지만 사용자가 다시 수정할 수도 있다.

샤이니 앱은 이 정도의 지식만 있어도 되지만, 좀 더 알고 싶다면 앞에서 소개한 부트스트랩 웹 사이트를 참고하기 바란다.

샤이니 레이아웃 함수의 개념

샤이니 패키지에서는 앱의 요소들을 배치하기 위한 다양한 함수들이 사용되는데, 다음과 같이 함수군별로 이해하는 것이 좋다.

가장 큰 개념은 레이아웃[Layout] 함수다. 이들 함수는 흔하게 사용되는 패턴을 모아 놓은 것으로, 기성품이라고 생각하면 된다. 즉, 고민할 필요 없이 간단하게 사용할 수 있는 반면, 유연성이 떨어진다. 그 예로는 다음과 같은 함수들이 있다.

```
[1] "flowLayout"      "sidebarLayout"  "splitLayout"      "verticalLayout"
```

그 아래로 내려오면 페이지[Page] 함수들이 있다. 가장 많이 사용되는 함수는 fluidPage()이다. 플렉스 박스를 사용할 때는 fillPage() 함수를 사용한다.

```
[1] "basicPage"       "bootstrapPage"      "fillPage"
[4] "fixedPage"       "fluidPage"          "navbarPage"
[7] "updateNavbarPage"
```

다음 단계로 페이지 안에 콘텐츠들을 묶는 역할을 하는 것이 패널[Panel] 함수들이다. 이들은 비슷한 역할을 하는 요소들을 묶는 데 사용된다. 나중에 다시 설명하겠지만 tabPanel()과 tabsetPanel()을 사용하면 복수의 페이지를 가진 앱도 구성할 수 있다.

```
 [1] "absolutePanel"      "conditionalPanel"   "fixedPanel"
 [4] "headerPanel"        "inputPanel"         "mainPanel"
 [7] "navlistPanel"       "sidebarPanel"       "tabPanel"
[10] "tabsetPanel"        "titlePanel"         "updateNavlistPanel"
[13] "updateTabsetPanel"  "wellPanel"
```

샤이니 레이아웃의 기본적인 내용은 다음 사이트에 잘 설명되어 있다.

- 샤이니 레이아웃에 대한 설명서: http://shiny.rstudio.com/articles/layout-guide.html

레이아웃으로 모든 사례를 설명하기는 힘들기 때문에 여기서는 중요한 함수를 중심으로 설명하려고 한다. 이런 것을 익히려면 자주 시도해 보는 수밖에 없기 때문에 나머지는 독자의 몫으로 남긴다.

fluidPage와 행, 열의 배치

샤이니 앱의 레이아웃을 구성할 때 가장 많이 사용되는 함수는 fluidPage()이다. 샤이니 UI의 모든 것은 대부분 이 함수 안에 작성한다. 여기서 fluid라는 용어는 부트스트랩의 fluid grid system에서 유래한 것이다.

부트스트랩 그리드 시스템은 기본적으로 행을 먼저 설정한 후 하나의 행 안에 총합이 12가 되는 열들을 배치한다. 이를 샤이니로 구성하려면 fluidRow() 함수와 column() 함수를 사용해야 한다.

행^{row}을 구성하는 함수는 fluidRow()이고, 이 행 안에서 열을 구성하는 함수는 column() 함수다. column() 함수의 첫 번째 인자는 열의 너비(숫자)가 된다. 아직 샤이니 앱에서는 원래의 부트스트랩에서 정의한 xs, sm, md, lg를 구분하지 않고, sm을 기본으로 사용한다. 따라서 fluidRow() 함수 안에 사용하는 column() 함수의 첫 번째 인자들의 합은 항상 12가 되어야 한다. 다음 사례를 살펴보자.

```
library(shiny)

ui <- fluidPage(
  column(4,
         sliderInput("obs", "Number of observations:",
                     min = 1, max = 1000, value = 500)
  ),
  column(8,
         plotOutput("distPlot")
  )
)
```

```
server <- function(input, output) {
  output$distPlot <- renderPlot({
    hist(rnorm(input$obs))
  })

}

shinyApp(ui, server)
```

sm(태블릿 크기) 이상의 디바이스에서는 열의 비율이 4:8로 채워지고, 그 이하 크기의 디바이스에서는 중첩된다. 행이 하나이기 때문에 fluidRow()는 생략되었다고 보면 된다.

이를 확장하면 행을 추가할 수 있을 뿐만 아니라 열을 분할하여 원하는 내용을 추가할 수 있다. 이 시스템을 사용하면 원하는 레이아웃을 얼마든지 만들어 사용할 수 있다.

sidebarLayout 사용

독자들이 가장 많이 보아왔고 앞으로 사용하게 될 것이 사이드 바 레이아웃일 것이다. 이때 sidebarLayout() 함수를 사용한다. 그래서 사이드 바에는 사용자 입력용 위젯들을 배치하고, 오른쪽에 결과를 배치한다.

이 함수 안에서 입력 위젯들은 sidebarPanel()로, 결과들은 mainPanel()로 놓는 것이 가장 흔한 패턴이다.

```
ui <- fluidPage(
      sidebarLayout(
        sidebarPanel(),
        mainPanel()
      )
   )
```

이것은 `sidebarPanel()`로 만들어지는 부분을 4, 오른쪽 `mainPanel()`로 만들어지는 부분을 8의 비율로 만든다.

이는 대표적인 레이아웃 함수다. 이처럼 레이아웃 함수의 대부분은 이미 설정되어 나온다. 사용하기에는 편리하지만, 커스터마이징하기에는 유연성이 떨어지는 이유는 바로 이 때문이다.

탭셋과 내비게이션 바

샤이니는 기본적으로 복수의 웹 페이지 기능을 제공하지 않고 있다. 그 대신 탭셋^{tabset}을 사용하면 복수 페이지 효과를 낼 수 있다. 그렇게 보이도록 하는 함수가 `tabPanel()`이고, 이들 `tabPanel()`을 모아 주는 함수는 `tabsetPanel()`이다.

탭셋을 사용하는 예가 샤이니 패키지 사례(06_tabsets)에 들어 있으므로, 이를 `runExample('06_tabsets')`으로 실행해 보기 바란다. 보통은 다음과 같은 패턴을 가지고 있다.

```
tabsetPanel(
  tabPanel("title", ...),
  tabPanel("title", ...),
  tabPanel("title", ...)
)
```

`tabsetPanel()`에는 `type`이라는 옵션이 있고 `"tabs"` 또는 `"pills"` 중에서 선택할 수 있는데, 일반적인 탭의 모양으로 할지, 버튼 모양으로 할지를 결정한다. `tabPanel()` 함수의 첫 번째 텍스트 타입 인자는 탭에 사용될 제목이다. 이러한 `tabPanel()`은 샤이니에서 여러 가지 요소들을 하나의 단위로 묶는 역할을 하므로 다음에 소개할 `navbarPage()` 또는 `navbarMenu()` 함수 안에서도 사용된다.

우리는 맨 꼭대기에 내비게이션 바 또는 메뉴가 있는 웹 페이지를 많이 본다. 이런 것을 만들 수 있게 하는 함수가 `navbarPage()`이고, 이것을 사용할 때는 `fluidPage()`

함수가 사용될 위치에 놓으면 된다.

navbarPage() 함수의 첫 번째 인자는 메뉴의 제목이 되고, 그 다음부터는 tab
Panel()들이 여러 개 사용된다. 즉, tabPanel()의 첫 번째 인자가 메뉴가 된다.

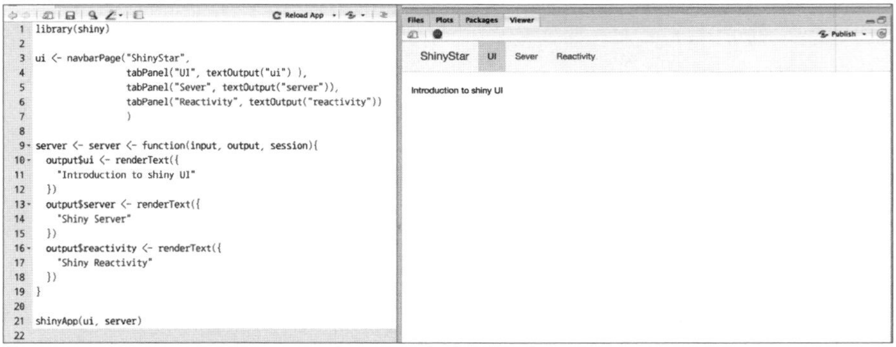

그림 12.1 navbarPage( ) 함수를 사용한 예

어떤 웹 페이지를 보면 상단에 서브 메뉴가 있는데, 이 경우에는 navbarMenu()라
는 함수를 사용한다. 하부 메뉴는 이 함수 안에 tabPanel()을 배치하여 표현한다.

샤이니 테마 사용

shinythemes라는 패키지를 사용하면 부트와치(http://bootswatch.com)와 관련된
테마를 샤이니 앱에 간단하게 포함시킬 수 있다.

사용 가능한 테마는 다음과 같다.

- cerulean, cosmo, cyborg, darkly, flatly, journal, lumen, paper, readable,
  sandstone, simplex, slate, spacelab, superhero, united,yeti

fluidPage(), basicPage(), navbarPage() 등과 같은 페이지 레이아웃을 설정하는
함수의 theme 옵션에 shinytheme("테마 이름")의 형태를 사용한다.

```
library(shinythemes)

ui <- fluidPage(theme = shinytheme("united"),
    ...
    )
```

정적인 콘텐츠의 구성

샤이니의 모든 것이 데이터와 연관되어 있지는 않다. 필요한 경우 수평선을 그을 수도 있고, 설명을 텍스트로 적어 넣을 필요도 있다. 정적인 콘텐츠란 바로 이를 말하는 것이다. 샤이니는 HTML을 작성하기 위한 대부분의 함수들을 포함하고 있기 때문에 이것만으로도 충분히 웹 페이지를 구성할 수 있다.

이들 함수는 tags라는 리스트에 들어 있다. 현재 버전에 포함되어 있는 함수들은 다음과 같다.

```
 [1] "a"          "abbr"        "address"    "area"        "article"
 [6] "aside"      "audio"       "b"          "base"        "bdi"
[11] "bdo"        "blockquote"  "body"       "br"          "button"
[16] "canvas"     "caption"     "cite"       "code"        "col"
[21] "colgroup"   "command"     "data"       "datalist"    "dd"
[26] "del"        "details"     "dfn"        "div"         "dl"
[31] "dt"         "em"          "embed"      "eventsource" "fieldset"
[36] "figcaption" "figure"      "footer"     "form"        "h1"
[41] "h2"         "h3"          "h4"         "h5"          "h6"
[46] "head"       "header"      "hgroup"     "hr"          "html"
[51] "i"          "iframe"      "img"        "input"       "ins"
[56] "kbd"        "keygen"      "label"      "legend"      "li"
[61] "link"       "mark"        "map"        "menu"        "meta"
[66] "meter"      "nav"         "noscript"   "object"      "ol"
[71] "optgroup"   "option"      "output"     "p"           "param"
[76] "pre"        "progress"    "q"          "ruby"        "rp"
```

```
[81]  "rt"       "s"        "samp"      "script"    "section"
[86]  "select"   "small"    "source"    "span"      "strong"
[91]  "style"    "sub"      "summary"   "sup"       "table"
[96]  "tbody"    "td"       "textarea"  "tfoot"     "th"
[101] "thead"    "time"     "title"     "tr"        "track"
[106] "u"        "ul"       "var"       "video"     "wbr"
```

HTML을 작성해 본 독자라면 이해하기가 어렵지 않을 것이다. 예를 들면 다음과 같이 작성한다.

```
tags$p(tags$a("링크",href="http://example.com"),"를 클릭하세요.")
```

HTML과 같이 안의 내용은 중첩해서 쓰고, 속성 등은 함수의 옵션으로 만들면 된다.

HTML 템플릿 사용

샤이니 버전 0.13부터 HTML 템플릿 기능이 추가되었는데, 이 기능을 사용하기 위해서는 HTML에 대한 지식이 필요하다. 여기서는 독자들이 HTML에 대한 지식이 있다고 가정하고 설명한다.

HTML 템플릿으로 전체 페이지를 구성할 수도 있고, 페이지의 일부 컴포넌트 형태로 구성할 수도 있다. HTML 템플릿에서는 {{ r_expression }} 형태의 문법을 사용한다. 이런 템플릿을 프로세싱하기 위해서는 ui.R에서 htmlTemplate() 이라는 함수를 사용한다. 이 함수의 첫 번째 인자는 프로세싱에 사용할 템플릿 파일의 경로 이름path이다. 그 이후는 이 템플릿에 있는 R 코드를 실행하기 위한 변수들을 넘겨준다. 예를 들면 다음과 같이 된다.

템플릿 이름이 shiny_template.html이고, 이 파일 안에는 다음과 같은 내용이 있다고 가정해 보자.

모두 {{ x }} 개의 사과가 있었다.

ui.R에는 다음과 같이 코드가 있게 된다.

```
apples <- c( 2, 3, 5, 3)
htmlTemplate("shiny_template.html", x = sum(apples) )
```

샤이니 앱을 실행하면 shiny_template.html이 프로세싱되면서 {{ x }} 부분을
sum(apples)로 계산하여 "모두 13개의 사과가 있었다."라고 출력한다. 샤이니 앱
에서는 보통 sum(apples) 부분이 입력 위젯이 되거나 출력 함수가 된다.

이런 HTML 템플릿 파일은 보통 ui.R, server.R, app.R 파일과 같은 위치에 놓고 사
용한다. 만약 서브 디렉터리를 놓고 사용하는 경우에는 htmlTemplate() 함수의 첫
번째 인자에서 만든 후 이곳에 해당 템플릿의 위치를 경로로 지정해 주어야 한다.

전체 페이지 형태의 HTML 템플릿

전체 페이지 형태의 HTML 템플릿을 만들 때는 다음과 같이 해야 한다. 우선 템플
릿을 구성한다. 여기서는 "shiny_complete.html"이라고 해 보자. 이 파일은 다음
과 같은 형태로 구성한다.

```
<!DOCTYPE html>
<html>
  <head>
    {{ headContent() }}
    {{ bootstrapLib() }}
  </head>
  <body>
    <div>
      {{ slider }}
      {{ histo }}
    </div>
```

```
    </body>
</html>
```

이렇게 전체 페이지 형태의 HTML 템플릿을 만들 때는 <head>에 다음과 같은 내용을 반드시 넣어야 한다. 이는 샤이니 앱을 구동하기 위한 리소스들을 가져오기 위함이다.

```
{{ headContent() }}
```

그리고 샤이니 앱이 채용하고 있는 트위터 부트스트랩 프레임워크는 여기에 포함되어 있지 않다. 이것을 가져오기 위해서는 다음과 같은 내용도 <head>에 넣어야 한다.

```
{{ bootstrapLib() }}
```

이제 app.R은 다음과 같은 형태를 가진다.

```
library(shiny)
ui <- htmlTemplate("shiny_complete.html",
             slider = sliderInput("rand_no", "난수의 개수", min = 1, max =
100, value = 50),
             histo = plotOutput("distPlot")
             )
server <- function(input, output) {

   output$distPlot <- renderPlot({
      hist(rnorm(input$rand_no))
   })
}
shinyApp(ui = ui, server = server)
```

htmlTemplate() 함수 안에서 HTML 템플릿 파일에 사용된 slider와 histo 객체를 찾을 수 있을 것이다.

페이지의 일부 컴포넌트로 사용

이 경우에는 큰 페이지의 일부에 샤이니 앱의 콘텐츠를 넣을 때 사용한다. 보통은 "component.html"을 앞에서와 같이 구성한다.

```
<div>
  <p>모두 {{ x }} 개의 사과가 있었다.</p>
</div>
```

그런 다음 ui.R은 다음과 같은 형태가 되게 한다.

```
fluidPage(
  ...
  htmlTemplate("component.html", x = sum(apples)),
  ....
)
```

HTML 템플릿은 비교적 최근에(샤이니 버전 0.13) 추가된 것으로, 앞으로 역할이 확대될 것이라고 생각한다. 애플리케이션이 더 커지고 복잡해질수록 재사용할 수 있는 컴포넌트들을 사용하고 이것을 조합하여 원하는 결과를 얻을 수 있게 될 것이다.

더욱 자세한 내용은 https://shiny.rstudio.com/articles/templates.html를 참고하기 바란다. 이 문서에는 디펜던시가 겹치는 문제 등을 해결하는 방법들이 자세히 소개되어 있다.

정리

이 장에서는 샤이니 앱의 레이아웃에 대해 설명했다. 이를 잘 활용하면 자신이 원하는 형태대로 샤이니 앱을 구성할 수 있다. 여기서는 레이아웃에 관한 핵심만 다루었다. 앱을 많이 만들어 보면서 연습해 보기 바란다.

13

샤이니
인터랙티브 플롯

샤이니 웹 애플리케이션에 베이스 R 그래픽과 ggplot2 패키지로 생성된 플롯에 대하여 사용자 인터랙션 기능을 추가할 수 있다. 이런 기능을 사용하면 플롯의 데이터 값을 클릭하여 바로 읽을 수 있고 이미지 줌인/줌아웃 등의 기능을 추가할 수도 있다.

샤이니 플롯 인터랙션의 기초

샤이니에서 플롯은 서버 로직에서 `renderPlot()` 함수 또는 `renderImage()` 함수를 사용하여 관련 정보가 UI로 보내지고, 이런 정보를 활용하여 `plotOutput()` 또는

`imageOutput()`에 의해 실제로 브라우저에 디스플레이된다. 사용자 인터랙션은 이렇게 `plotOutput()` 또는 `imageOutput()` 함수로 출력된 플롯 위에서 이루어진다.

인터랙션을 구성하는 핵심은 플롯 위에서 마우스를 클릭하거나(click), 더블클릭하거나(dblclick), 마우스를 올려놓거나(hover), 일정 영역을 클릭하고 긁어서 영역을 선택하는(brush) 등의 인터랙션에 대한 정보를 얻는 방법과 그 정보를 바탕으로 로직을 구성하는 것이다.

인터랙션들은 `plotOutput()`, `imageOutput()` 함수의 옵션으로 지정된다. 이를테면 클릭하는 인터랙션에 반응하기 위해 다음과 같이 코딩한다.

```
plotOutput("distPlot1", click = "distPlot1_click")
```

실제로 샤이니 앱이 구동되고, 사용자가 플롯 위에서 어떤 지점을 클릭하면 그 값은 input$distPlot1_click의 이름으로 서버로 전달된다. 이렇게 전달된 값을 가지고 다시 뭔가를 작업하게 만드는 것이다. 각각의 인터랙션에는 사전에 정의된 변수들을 가지고 있다. 이를테면 클릭인 경우에는 input$distPlot1_click$x가 클릭한 지점의 x 좌표값을, input$distPlot1_click$y는 클릭한 지점의 y 좌표값을 가지도록 만들어졌다. 여기서 좌표값은 플롯에서 사용된 x축, y축의 값에 맞게 조정되어 있다. 즉, 데이터에 스케일링되어 있는 값이다.

하나의 플롯에 필요하면 복수의 사용자 인터랙션을 지정할 수도 있다.

```
plotOutput("distPlot1", click = "distPlot1_click", hover = "plot_hover")
```

이것은 샤이니 앱의 입력 위젯에서 값을 받은 후 inputId 변수와 input 객체를 통해 서로의 로직으로 값을 이동하는 것과 동일하다고 할 수 있다.

click, dblclick, hoaver는 x, y 좌표값을, brush의 경우에는 xmin, xmax, ymin, ymax 값을 가지게 된다.

위와 같이 click = "distPlot1_click"처럼 하나의 문자열을 사용할 수도 있지만, 인터랙션의 세부적인 내용을 조절하려면 인터랙션마다 이것을 설정하는 함수를 사용하여 옵션에 대한 값으로 지정할 수 있다.

정적인 플롯에 대한 인터랙션 사례

아주 간단한 플롯을 출력하여 그 원리를 복습해 보자. 다음과 같은 앱이 있다고 가정해 보자.

```
library(shiny)
ui <- fluidPage(
        titlePanel("플롯 인터랙션"),
        sidebarPanel(),
        mainPanel(
          plotOutput("distPlot1")
        )
        )
server <- function(input, output, session){
  output$distPlot1 <- renderPlot({
    hist(rnorm(1000))
  })
}

shinyApp(ui, server)
```

이는 다음과 같은 간단한 앱이다.

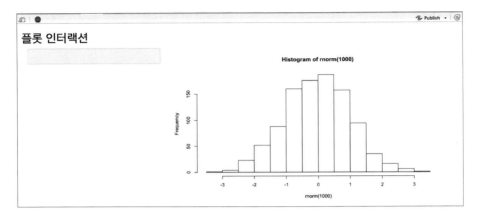

그림 13.1 예제 앱

여기에 클릭 인터랙션을 추가한다.

```
plotOutput("distPlot1", click = "distPlot1_click")
```

앞에서 설명했듯이 여기서 클릭된 값은 input$distPlot1_click으로 전달되고, 실제 값은 서브의 x, y 요소로 접근할 수 있다. 그래서 서버 함수에 이들을 그대로 출력하도록 만들어 보았다.

```
output$text1 <- renderText({
  paste(input$distPlot1_click$x, input$distPlot1_click$y)
})
```

그리고 이것을 받는 verbatimTextOutput()을 사용하여 앱을 구성했다. 전체적인 모습은 다음과 같다.

```
library(shiny)
ui <- fluidPage(
  titlePanel("플롯 인터랙션"),
  sidebarPanel(),
  mainPanel(
    plotOutput("distPlot1", click = "distPlot1_click"),
```

356

```
        verbatimTextOutput("text1")
    )
)
server <- function(input, output, session){
    output$distPlot1 <- renderPlot({
        hist(rnorm(1000))
    })

    output$text1 <- renderText({
        paste(input$distPlot1_click$x, input$distPlot1_click$y)
    })
}

shinyApp(ui, server)
```

그러면 다음과 같은 앱이 된다. 이는 대충 (-1, 100) 근처에 클릭한 결과다. 다른 곳에 클릭해도 해당 지점의 좌표가 출력된다. 심지어 히스토그램 막대가 없는 곳을 클릭해도 좌표가 출력된다. 클릭^{click}과 더블클릭^{dblclick}은 거의 같은 행동을 보인다. 위에서 click을 dblclick으로 바꾸면 더블클릭했을 때 좌표가 출력될 것이다.

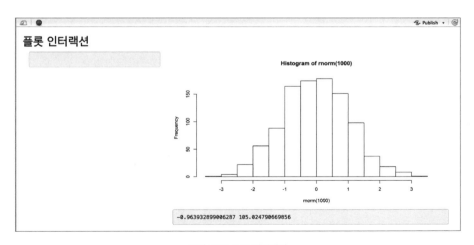

그림 13.2 click 인터랙션

두 번째 사례

다음 사례에서는 ggplot2 패키지를 사용하고, brush , hover 등의 인터랙션 기능
을 추가해 볼 것이다. 먼저 마우스를 올려놓는 인터랙션을 추가하기 위해 hover를
살펴보자.

```r
library(shiny)
library(ggplot2)

ui <- fluidPage(
    plotOutput("scatter", hover = "scatter_hover"),
    verbatimTextOutput("text1")
)

server <- function(input, output, session){
  output$scatter <- renderPlot({
    ggplot(mpg) + aes_string("displ", "hwy") + geom_point(aes_
string(color="drv")) + geom_smooth(method = "lm")
  })
  output$text1 <- renderPrint({
    input$scatter_hover
  })
}

shinyApp(ui, server)
```

이것은 다음과 같은 앱이 된다.

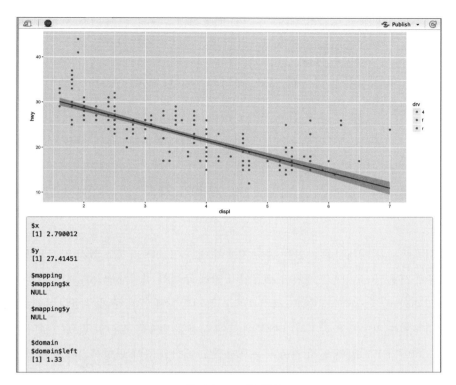

그림 13.3 hover 인터랙션

위 사례에서 input$scatter_hover가 R 리스트의 형태이고 다양한 값을 가지고 있는 것을 확인할 수 있다. 그래도 가장 중요한 것은 x, y다.

brush를 사용하는 경우도 이와 비슷하지만 영역을 선택하기 때문에 xmin, xmax, ymin, ymax 값이 서버로 전달된다는 점이 다르다.

플롯에서 값 읽기

앞의 예에서도 보았지만 단순히 plotOutput() 함수에 인터랙션을 위한 옵션을 사용한 경우에 우리가 얻을 수 있는 것은 클릭이나 마우스를 올려놓은 위치에 대한 정보나 영역에 대한 정보다. 이들 값을 잘 활용하면 근처에 있는 값을 실제로 읽어 낼 수는 있겠지만 쉽지는 않을 것이다.

샤이니는 이런 작업을 쉽게 해 주는 `nearPoints()`라는 함수와 `brushedPoints()` 함수를 제공한다.

- `nearPoints()` 함수는 click, dblclick, hover 인터랙션에서 사용되고, 여기에서 얻어지는 x, y 값을 사용한다.
- `brushedPoints()`는 brush 인터랙션에서 사용되고, 여기에서 얻어지는 xmin, xmax, ymin, ymax 값을 사용한다.

이 함수들은 인터랙션하고 있는 플롯 자체에 대한 정보를 가지고 있지 않기 때문에 플롯에 사용된 데이터 프레임이 무엇인지 알려 주어야 한다. ggplot2가 아닌 베이스 그래픽에서는 어떤 변수가 x축, y축에 사용되었는지 알려 주어야 한다. ggplot2 인 경우에는 자동으로 감지되기 때문에 축에 사용된 변수를 명시할 필요는 없다. 그리고 데이터 프레임의 원래 열을 사용하지 않고 계산을 통해 변형시킨다. 예를 들어 `x = sqrt(wt)` 등과 같이 생성된 플롯은 원래의 데이터를 읽을 수 없다.

일반적으로 다음과 같은 문법을 사용한다.

```
nearPoints(mtcars, input$plot_click, xvar = "wt", yvar = "mpg")
```

이것은 mtcars라는 데이터셋에서 x축으로 사용된 변수가 wt, y축으로 사용된 변수가 mpg라는 정보를 가지고 `input$plot_click`의 값과 유사한 것을 찾는다. `input$plot_click`에는 `input$plot_clikc$x`, `input$plot_click$y`가 있다는 것은 앞에서 보았다. 유사한 정도는 정해진 (디폴트) 기준에 따른다. 디폴트는 5픽셀 이내이다. brush에서 사용하는 문법 등도 거의 차이가 없다.

다음은 사용 예다.

```
ui <- basicPage(
  plotOutput("plot1", brush = "plot_click"),
  verbatimTextOutput("info")
)

server <- function(input, output) {
  output$plot1 <- renderPlot({
    plot(mtcars$wt, mtcars$mpg)
  })

  output$info <- renderPrint({
    brushedPoints(mtcars, input$plot_click, xvar = "wt", yvar = "mpg")
  })
}

shinyApp(ui, server)
```

이 앱은 다음과 같이 작동한다.

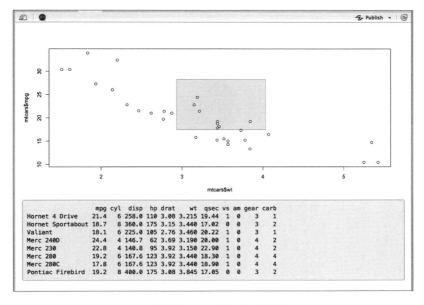

그림 13.4 brushedPoints의 사용 예

위의 사례에서와 같이 `nearPoints()`, `brushedPoints()`는 전체 데이터 프레임이 아니라 선택된 데이터셋만 출력한다.

만약 전체 데이터셋을 반환하고, 그 대신에 변수를 하나 더해 선택되었는지 안 되었는지 알 수 있도록 하는 형태로 출력하고자 하는 경우에는 `allRows = TRUE`라는 옵션을 사용한다.

활용하기

샤이니 개발자 사이트에서는 인터랙션 기능을 사용하는 방법과 활용 사례들을 소개하고 있으므로 이 사이트를 적극 활용하면 좋을 것이다.

- Interactive plots - advanced: http://shiny.rstudio.com/articles/plot-interaction-advanced.html

14

htmlwidgets 프레임워크

이 장에서는 htmlwidgets 패키지와 이 패키지로 개발된 R 패키지들을 소개한다. 최근 들어 데이터 시각화에 대한 관심이 커지면서 웹 브라우저에서 사용자 인터랙션 기능을 갖춘 데이터 시각화 콘텐츠를 개발할 수 있는 자바스크립트 라이브러리들이 많이 증가했다. htmlwidgets 패키지는 이런 자바스크립트 라이브러리를 R 패키지로 바꾸는 방법을 제공하는 R 패키지다.

htwidgets 패키지는 이렇게 자바스크립트 라이브러리를 R 패키지로 변환하는 역할을 한다. 패키지를 잘 이해하기 위해서는 다음과 같은 지식이 필요하다.

- R 패키지 개발에 대한 지식
- 자바스크립트 언어에 대한 지식
- 개발의 타깃이 되는 자바스크립트 라이브러리에 대한 지식

그렇기 때문에 이 책의 다른 부분보다는 높은 수준을 요구한다. 그래도 도전적인 독자라면 충분히 시도해 볼 만하다고 생각한다.

htmlwidgets 패키지란?

`htmlwidgets` 패키지는 R과 자바스크립트 라이브러리를 연결하는 R 패키지 개발을 도와주는 중간다리 역할을 하는 패키지다. 최근 데이터 시각화를 위한 자바스크립트 라이브러리가 많이 늘었고, R 커뮤니티에서도 이런 라이브러리를 이용할 수 있는 패키지들을 개발하는 데 관심이 많았다. 그런데 자바스크립트 라이브러리는 종류와 수가 많고, 일관된 원칙이 없다 보니 패키지 개발자, 패키지 사용자 모두 시간과 노력을 많이 들일 수밖에 없었다. 이런 문제를 해결해 준 것이 `htmlwidgets` 패키지다.

`htmlwidgets` 패키지는 R 커뮤니티에서 유명한 rCharts의 램너스 베이디아나단 Ramnath Vaidyanathan, 타임리 포트폴리오 Timely Protfolio (http://timelyportfolio.blogspot.kr)의 켄톤 러셀 Kenton Russell과 RStudio 그룹의 이휘 지 Yihui Xie, 조 쳉 Joe Cheng 등이 공동 저자로 참여하고 있고, 웹 사이트는 다음과 같다.

- htmlwidgets 사이트: http://www.htmlwidgets.org

htmlwidgets의 의도는 `htmlwidget` 패키지 비니에트에 잘 나와 있는데, 그 핵심적인 내용을 정리해 보면 다음과 같다.

- `htmlwidgets` 패키지는 자바스크립트 라이브러리들에 대한 R 바인딩 개발 프레임워크다.

- htmlwidgets으로 개발된 R 패키지들은 다음과 같이 사용될 수 있도록 한다.
  - R 콘솔에서 일반적인 R 플롯과 같이 사용할 수 있게 한다.
  - 알마크다운 문서(.Rmd)에 바로 사용할 수 있게 한다.
  - 샤이니 웹 애플리케이션에 바로 사용할 수 있게 한다.
  - 이메일, 드롭박스 등으로 주고받을 수 있도록 독립적인 웹 페이지로 저장할 수 있게 한다.
  - 항상 R 패키지로 제공될 수 있게 한다.

위와 같은 목적을 달성하기 위해 R 바인딩은 R 패키지로 개발되고 htmlwidgets이 제공하는 관례conventions에 따르도록 강제한다. 관례에 따르기만 하면 나머지 귀찮은 부분들을 htmlwidgets 패키지가 알아서 해결하기 때문에 개발자는 핵심 기능에 집중할 수 있고, 필요한 코드의 양도 줄어든다. 언급한 대로 이렇게 개발된 패키지들은 위와 같은 상황에서 사용할 수 있기 때문에 일관된 인터페이스를 통해 쉽게 사용할 수 있다.

htmlwidgets로 개발된 패키지들은 점점 더 늘어나고 있다. 그림 14.1에 소개한 사이트를 참고하기 바란다.

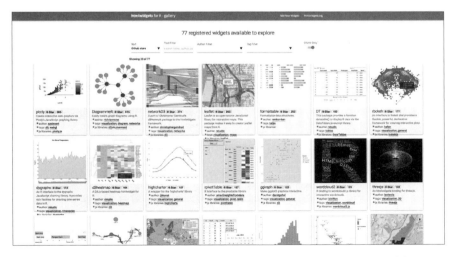

그림 14.1 htmlwidgets 갤러리 사이트: 이 글을 쓰는 시점에 77개의 패키지가 등록되어 있다.

전 세계 오픈소스 개발자들이 가장 많이 사용하는 깃허브(https://github.com/) 사이트를 검색해 보면, htmlwidgets을 사용하여 개발하는 여러 가지 목적의 패키지들을 무수히 많이 볼 수 있다.

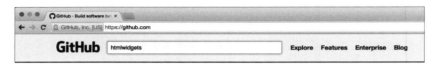

그림 14.2 깃허브(GitHub) 사이트에서 htmlwidgets로 개발된 패키지 검색

htmlwidgets로 패키지를 만드는 방법

이 절에서는 htmlwidgets 패키지를 사용하여 R 패키지를 개발하는 원리를 설명한다.

다행히 htmlwidgets 패키지는 htmlwidgets 패키지의 'Hello world!'라고 부를 만한 기본 뼈대를 갖춘 패키지를 자동으로 생성하는 함수를 가지고 있다. 이것을 사용해서 그 원리를 알아보자.

기본 순서

먼저 개발의 타깃이 되는 자바스크립트 라이브러리가 있을 것이므로 일단 이 라이브러리를 사용하는 방법을 알아야 한다. 즉, 자바스크립트 언어로 이들 라이브러리를 사용할 수 있어야 한다는 말이다. 적어도 그 원리와 문법은 이해할 필요가 있다.

- 실제 개발할 때는 타깃이 되는 라이브러리 리소스(CSS, 자바스크립트 파일 등)을 가져와야 한다. 그 이유는 개발하는 패키지에 모든 리소스를 넣어 인터넷이 연결되지 않은 상황에서도 패키지만 로딩되면 사용할 수 있도록 하기 위해서다.

이를 의존 리소스dependencies라 하고, 이들은 개발하는 패키지의 특정 디렉터리에 복사한다.

htmlwidgets 패키지로 개발된 패키지는 R 함수의 형태로 사용되는데, 이를 'R 바인딩'이라고 부른다. R 바인딩은 'R 콘솔에서 사용할 함수', '샤이니 앱에서 사용할 함수[render()', 'Output() 짝으로] 등으로 구성된다. 이 함수들은 데이터와 여러 옵션들을 받아 자바스크립트로 넘기는 역할을 한다.

데이터를 R에서 자바스크립트로 넘길 때 가장 문제가 되는 것은 바로 '데이터 포맷'이다. R에서는 데이터 프레임, 리스트 등이 사용되지만 그 자체는 데이터 구조가 달라서 자바스크립트에서 바로 사용할 수는 없다. 자바스크립트는 주로 객체objects나 JSONJavaScript Object Notation 등만을 읽기 때문이다. 그래서 htmlwidgets에서 데이터 변환 도구가 필요한데, 이때 사용되는 도구가 jsonlite라는 R 패키지다. 이 패키지의 toJSON() 함수 등을 사용하여 R 객체를 받아 JSON 포맷으로 변환한다.

자바스크립트 진영에서는 해당 라이브러리를 가지고 차트 등을 렌더링한다. 이런 역할을 하는 자바스크립트 코드를 '자바스크립트 바인딩'이라고 한다.

그래서 htmlwidgets로 개발할 때는 (1) 의존 리소스, (2) R 바인딩, (3) 자바스크립트 바인딩에 집중하여 코딩한다.

htmlwidgets로 hello world 출력 패키지 개발

이제 기본적인 기능을 하는 패키지를 htmlwidgets 패키지를 사용하여 만들어 보자.

먼저 컴퓨터에 htmlwidgets 패키지와 devtools 패키지가 있어야 한다. 없다면 이들을 컴퓨터에 설치한다.

```
install.packages(c("htmlwidgets", "devtools"))
```

이제 hello라는 패키지를 개발해 보자. R 콘솔에서 다음과 같이 실행한다.

```
library(devtools)
library(htmlwidgets)
devtools::create("hello")
```

그러면 현재의 디렉터리에 hello라는 폴더가 만들어지고 R 패키지의 기본 뼈대를 이루는 내용이 채워진다. 워킹디렉터리를 이 디렉터리로 옮긴다.

```
setwd("hello")
```

이제 `htmlwidgets` 패키지에 있는 `scaffoldWidget()` 함수로 패키지의 기본 뼈대를 만든다.

```
htmlwidgets::scaffoldWidget("hello")
```

이 함수를 실행하면 현재 폴더에 폴더와 파일들을 자동으로 만든다.

```
.
├── DESCRIPTION
├── NAMESPACE
├── R
│   └── hello.R
├── hello.Rproj
└── inst
    └── htmlwidgets
        ├── hello.js
        └── hello.yaml

3 directories, 6 files
```

여기에서의 핵심 파일은 R/hello.R, inst/htmlwidgets/hello.js, inst/htmlwidgets/hello.yaml이다. 이 파일들은 앞에서 설명한 'R 바인딩', '자바스크립트 바인딩' 그리고 아직까지 포함시키지 않았지만 앞으로 포함시킬 의존 리소스를 불러오는 방법을 명시하는 역할을 한다.

실제로 간단한 R 패키지가 생성되었다. 그 속은 나중에 들여다 보기로 하고, 지금은 개발된 R 패키지를 인스톨하고, 로딩해 보자. 이 패키지 역시 하나의 패키지이기 때문에 이를 사용하기 위해서는 인스톨과 로딩이 필요하다.

```
install()
library(hello)
```

이제 R 콘솔에서 다음과 같이 실행해 본다.

```
hello("Hello world!")
```

RStudio에서는 뷰어 창에 Hello world!라고 출력되는 것을 확인할 수 있을 것이다.

그럼 앞에서 설명한 htmlwidgets 패키지의 세 가지 요소들이 어떻게 구성되는지 알아보자.

여기서는 외부 자바스크립트 라이브러리를 사용하지 않았다. 실제로 사용하게 된다면 일반적으로 inst/htmlwidgets 디렉터리에 lib이라는 폴더를 만들고, 여기에 리소스를 복사하여 사용한다. 이렇게 복사된 리소스들을 YAML 파일의 정보를 통해 실제로 사용한다. 이 경우 hello.yaml 파일은 다음과 같이 코멘트로 처리되어 있다. 이 부분은 뒤에서 다시 설명한다.

```
# (uncomment to add a dependency)
# dependencies:
#  - name:
#    version:
#    src:
#    script:
#    stylesheet:
```

다음은 R 바인딩에 대해 알아보자. 이는 R/hello.R 파일에 다음과 같은 내용으로 작성될 것이다.

```
#' <Add Title>
#'
#' <Add Description>
#'
#' @import htmlwidgets
#'
#' @export
hello <- function(message, width = NULL, height = NULL) {

  # forward options using x
  x = list(
    message = message
  )

  # create widget
  htmlwidgets::createWidget(
    name = 'hello',
    x,
    width = width,
    height = height,
    package = 'hello'
  )
}


#' Shiny bindings for hello
#'
#' Output and render functions for using hello within Shiny
#' applications and interactive Rmd documents.
#'
#' @param outputId output variable to read from
#' @param width,height Must be a valid CSS unit (like \code{'100\%'},
#'   \code{'400px'}, \code{'auto'}) or a number, which will be coerced to
a
#'   string and have \code{'px'} appended.
#' @param expr An expression that generates a hello
```

```
#' @param env The environment in which to evaluate \code{expr}.
#' @param quoted Is \code{expr} a quoted expression (with \
code{quote()})? This
#'   is useful if you want to save an expression in a variable.
#'
#' @name hello-shiny
#'
#' @export
helloOutput <- function(outputId, width = '100%', height = '400px'){
  htmlwidgets::shinyWidgetOutput(outputId, 'hello', width, height,
  package = 'hello')
}

#' @rdname hello-shiny
#' @export
renderHello <- function(expr, env = parent.frame(), quoted = FALSE) {
  if (!quoted) { expr <- substitute(expr) } # force quoted
  htmlwidgets::shinyRenderWidget(expr, helloOutput, env, quoted = TRUE)
}
```

R 패키지를 개발해 본 독자들은 잘 알겠지만, 여기서 #'으로 시작되는 문장들은 실제 R 패키지 개발 등을 할 때 필요한 문법들이다. 잘 모르겠으면 #'으로 시작되는 부분을 무시하고 보면 된다.

여기를 보면 이 패키지는 R 콘솔에서 사용할 hello() 함수와 샤이니 패키지에 사용할 renderHello(), helloOutput()를 익스포트한다는 것을 알 수 있다. 이 중에서 hello() 함수를 살펴보면 다음과 같다.

```
hello <- function(message, width = NULL, height = NULL) {

  # forward options using x
  x = list(
    message = message
  )
```

```
  # create widget
  htmlwidgets::createWidget(
    name = 'hello',
    x,
    width = width,
    height = height,
    package = 'hello'
  )
}
```

hello() 함수는 message, width, height 인자를 가진다. 사용자가 이들에 대한 값을 가지고 함수를 호출하면, 이 정보들을 R 리스트로 합쳐져 x라는 객체로 종합된다. 그리고 이 x 객체는 htmlwidgets::createWidget() 함수로 넘겨지고, 이 함수가 실행되고 나면 위젯이 반환된다. 나머지 width, height 등은 객체의 크기 등을 정할 때 사용된다.

이제는 자바스크립트 코드를 살펴보자. 이 파일은 inst/htmlwidgets/hello.js라는 파일에 다음과 같이 되어 있다.

```
HTMLWidgets.widget({

  name: 'hello',

  type: 'output',

  factory: function(el, width, height) {

    // TODO: define shared variables for this instance

    return {

      renderValue: function(x) {

        // TODO: code to render the widget, e.g.
        el.innerText = x.message;
```

```
        },

        resize: function(width, height) {

            // TODO: code to re-render the widget with a new size

        }

    };

  }

});
```

여기는 R의 세계가 아니라 자바스크립트의 세계다. 전체는 하나의 함수(메서드) 호출로 되어 있고, 이 함수는 하나의 커다란 자바스크립트 객체를 취하고 있다.

```
HTMLWidgets.widget({});
```

자바스크립트의 객체는 키: 값으로 된 프로퍼티들이 { } 안에 들어가 있는 구조를 이루고 각 프로퍼티는 콤마(,)로 구분된다. 자바스크립트 객체의 값에는 일반적인 값들 뿐만 아니라 함수가 들어갈 수도 있다. 값이 함수인 프로퍼티를 특별히 메서드method라고 한다. 여기에 사용된 객체는 다음과 같다.

```
{

    name: 'hello',

    type: 'output',

    factory: function(el, width, height) {

      // TODO: define shared variables for this instance

      return {

        renderValue: function(x) {

          // TODO: code to render the widget, e.g.
          el.innerText = x.message;
```

```
        },

        resize: function(width, height) {

            // TODO: code to re-render the widget with a new size

        }

    };

  }

}
```

이 객체에는 name, type, factory라는 키가 있다. name과 type은 건드리지 말고, factory를 자세히 살펴보자.

```
factory: function(el, width, height) {

  // TODO: define shared variables for this instance

  return {

    renderValue: function(x) {

      // TODO: code to render the widget, e.g.
      el.innerText = x.message;

    },

    resize: function(width, height) {

      // TODO: code to re-render the widget with a new size

    }

  };

}
```

이 factory 키에는 자바스크립트 함수가 값으로 사용되었다. 함수의 모습은 다음과 같다.

```
function(el, width, height) {

    // TODO: define shared variables for this instance

    return {

      renderValue: function(x) {

        // TODO: code to render the widget, e.g.
        el.innerText = x.message;

      },

      resize: function(width, height) {

        // TODO: code to re-render the widget with a new size

      }

    };

  }
```

이 함수는 el, width, height 인자를 취한다. 여기서 el이라고 하는 것은 만들어진 어떤 것을 담을 요소로, 종종 '컨테이너'라고 부른다. 나머지는 위 컨테이너의 크기를 정할 때 사용한다.

이 함수는 다음과 같은 하나의 객체를 반환한다. return문은 다음을 보면 된다.

```
{

  renderValue: function(x) {

    // TODO: code to render the widget, e.g.
    el.innerText = x.message;

  },

  resize: function(width, height) {

    // TODO: code to re-render the widget with a new size
```

```
  }
};
```

반환하는 것은 전체적으로 하나의 객체이며, 객체의 프로퍼티들은 `renderValue` 키에 배정된 함수와 `resize` 키에 배정된 함수다. 눈이 밝은 독자라면 이것이 클로저 ^{closure}라는 것을 알 것이다. R에도 클로저의 개념이 있는데 자바스크립트 역시 마찬가지다. 실제로 R과 자바스크립트는 LISP 계열의 언어를 같은 조상으로 하기 때문에 유사한 점이 많다. 그리고 이렇게 함수를 반환하는 함수이기 때문에 앞에서 키를 factory로 한 이유를 조금은 알 것 같다.

실제 주목할 코드는 다음과 같다.

```
function(x) {

  // TODO: code to render the widget, e.g.
  el.innerText = x.message;
}
```

여기서 x는 앞에서 R 바인딩에서 넘겨진 데이터가 저장된 객체다. el은 컨테이너를 의미한다고 했다. x.message는 앞의 R 바인딩에서 사용된 객체를 jsonlite 패키지를 통해 다음과 같은 R 객체가 JSON으로 바뀐 것을 자바스크립트에서 접근한 형태다. 다음을 보면 좀 더 이해할 수 있을 것이다. 자바스크립트는 객체의 프로퍼티 값에 접근할 때 도트 연산자(.)를 자주 사용한다.

```
library(jsonlite)
x = list(message = "Hello world")
toJSON(x)
{"message":["Hello world"]}
```

그래서 텍스트를 타깃이 되는 요소(el)의 innerText 프로퍼티에 대입한 것이다.

sigma.js 라이브러리를 R 패키지로 만들어 보기

앞에서 기본적인 내용을 확인했으므로 실제로 htmlwidgets 패키지를 sigma.js라는 자바스크립트 라이브러리를 가지고 R 패키지로 만들어 보자. 이 내용은 http://www.htmlwidgets.org/develop_intro.html 사이트에 있는 내용을 바탕으로 작성한 것이다.

원래의 라이브러리 사용법 익히기

이런 라이브러리를 R 패키지로 가져오기 위해서는 우선 해당 목표가 되는 라이브러리에 대한 이해가 선행되어야 한다. 사이트에 접속하여 sigma.js 라이브러리를 사용하는 방법을 알아보자.

- sigma.js 라이브러리: http://sigmajs.org

홈페이지에는 간단한 예가 나와 있는데, 자바스크립트 라이브러리 자체를 사용하여 웹 페이지를 만들어 보자. 이런 라이브러리를 사용하기 위해서는 다음과 같은 것들이 기본적으로 필요하다.

1. 라이브러리 리소스
2. 데이터
3. HTML 페이지에 있는 컨테이너
4. 라이브러리가 제공하는 함수로, 데이터를 사용하여 콘텐츠를 렌더링하는 스크립트

http://sigmajs.org의 sigma.js에 사용법이 간략하게 요약되어 있고, 리소스를 다운로드할 수 있는 버튼도 있다. 우선 다운로드 버튼을 클릭하여 리소스를 다운로드한다.

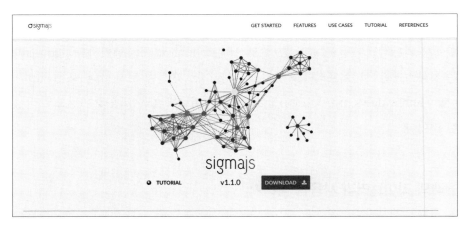

그림 14.3 sigma.js 다운로드하기

다운로드된 폴더는 다음과 같은 구조를 가지고 있다.

```
.
├── README.md
├── plugins
│   ├── sigma.exporters.svg.min.js
│   ├── sigma.layout.forceAtlas2.min.js
│   ├── sigma.neo4j.cypher.min.js
│   ├── sigma.parsers.cypher.min.js
│   ├── sigma.parsers.gexf.min.js
│   ├── sigma.parsers.json.min.js
│   ├── sigma.pathfinding.astar.min.js
│   ├── sigma.plugins.animate.min.js
│   ├── sigma.plugins.dragNodes.min.js
│   ├── sigma.plugins.filter.min.js
│   ├── sigma.plugins.neighborhoods.min.js
│   ├── sigma.plugins.relativeSize.min.js
│   ├── sigma.renderers.customEdgeShapes.min.js
│   ├── sigma.renderers.customShapes.min.js
│   ├── sigma.renderers.edgeLabels.min.js
```

```
|       ├── sigma.renderers.parallelEdges.min.js
|       ├── sigma.renderers.snapshot.min.js
|       └── sigma.statistics.HITS.min.js
├── sigma.js
├── sigma.min.js
└── sigma.require.js
```

루트 디렉터리에 index.html 파일을 만든다. 그리고 홈페이지에 나와 있는 안내문
에서 HTML 부분을 index.html 파일에 복사해 넣는다.

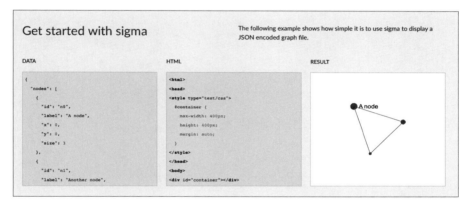

그림 14.4 sigma.js 시작하기

그 내용은 다음과 같다.

```html
<html>
<head>
<style type="text/css">
  #container {
    max-width: 400px;
    height: 400px;
    margin: auto;
  }
</style>
```

```
</head>
<body>
<div id="container"></div>
<script src="sigma.min.js"></script>
<script src="sigma.parsers.json.min.js"></script>
<script>
  sigma.parsers.json('data.json', {
    container: 'container',
    settings: {
      defaultNodeColor: '#ec5148'
    }
  });
</script>
</body>
</html>
```

우선 라이브러리를 부르는 코드를 살펴보자.

```
<script src="sigma.min.js"></script>
<script src="sigma.parsers.json.min.js"></script>
```

여기에서 파일들의 위치를 현재 파일의 index.html을 기준으로 조사한다. 두 번째 것이 맞지 않다. 앞에서 다운로드한 내용을 보면 이것은 plugins라는 폴더 안에 들어가 있으므로 다음과 같이 바꾼다.

```
<script src="pugins/sigma.parsers.json.min.js"></script>
```

컨테이너는 다음과 같은 형태로 들어가 있다.

```
<div id="container"></div>
```

아이디는 container인 <div> 요소다. 이것이 타깃 컨테이너가 된다.

실제로 렌더링하는 것은 다음 코드에 따른다.

```
<script>
  sigma.parsers.json('data.json', {
    container: 'container',
    settings: {
      defaultNodeColor: '#ec5148'
    }
  });
</script>
```

이것은 현재 디렉터리에 있는 data.json 파일에 들어가 있는 데이터를 가져와 콘텐츠를 렌더링하는 것이다. 이 부분은 홈페이지의 하단에 나와 있는 튜토리얼 부분을 읽어 보면 알 수 있을 것이다. 홈페이지에 나와 있는 데이터를 복사하여 현재 디렉터리에 data.json이라는 파일에 만들어 넣는다. 그 내용은 다음과 같다.

```
{
  "nodes": [
    {
      "id": "n0",
      "label": "A node",
      "x": 0,
      "y": 0,
      "size": 3
    },
    {
      "id": "n1",
      "label": "Another node",
      "x": 3,
      "y": 1,
      "size": 2
    },
    {
      "id": "n2",
      "label": "And a last one",
```

```
        "x": 1,
        "y": 3,
        "size": 1
      }
    ],
    "edges": [
      {
        "id": "e0",
        "source": "n0",
        "target": "n1"
      },
      {
        "id": "e1",
        "source": "n1",
        "target": "n2"
      },
      {
        "id": "e2",
        "source": "n2",
        "target": "n0"
      }
    ]
}
```

앞에서 수정한 index.html 파일은 다음과 같다.

```
<html>
<head>
<style type="text/css">
  #container {
    max-width: 400px;
    height: 400px;
    margin: auto;
  }
```

```
</style>
</head>
<body>
<div id="container"></div>
<script src="sigma.min.js"></script>
<script src="plugins/sigma.parsers.json.min.js"></script>
<script>
  sigma.parsers.json('data.json', {
    container: 'container',
    settings: {
      defaultNodeColor: '#ec5148'
    }
  });
</script>
</body>
</html>
```

라이브러리 리소스, 데이터, 컨테이너, 렌더링 코드 등이 모두 만들어졌기 때문에
작업이 모두 끝났다. 이제 이 폴더를 로컬 서버를 통해 서빙하거나[1] index.html을
웹 브라우저로 열어 보면 된다.

---

1 servr 패키지 등을 사용할 수 있다.

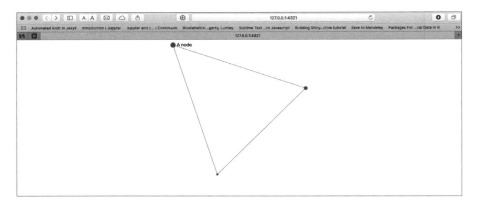

그림 14.5 렌더링된 결과

R 패키지로 변환해 보기

앞에서 보았던 내용을 근간으로 이것을 htmlwidgets로 R 패키지로 만들어 본다. http://www.htmlwidgets.org/develop_intro.html 사이트를 보면 sigma.js에서 앞에서 본 `sigma.parsers.json()` 대신 `sigma.parsers.gexf()`를 이용하고 있다는 점이 다르다.

http://www.htmlwidgets.org/develop_intro.html 개발 사이트를 보면 라이브러리 리소스를 가져와 inst/htmlwidgets 디렉터리에 lib이라는 폴더를 생성하고, 여기에 복사해 놓은 것을 볼 수 있다.

그리고 sigma.yaml이라는 파일에서 이들 리소스의 위치를 명시하고 있는 것을 볼수 있다.

여기까지 하고 그 이후는 독자들에게 맡기려고 한다. htmlwidgets 사이트에 나와있는 예도 괜찮고, https://github.com/htmlwidgets/sparkline에 있는 스파크라인의 예를 통해 익혀보기 바란다. 샤이니 자바스크립트 사이트인 http://shiny.rstudio.com/tutorial/js-lesson1/도 많은 도움이 될 것이다.

htmlwidgets 패키지 사용

앞에서 htmlwidgets 패키지를 사용하여 자바스크립트 라이브러리에 대한 R 바인딩을 만드는 목적을 설명했다. 그래서 htmlwidgets 패키지로 개발된 패키지들은 일반 R 패키지와 다름없이 곧바로 사용할 수 있다.

- R 콘솔에서 바로 실행할 수 있다. plot(h) 명령처럼 바로 사용 가능하다. 다만 웹 콘텐츠이기 때문에 그 결과물이 웹 브라우저에 보이게 될 것이다. RStudio인 경우에는 Viewer 창에서 보인다.
- .Rmd 파일에 포함시킬 때도 마찬가지다. 코드 청크에 바로 넣으면 된다.
  - 다이내믹 콘텐츠를 넣을 수 있는 html_notebook, html_document 등에 자연스럽게 사용할 수 있다.

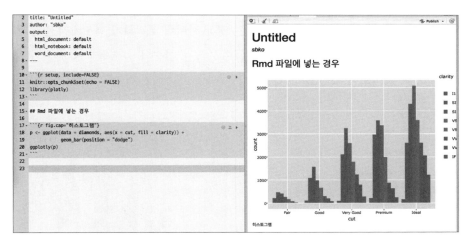

그림 14.6 Rmd 파일에 넣은 plotly 패키지

  - 다이내믹 콘텐츠를 넣을 수 없는 pdf_document 또는 word_document인 경우에는 기본적으로 이 내용을 넣을 수 없다. 그러나 컴퓨터에 phantomjs가 설치되어 있고, webshot R 패키지가 설치되어 있는 경우에는 일종의 스크린샷을 통해 내용을 넣을 수 있다.

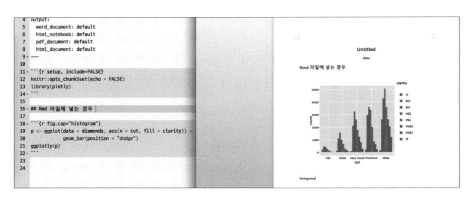

그림 14.7 Rmd 파일에 넣은 plotly 패키지(워드 출력)

- Shiny 패키지에 임베딩하기: 대부분의 htmlwidgets 패키지로 개발된 패키지에서 render-*() 함수와 이것을 출력하는 *-Output() 함수가 준비되어 있다. 이것을 사용하여 Shiny 앱의 로직과 연결하면 된다. 그림 14.8은 단순히 출력한 예만 보여 주는 것을 샤이니 로직과 연결시키지 않은 예다. ploty 패키지의 경우 renderPlolty() 함수와 plotlyOutput() 함수가 준비되어 있다.

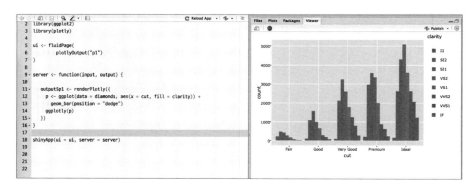

그림 14.8 Shiny 애플리케이션에 넣은 plotly 패키지

이런 원리로 인해 이런 다이내믹 콘텐츠를 웹 페이지나 웹 북, 웹 슬라이드 등에 넣어 작업하는 것은 아주 간단한 일이 되어 버렸다.

정리

이 장에서는 `htmlwidgets` 패키지를 사용하여 자바스크립트 라이브러리를 R 패키지로 바꾸는 방법을 살펴보았다. 개발을 좋아하는 독자가 이 정도의 감을 가지면 새로운 도전을 할 수 있을 것이라고 생각한다.

개발을 좋아하지 않고 단지 이들 패키들의 사용에만 관심이 있어도 전혀 문제될 것이 없다. 모든 R 패키지의 소스를 알고 쓰는 것은 아니지 않은가? 필요할 때 가져다 쓰면 그만인 경우도 많다. 다음 장부터는 htmlwidgets 사이트에 소개되어 있는 패키지들을 중심으로 인터랙션 기능을 가진 차트들을 사용하는 예를 살펴볼 것이다.

| 4부 |

복합 문서

15

정적인 웹 사이트

이 장에서는 이 책에서 소개하는 재현 가능 연구 방법으로 정적인 웹 사이트를 만드는 방법을 소개한다.

자세한 내용은 다음 사이트를 참고하기 바란다.

- 공식 rmarkdown 사이트: http://rmarkdown.rstudio.com/rmarkdown_websites.html

간단하게 만들어 보는 웹 사이트

먼저 간단한 웹 사이트를 실제로 만들어 보자. 여기서 가장 중요한 것은 index. Rmd, _site.yml 파일이다. 이 두 파일은 반드시 존재해야 하고, 여기서는 출력 포맷을 정하기 위한 _output.yml 파일이 중요하다.

여기서는 3개의 페이지를 가진 웹 사이트를 만들어 보고자 한다.

1. 먼저 RStudio의 프로젝트 기능을 활용하여 하나의 프로젝트를 구성한다. website라고 가정해 본다.

2. RStudio의 메뉴 Tools | Project Options....를 선택한 후 Build Tools에서 Website를 선택한다. Build 메뉴가 생성된 것을 확인한다.

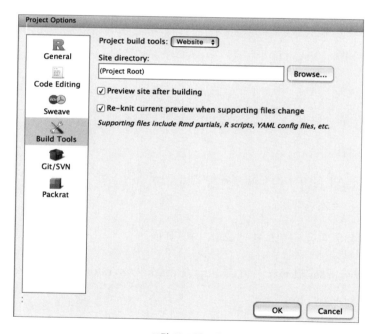

그림 15.1 빌드 툴

3. 프로젝트의 index.Rmd, _site.yml, _output.yml 파일을 만든다.

4. index.Rmd 파일은 대문 역할을 하는 파일이다. 다음과 같은 내용을 입력한다.

```
title: 정적인 웹 사이트 만들어 보기
---

정적인 웹 사이트 만들어 보기
```

5. _site.yml에는 다음과 같은 내용을 입력한다. 이 파일은 여러 .Rmd 파일을 통합하는 역할을 한다.

```
navbar:
  title: WebExample
  left:
    - text: "환영"
      href: "index.html"
```

6. _output.yml에는 다음과 같은 내용을 입력한다. 이 파일은 출력 포맷을 정한다.

```
html_document:
  theme: united
  toc: yes
```

7. 만약 RStudio에 build 창이 보이지 않는다면 프로젝트를 닫았다가 다시 열면 된다. 빌드 창에서 Build Website 버튼을 클릭한다.

그림 15.2 빌드 창

8. 문제가 없다면 다음과 같은 웹 사이트가 렌더링될 것이다.

그림 15.3 빌드된 웹 사이트

9. 이제 페이지를 추가해 보자. about.Rmd, Rintro.Rmd 파일을 만들고 내용을 입력한다.

about.Rmd 파일은 다음과 같다.

```
---
title: 소개
---

우리를 소개합니다.
```

Rintro.Rmd 파일은 다음과 같다.

```
---
title: R에 대해서
---

R 언어는 뛰어난 계산 능력과 그래픽 기능을 갖추고 있다.
```

10. _site.yml 파일을 열어 다음과 같이 내용을 추가한다. href의 값에는 .Rmd 파일이 아니라 이 파일들이 렌더링될 .html 파일 이름으로 지정하는 것에 주의한다.

```
  navbar:
title: WebExample
left:
  - text: "환영"
    href: "index.html"
  - text: "소개"
    href: "about.html"
  - text: "R이란?"
    href: "RIntro.html"
```

11. 보통 자동으로 빌드되기도 하는데, 그렇게 되지 않으면 다시 Build Website 버튼을 클릭하여 빌드한다. 그러면 다음과 같은 웹 사이트가 만들어질 것이다.

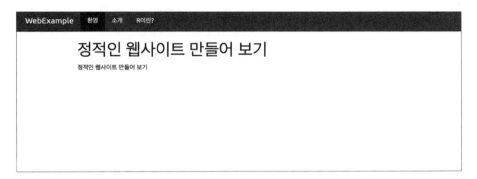

그림 15.4 빌드된 웹 사이트

12. 마지막으로 확인할 부분은 빌드 과정에서 자동으로 생성되는 _site 폴더이다. 빌드 과정에서 각 .Rmd 파일은 .html 파일로 변환되고, 이것들은 다시 이 폴더로 복사되며, 필요한 자바스크립트 라이브러리 등도 이 _site 폴더에 저장된다. 웹 서버에 실제로 올려 사용할 때는 이 폴더를 사용한다.

웹 사이트를 만드는 과정

여기서 소개하는 방법으로 웹 사이트를 만들기 위해서는 프로젝트 폴더에 적어도 index.Rmd 파일과 _site.yml 파일이 있어야 한다. 출력 포맷에 대한 정의는 _output.yml 파일에 한다.

웹 사이트를 구성하는 .html 파일들은 .Rmd 파일들로부터 생성되고, _site.yml에서 정의된 내용을 가지고 빌더가 하나의 웹 사이트로 통합된다. _output.yml 파일은 앞에서 html_document를 설명했던 방식과 마찬가지로 페이지의 포맷, 스타일을 정의하는 데 사용된다. RStudio의 빌더는 알마크다운 패키지의 `render_site()`라는 함수를 메뉴로 하여 구성된 것으로, 실제로는 이 함수가 빌드를 담당한다.

여러 페이지를 사용하여 하나의 웹 사이트를 만드는 경우, 꼭 필요한 기능 중 하나는 내비게이션이다. 내비게이션 기능은 _site.yml 파일에서 navbar라는 필드에서 정한다. 대부분 이 필드의 하부 필드로 전체 사이트를 구성한다. 따라서 _site.yml 파일을 어떻게 구성할 것인지가 가장 중요하다.

_site.yml 파일

이 파일은 YAML 헤더를 작성할 때처럼 YAML 형식에 맞추어 작성한다. 가장 많이 사용되는 최상위 필드는 navbar이다. 내비게이션을 정의하는 YAML 문법을 눈여겨보기 바란다.

다음은 알마크다운 사이트에서 소개하고 있는 _site.yml 파일의 예다.

```
name: "my-website"
navbar:
  title: "My Website"
  type: inverse
```

```
    left:
      - text: "Home"
        icon: fa-home
        href: index.html
      - text: "About"
        icon: fa-info
        href: about.html
      - text: "More"
        icon: fa-gear
        menu:
          - text: "Heading 1"
          - text: "Page A"
            href: page_a.html
          - text: "Page B"
            href: page_b.html
          - text: "---------"
          - text: "Heading 2"
          - text: "Page C"
            href: page_c.html
          - text: "Page D"
            href: page_d.html
    right:
      - icon: fa-question fa-lg
        href: https://example.com
```

- **navbar**: 내비게이션 바를 만든다. 이 필드의 하위 필드도 다음 서브 필드를 사용한다.

    - title: 내비게이션 바의 가장 앞에 나오는 타이틀을 지정한다.
    - type: 내비게이션 배경과 텍스트를 역전
    - left 또는 right: 내비게이션 바에서 메뉴를 채우는 방향을 결정한다. 이 필드의 서브에는 다음과 같은 것들이 사용된다.

- text와 href: 메뉴에서 보이는 텍스트와 이동한 .html 파일명을 지정한다. 이들은 짝이기 때문에 앞에 있는 쌍 앞에는 하이픈(-)을 사용하여 표현한다(YAML 문법에 따른다).
- icon: 아이콘 표시
- menu: 서브 메뉴를 표시한다.

위와 같은 _site.yml 파일과 해당 .Rmd 파일들을 사용하여 실제 웹을 만든 결과는 다음과 같다.

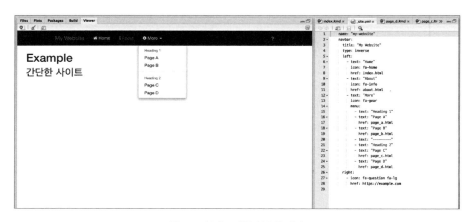

그림 15.5 실제로 만들어 본 웹 사이트

- type: 디폴트인 default와 inverse의 차이
- left, right에 의한 메뉴 버튼의 위치
- text: "--------"으로 하면 구분선을 만든다.
- href에 내부에 링크뿐만 아니라 외부 사이트에 대한 링크도 지정할 수 있다.
- icon을 통해 아이콘을 사용하는 방법이다. 여기에서는 Font Awesome, Iconicons, Bootstrap Glyphicons 등을 사용할 수 있는데 "fa-github", "ion-social-twitter", "glyphicon-time"과 같은 전체 이름을 주어야 한다고 설명하고 있다.

_output.yml 파일에 출력 포맷 정의

_site.yml 파일은 전체 웹 사이트에 대한 내비게이션 바 등을 구성하는 데 사용되는 반면, _output.yml 파일은 .Rmd 파일들이 .html 파일로 렌더링되는 방법을 정의하는 데 사용된다. 이것은 앞에서 HTML 문서를 만들 때 사용했던 `html_document()` 출력 포맷 함수와 동일하다. 다음과 같이 작성할 수 있다.

```
html_document:
  toc: true
  theme: flatly
```

콘텐츠 넣기

콘텐츠를 채워 나갈 때 도움이 될 만한 내용들을 정리해 보자.

웹 사이트를 보면 다음 그림과 같이 그 홈페이지(index.html)의 중앙에 콘텐츠가 놓이고, 나머지 페이지들에서는 왼쪽에 목차, 오른쪽에 자세한 내용이 들어 있는 경우가 많다.

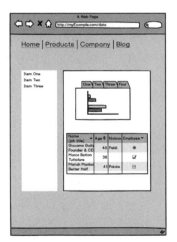

그림 15.6 홈페이지와 부속 페이지

이렇게 구성하기 위해서는 _output.yml과 index.Rmd 파일의 YAML 헤더를 적절히 사용해야 한다.

이를테면 다음과 같이 해야 한다. index.Rmd의 YAML 헤더에서는 다음과 같이 한다.

```
---
html_document:
  toc: false
---
```

그리고 나머지 파일들에서는 다음과 같이 _output.yml에서 정의된 포맷으로 렌더링하게 한다.

```
---
html_document:
  toc: true
  toc_float: true
---
```

여기서 설명하는 방법대로 웹 사이트를 만들면 코드 청크를 넣고, 이것의 결과물을 출력하고, 샤이니 앱이나 htmlwidgets 등을 넣는 데 아무런 장애가 없다.

그리고 htmltools라는 패키지를 사용하면 샤이니 앱에서와 같이 R 코드를 사용하여 대부분의 HTML 요소를 만들어 낼 수 있기 때문에 편리하다.

또한 이 방법에서는 부트스트랩 프레임워크(http://getbootstrap.com)를 사용하기 때문에 이를 알고 있다면 웹 사이트 레이아웃 등을 구성할 수 있다.

HTML 문서를 설명할 수 있다면 html_document에서 설명한 바와 같이 탭셋도 유용하게 사용할 수 있을 것이다.

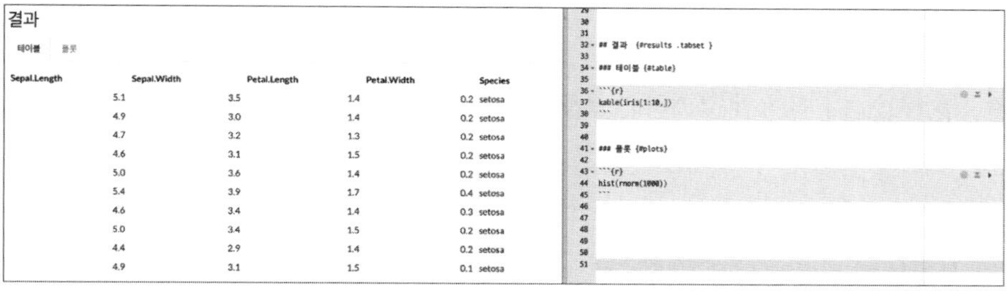

그림 15.7 .tabset의 사용 예

앞에서 _site.yml에서 navbar 필드를 사용하여 내비게이션 바를 설치할 수도 있지만 프로젝트 디렉터리에 _navbar.html 파일을 만들고, 여기에 내비게이션을 정의한 HTML을 적어 놓으면 이 파일의 내용이 곧 내비게이션 바가 된다.

그리고 웹 페이지 하단의 푸터^{footer}는 주소 등을 기록한다. 이 경우에는 _output.yml에서 includes 필드를 사용하고, after_body 서브 필드에 푸터를 적어 놓은 footer.html 파일을 부르면 된다.

서버에 올리기

이렇게 로컬 컴퓨터에서 웹 사이트를 빌드하면 렌더링된 .html 파일들과 관련된 라이브러리 등이 모두 _site라는 디렉터리에 복사된다. 이들은 모두 정적인 웹 콘텐츠로 일반적인 서버에 이 파일들을 모두 복사하여 옮기면 웹에 배치되는 것이다.

경험이 있는 독자라면 그다지 어렵지 않다는 것을 알고 있을 것이다. 만약 경험이 없는 독자라면 뒤의 "클라우드 환경에서 R 사용하기"를 참고하기 바란다.

정리

이 장에서는 이 책에서 소개하는 재현 가능 방법으로 웹 사이트를 만드는 방법을 소개했다. 비록 자신이 원하는 수준까지 커스터마이징하기에는 부족한 것이 많지만 그래도 나름 괜찮은 웹 사이트를 만들 수 있다. 그리고 이런 웹 사이트에 R을 실행시킨 결과를 자동으로 넣을 수 있고, 샤이니나 htmlwidgets 등을 포함시킬 수도 있다.

16

대시보드

flexdashboard는 이 책에서 소개하는 .Rmd 파일들을 사용하여 웹 대시보드를 쉽게 만들 수 있게 도와주는 패키지다.

자세한 내용은 다음 사이트를 참고한다.

- flexdashboard 공식 페이지: http://rmarkdown.rstudio.com/flexdashboard/

이 사이트에서는 flexdashboard로 만든 사례들을 확인할 수 있다.

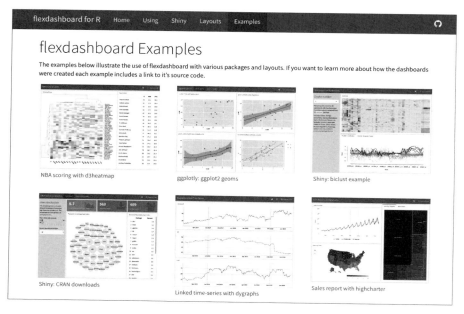

그림 16.1 flexdashboard 사례들

이름에서 알 수 있듯이 이것은 비교적 최근에 제안된 플렉스 박스^{flexbox} 또는 플렉시블 박스^{flexible box}라는 레이아웃 모델을 바탕으로 하고 있다. 자세한 내용은 다음 사이트를 참고하기 바란다.

- MDN의 "Using CSS Flexible Boxes": https://developer.mozilla.org/en-US/docs/Web/CSS/CSS_Flexible_Box_Layout/Using_CSS_flexible_boxes

패키지 설치하고 사용하기

flexdashboard는 다음과 같이 CRAN에서 다운로드하여 설치한다.

```
install.packages("flexdashboard")
```

flexdashboard 패키지는 .Rmd 파일을 렌더링하여 대시보드를 만든다. 핵심 기능은 이 패키지가 제공하는 출력 포맷 함수인 flex_dashboard에 있다. 그래서 YAML 헤더에서 다음과 같이 사용한다.

```
---
...
output: flexdashboard::flex_dashboard
...
---
```

대시보드는 크게 두 가지 관점에서 시작한다.

1. 어떤 요소들을 넣을 것인가? 이를 컴포넌트^{components}라고 한다. htmlwidgets, R 플롯, 표, 밸류 박스, 게이지, 내비게이션 바, 텍스트 등을 콘텐츠로 사용한다.
2. 컴포넌트를 어떻게 배치할 것인가? 이를 레이아웃^{layouts}이라고 한다. flex dashboard는 전체 페이지를 각 구역으로 쉽게 만들 수 있는 다양한 방법을 제공한다.

먼저 레이아웃을 설정하는 방법부터 알아보자.

대시보드 레이아웃의 기초

대시보드는 기본적으로 컴포넌트들을 적절히 행 또는 열로 배치한다. 내용이 많은 경우 이들을 탭 또는 페이지로 전체 대시보드를 구성한다. flexdashboard에서는 마크다운^{Markdown}의 헤더를 가지고 이를 구분한다.

- 페이지: 하나의 #으로 구분한다. =======과 동일하다.
- 행 또는 열: ##으로 구분한다. -------과 동일하다.

- 컴포넌트: ###으로 구분한다.
- 탭: 헤더의 {.tabset}이라는 클래스를 사용한다.

하나의 페이지를 수직 방향에서 보았을 때 컴포넌트들의 크기를 정해진 크기로 구분해 놓고 채워 놓을지, 크기를 사전에 정하지 않고 유연하게 늘어나게 할지를 vertical_layout이라는 YAML 헤더 필드를 이용하여 정한다. 즉, 페이지를 고정하고 내용물을 거기에 맞게 놓을지, 내용물의 크기를 고정하고 페이지를 움직이면서 내용물을 보게 할지를 결정한다.

좀 더 구체적인 예를 들어 보자.

컴포넌트: ###과 하나의 열

대시보드를 구성하는 기본 구성 요소(컴포넌트)는 레벨 3 헤더 ###로 표현한다. 즉, ### 이하의 내용은 대시보드의 한 구역을 차지한다. 그리고 기본적으로 이 내용은 브라우저 화면에서 수직 방향으로 배치된다.

요소 1

내용 1

요소 2

내용 2

요소 3

내용 3

이것은 다음과 같이 배치된다.

그림 16.2 기본 배치(fill 방식)

앞의 그림과 같은 배치를 'fill 방식'이라고 한다. 브라우저를 꽉 채운다는 의미다. 이와 반대로 그 내용물의 크기에 따라 배치되는 크기가 결정되는 것을 'scroll 방식'이라고 한다. fill 방식은 한 페이지에서 전달하고자 하는 내용을 모두 표시할 수 있을 때 사용하고, scroll 방식은 커서를 스크롤하여 내용물을 볼 수 있을 때 사용한다. 이 방법은 YAML 헤더의 vertical_layout 필드에서 지정한다.

```
---
...
output:
  flexdashboard::flex_dashboard:
    vertical_layout: "fill"
...
---
```

열 또는 행의 구분: ━━━━ 또는

flexdashboard에서 열과 행은 레벨 2 헤더 ## 또는 ----------를 사용한다. 특별한 지정이 없으면 이것들은 새로운 열을 만든다. 그래서 .Rmd 파일이 다음과 같다고 생각해 볼 수 있다.

```
첫 번째 열
---------------------------

### 요소 1

내용 1


두 번째 열
---------------------------

### 요소 2

내용 2


### 요소 3

내용 3
```

이는 다음과 같이 배치된다("fill" 방식을 사용한 경우).

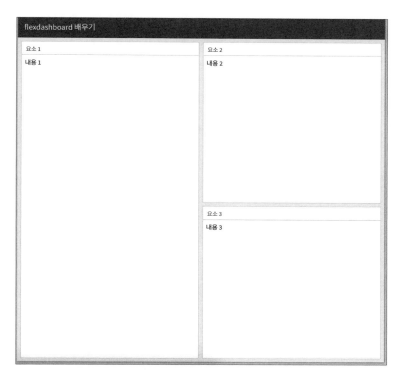

그림 16.3 복수의 열

■ 열-우선 대 행-우선

flexdashboard는 디폴트로 열을 우선하여 레이아웃을 잡는다. 이는 브라우저의 공간을 채울 때 열을 먼저 채운다는 의미다.

열-우선인 경우, 레벨 2 헤더(------- 또는 ##)를 만나면 새로운 열을 만든다고 생각하면 된다.

반면 행-우선인 경우에는 행을 우선하여 레이아웃을 잡는다는 의미다. 그래서 이 경우에는 레벨 2 헤더를 만나면 새로운 행을 만든다.

여기서는 YAML 헤더의 orientation 필드를 사용하고, "columns"(디폴트) 또는 "rows" 값을 지정할 수 있다.

```
---
...
output:
  flexdashboard::flex_dashboard:
    orientation: "rows"
---
```

탭셋: {.tabset}

앞에서 행과 열의 구분은 레벨 2 헤더로 표시한다고 했다. 이런 행과 열에 {.tabset}
을 지정하면 안에 들어가는 요소들이 탭으로 구분된다. 다음 예를 살펴보자.

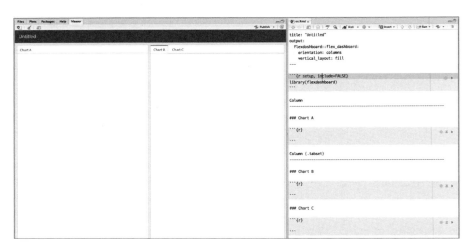

그림 16.4 .tabset 사용 예

페이지 구분: ==== 또는

내용이 많아져서 여러 페이지가 필요한 경우에는 레벨 1 헤더(============= 또는
#)를 사용한다. 다음 예를 살펴보자.

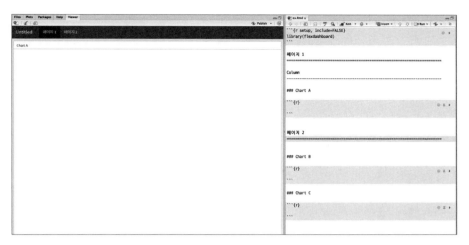

그림 16.5 페이지 구분 예

이렇게 페이지를 사용하는 경우, 각 페이지 상단에 있는 내비게이션 바에 링크가 만들어진 것을 볼 수 있다.

여러 개의 페이지를 가지는 경우, 페이지마다 컴포넌트를 행으로 배치할지, 열로 배치할지 등을 별도로 지정할 수 있다. 이 경우 {data-orientation}이라는 속성을 사용한다. 다음은 그 예다.

```
페이지 2 {data-orientation=rows}
===========================================
```

특수한 레이아웃

스토리보드

스토리보드는 연관된 콘텐츠들을 일관성 있게 전달하기 위한 특수한 레이아웃이다. 그 예로는 flexdashboard 홈페이지를 들 수 있다.

그림 16.6 Storyboard 사례

이런 스토리보드를 만들기 위해서는 YAML 헤더에 stroyboard: true라는 필드를 사용한다. 이 내용을 YAML 헤더에 지정하면, ###으로 시작하는 제목은 상단의 박스 안에 놓이게 되고, 그 다음에는 실제 콘텐츠, 그리고 *** 다음에는 코멘트를 넣을 수 있게 된다.

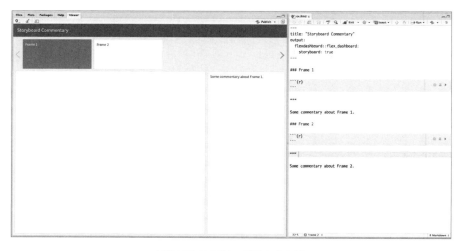

그림 16.7 스토리보드 만들기 레이아웃

코멘트는 메인 콘텐츠 옆에 놓이게 되는데, 기본이 300px이다. 이 값은 다음과 같이 data-commentary-width 속성을 사용하여 조절할 수 있다.

```
### Frame 2 {data-commentary-width=400}
```

앞에서 대시보드를 여러 페이지(레벨 1 헤더)에 걸쳐 사용할 수 있다고 설명했다. 이 경우 특정 페이지만 스토리보드로 지정하고 싶을 수 있다. 이 경우에는 YAML 헤더에서 storyboard: true를 삭제하고, 다음과 같이 해당 페이지에서 {.storyboard}라는 속성을 부여하면 된다.

```
Analysis {.storyboard}
=======================================
```

사용법은 flexdashboard 사례 페이지에서 예제에 있는 스토리보드에 들어가면 소스코드를 볼 수 있으므로 참고하기 바란다.

입력 사이드 바

화면 왼쪽에 사이드 바를 넣고, 여기에 뭔가를 입력할 수 있는 레이아웃을 만들 수 있다. 일반적으로 샤이니를 사용한다. 하나의 페이지만을 사용하는 경우에는 행/열을 지정하는 레벨 2 헤더(-------- 또는 ##)에서 {.sidebar} 속성을 지정하고, 여러 페이지를 사용하는 경우에는 페이지를 지정하는 레벨 1 헤더(======= 또는 #)에서 속성을 지정한다.

여러 페이지를 사용하는 경우, 첫 번째 페이지에는 이 사이드 바에 들어갈 콘텐츠들을 넣는다. 다음은 여러 페이지를 사용하는 예다.

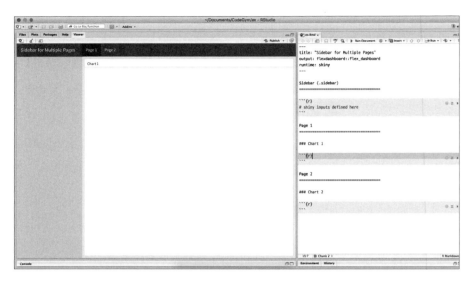

그림 16.8 글로벌 사이드 바의 지정

크기 결정

보기 좋은 대시보드를 만들기 위해서는 앞에서 설명한 레이아웃 방법과 아울러 flexdashboard에서 컴포넌트의 크기가 결정되는 방법을 이해할 필요가 있다. 왜냐하면 어떤 컴포넌트를 강조하기 위해 크기를 키워야 하고, 어떤 것들을 부수적인 것이기 때문에 크기를 작게 해야 하는 등의 조치가 필요하기 때문이다.

컴포넌트의 폭과 높이가 결정되는 방법

flexdashboard는 플렉스 박스라고 하는 알고리즘을 따르기 때문에 전통적인 플로 레이아웃을 따르는 일반적인 CSS와는 조금 다르다. 하지만 오히려 플로보다 쉽다는 것을 알 수 있다.

이제 컴포넌트의 폭^{width}과 높이^{height}가 어떻게 결정되는지 알아보자. 디폴트로 설정되어 있는 내용을 먼저 이해하고, 나중에 이것을 어떻게 커스터마이징할 수 있는지 아는 것이 중요하다.

폭은 궁극적으로 브라우저의 폭에 의해 결정된다. 하나의 열만 있는 경우에는 이 열이 브라우저의 전체 폭을 꽉 채운다. 여러 개의 열이 있는 경우에는 이들이 브라우저의 전체 폭을 채우면서 각각의 열 너비는 균등하게 배분된다.

높이는 대시보드에서 설정한 방법에 따라 다르다. 이 방법을 결정하는 것이 vertical _layout이라는 YAML 헤더 필드다. 이 필드에는 fill과 scroll이라는 값을 가질 수 있다.

- fill: fill은 브라우저의 높이가 고정되고, 안의 내용물들이 균등한 높이로 쌓이게 된다. 브라우저의 높이가 고정되기 때문에 스크롤하여 브라우저를 이동하지 않고도 한 화면에서 모든 내용을 볼 수 있다는 장점이 있다.
- scroll: 이는 내용물들의 높이가 니터가 설정한 fig.height 값에 의해 고정되고(480픽셀) 브라우저는 이들 내용물들을 모두 표시하기 위해 유연하게 확장된다. 따라서 전체 내용물을 보기 위해서는 스크롤을 사용해야 한다.

대시보드의 모든 내용물이 균등하게만 보인다면 그다지 재미있는 대시보드가 될 수 없다. 강조하고 싶은 것은 크게 해야 할 필요가 있다. 이렇게 커스터마이징하기 위해서는 {data-width}, {data-height}라는 속성을 사용해야 한다. 이들 속성은 열/행(###) 또는 개발 차트에 부여할 수 있다. 이 값은 같은 방향의 모든 컴포넌트에 영향을 미친다.

다음은 디폴트로 크기가 결정된 예다.

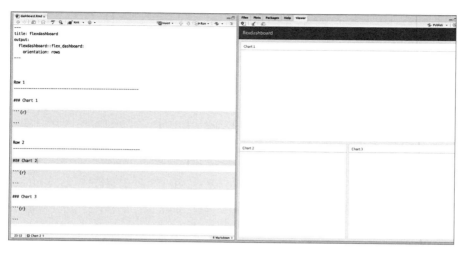

그림 16.9 data-width, data-height 등을 지정하지 않은 디폴트 크기

다음은 data-height를 각 행에 지정한 경우다. 첫 행과 두 번째 행의 높이가 달라졌고, 두 번째 행 안에 들어가는 컴포넌트들은 모두 행에서 지시한 높이로 채워진다.

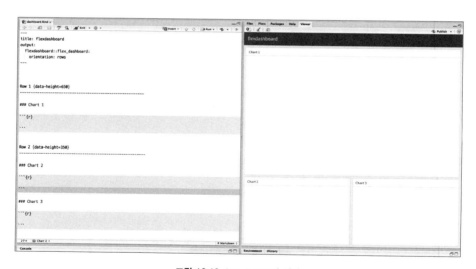

그림 16.10 data-height의 설정

416

패딩(padding)

flexdashboard에서 설정된 패딩 값은 8픽셀이다. 이것은 {data-padding} 속성을 사용하여 바꿀 수 있고, {.no-padding} 속성을 사용하면 패딩을 없앨 수도 있다.

컴포넌트: 실질적인 콘텐츠

flexdashboard의 레이아웃을 구축하는 방법을 알았으므로, 그 안에 콘텐츠를 채우는 방법을 알아볼 차례다. 이런 콘텐츠를 '컴포넌트'라고 한다. 컴포넌트에 어떤 것들이 들어갈 수 있는지 알아보자.

htmlwidgets

htmlwidgets은 데이터 시각화, 다이내믹 표 등을 위한 자바스크립트 라이브러리에 대한 R 바인딩으로 하나의 R 패키지로 제공되는 것들이다. 그림 16.11과 같이 여러 가지 종류의 콘텐츠에 대해 다양한 패키지들이 개발되어 있다.

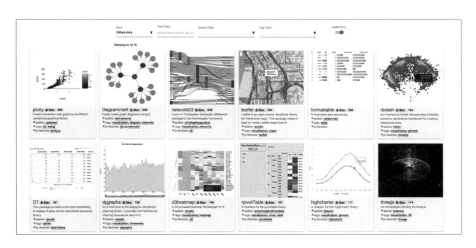

그림 16.11 htmlwidgets 갤러리

htmlwidgets을 통해 개발된 패키지들은 출력물의 크기 등이 유연하게 변하도록 되어 있어서 flexdashboard의 콘텐츠로 사용하기에 최적화되어 있다. 다음은 htmlwidgets 패키지의 하나인 dygraphs를 컴포넌트로 사용한 예다.

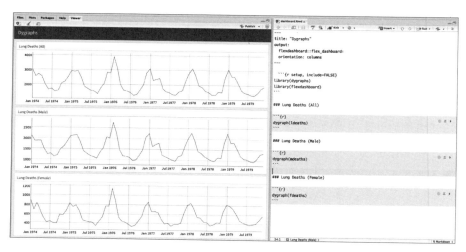

그림 16.12 dygraphs를 포함하는 플렉스대시보드

정적인 R 플롯

정적인 R 플롯도 컴포넌트로 사용하는 데 전혀 문제가 없다. 문제는 크기다. 정적인 플롯에 뒤에서 설명할 샤이니 앱을 사용하는 경우가 아니라면 대시보드의 컴포넌트에 제대로 들어갈 수 있도록 크기를 적절히 조절해 주어야 한다.

이 경우에는 니터^knitr 패키지의 fig.width, fig.height를 가지고 적절히 컨테이너에 맞추질 수 있도록 조절하는 것이 좋다.

샤이니를 사용하는 경우는 뒤에서 자세하게 설명한다.

표

정적인 표는 니터의 `kable()` 함수 등을 많이 사용하고, 다이내믹 표는 htmlwidgets 으로 개발된 DT 패키지(http://rstudio.github.io/DT/) 등을 사용한다.

밸류 박스

밸류 박스는 관심 있는 어떤 수치를 박스 안에 넣어 표현한 것이다.

그림 16.13 밸류 박스

이런 밸류 박스는 flexdashboard 패키지에 내장되어 있는 `valueBox()` 함수로 만든다. 사용법은 다음과 같다.

```
valueBox(value, caption, icon, color, href)
```

- value: 디스플레이할 숫자를 말한다. 변수를 줄 수 있다.
- caption: 숫자 아래에 사용할 텍스트인데, 지정하지 않으면 헤더의 텍스트 가 사용된다.
- icon: 사용될 아이콘을 지정할 수 있다.
- color: 밸류 박스의 바탕색을 지정한다. 부트스트랩 CSS 프레임워크에서 사용하는 "primary", "info", "success", "warning", "danger" 등을 사용 하거나 CSS 색을 #RRGGBB 형태로 지정할 수 있다.
- href: 이 밸류 박스를 클릭했을 때 이동할 위치 등을 지정할 수 있다.

이들 옵션 값을 다이내믹하게 지정할 수도 있다. 다음 사례는 spam 값이 10보다 크면 "warning", 그렇지 않으면 "primary"로 지정한 경우다.

```
valueBox(spam,
        icon = "fa-trash",
        color = ifelse(spam > 10, "warning", "primary"))
```

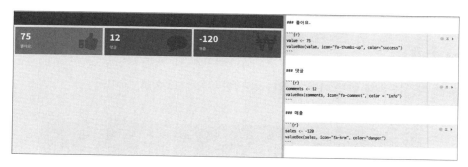

그림 16.14 밸류 박스의 예

게이지

게이지는 정해진 구간에서 어떤 값이 현재 어느 정도에 해당하는지를 간략하게 보여 준다.

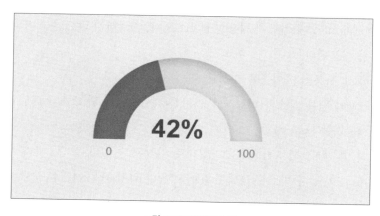

그림 16.15 게이지의 예

이 게이지는 flexdashboard 패키지에서 제공하는 gauge() 함수를 사용하여 만든다. gauge()를 사용한 예는 다음과 같다.

```
gauge(42, min = 0, max = 100, symbol = '%', gaugeSectors(
  success = c(80, 100), warning = c(40, 79), danger = c(0, 39)
))
```

첫 번째 인자는 표시할 값이고, 구간을 min과 max로 표시한다. symbol을 사용할 기회이다. 마지막은 selectors라는 인자인데, 주로 gaugeSelector() 함수를 사용하여 표시한다. 값이 80에서 100 사이에 있는 경우에는 "success" 색을, 40에서 79 사이에 있는 경우에는 "warning" 색을, 0에서 39 사이에 있는 색은 "danger"라는 색을 사용하여 표시한다. 기타 href를 사용하여 앵커로 만들 수 있고, label을 사용하여 숫자 아래에 사용할 텍스트를 입력할 수 있다.

내비게이션 바

flexdashboard를 만들 때 .Rmd 파일의 YAML 헤더에 정의한 title, author, date는 내비게이션 바에 자동으로 표시된다. 그리고 앞에서 본 바와 같이 복수의 페이지를 가지는 대시보드의 경우, 각 페이지의 제목이 자동으로 내비게이션 바에 등록된다.

flexdashboard의 내비게이션 바에 사용자가 정의한 아이템을 추가하려면 flex_dashboard 출력 함수에 대한 navbar 필드를 사용해야 한다. 각각의 아이템에 대해서는 서브 필드로 title, href, align 값을 정의한다. 이를테면 다음과 같은 내비게이션을 만든다고 생각해 보자.

이를테면 다음과 같은 내비게이션을 만든다고 생각해 보자.

그림 16.16 내비게이션 바

이는 다음과 같은 YAML 헤더를 통해 만들어진다.

```
---
title: flexdashboard
output:
  flexdashboard::flex_dashboard:
    navbar:
    - {title: "about", href: "https://example.com/about", align: left}
    - {title: "search", href: "http://google.co.kr", align: left}
---
```

YAML 헤더와 렌더링된 것을 서로 비교해 보면, title로 준 것이 내비게이션의 제목으로 들어가 있는 것을 알 수 있다. 그리고 내비게이션 안에 있는 각 아이템은 title, href, align이라는 서브 필드를 사용하여 정의하는 것을 알 수 있다. align 값은 "left" 또는 "right"를 쓸 수 있는데, "right"가 디폴트로 되어 있다.

소셜 링크는 social이라는 서브 필드를 사용하고, 소스 코드를 볼 수 있게 하기 위해서는 source_code: embed라는 필드를 사용한다. 자세한 내용은 ?flex_dashboard를 실행하여 확인하기 바란다.

주석 텍스트

flexdashboard에서 텍스트가 들어갈 수 있는 부분은 많다.

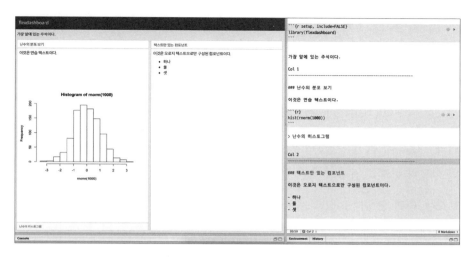

그림 16.17 다양항 위치에서 사용된 텍스트

- 컴포넌트가 시작되기 전에 텍스트를 입력하면 전체 페이지에 걸쳐 표시된다.
- ### 다음에 오는 텍스트는 컴포넌트의 제목이 된다.
- 제목과 차트의 중간에 텍스트를 넣으면 이 텍스트는 차트와 함께 콘텐츠를 형성한다.
- 차트 다음에 > 텍스트의 형태로 간단한 주석을 넣을 수 있다.
- 텍스트로만 이루어진 컴포넌트를 구성할 수도 있다.
- 컴포넌트의 제목 뒤에 {.no-title}이라는 속성을 부여하면 텍스트가 렌더링되지 않는다.

대시보드 스타일, 로고, 파비콘 등

flexdashboard 역시 알마크다운rmarkdown을 사용하고, 알마크다운은 부트스트랩 CSS 프레임워크를 사용한다. 이런 테마 등은 부트와치 등을 차용하고 있기 때문에 여기에서 정한 테마들을 가져와 사용할 수 있다.

테마는 YAML 헤더에서 출력 함수의 theme라는 서브 필드를 사용한다. 사용 가능한 테마들은 다음과 같다.

- default, cosmo, bootstrap, cerulean, journal, flatly, readable, spacelab, united, lumen, paper, sandstone, simplex, yeti

만약 사용자가 직접 지정하고 싶은 경우에는 css라는 서브 필드를 사용하고, 스타일 시트의 경로를 지정해 주면 된다.

로고는 출력 함수의 logo라는 서브 필드, 파비콘은 favicon이라는 필드를 사용하여 지정할 수 있다.

flexdashboard에서 샤이니 앱 사용하기

대시보드는 현재 데이터를 시각화나 정리된 표, 수치 등으로 전달하는 역할을 한다. 따라서 샤이니는 이런 대시보드를 만들기에 안성맞춤인 도구다.

샤이니 사용을 위한 기본

flexdashboard에서 샤이니를 사용하기 위해서는 .Rmd 파일에 샤이니 앱을 넣어 인터랙티브 문서가 되게 하는 것처럼 YAML 헤더에 runtime: shiny를 포함시켜야 한다.

그리고 보통은 사이드 바에서 입력 위젯들을 배치하기 위해서 첫 번째 열에 {.sidebar} 속성을 부여한다. 그리고 나머지 열에 아웃풋 함수들을 배치한다.

보통 플롯을 출력할 때에는 renderPlot() 함수를 사용하는 것이 중요하다. 반응성 프로그래밍 모드에 따라 사용자 입력 값을 바로 반영하여 결과를 보여 주는 것과 동시에 이 함수를 사용하면 컨테이너가 변하는 것에 따라 신축적으로 그 크기를 자동으로 조절해 주기 때문이다. 그림 16.18은 그 예다.

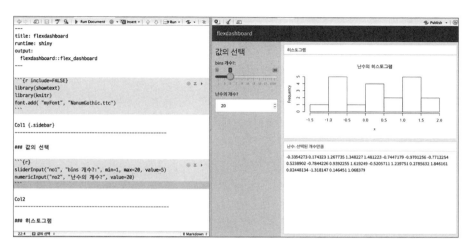

그림 16.18 샤이니를 사용한 대시보드

위 그림의 첫 번째 열은 다음과 같다.

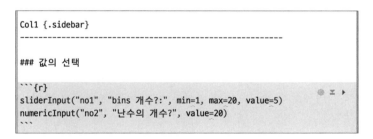

그림 16.19 .sidebar 속성을 부여한 첫 번째 열

그림을 보면 첫 번째 열에 {.sidebar}을 부여했고, 그 안에 입력 위젯들을 배치했다.

그리고 두 번째 열은 2개의 컴포넌트로 나누었고, 하나는 히스토그램을 표시했으며, 하나는 텍스트를 표시했다. 플롯에 한글을 사용하기 위해 showtext 패키지를 사용했다. 플롯을 위해 renderPlot() 함수, 텍스트 출력을 위해 renderText() 함수를 사용했다.

```
Col2
------------------------------------------------------------

### 히스토그램

```{r }
df <- reactive({rnorm(input$no2)})

renderPlot({
  showtext.begin()
  hist(df(), breaks = input$no1, main="난수의 히스토그램",
family="myFont", xlab="x")
  showtext.end()
})
```

난수: 선택된 개수만큼

```{r}
renderText({
  df()[1:input$no2]
})
```
```

그림 16.20 플롯과 텍스트의 디스플레이

플렉스 박스에 맞춘 샤이니 앱

앞에서 살펴본 바와 같이 사이드 바를 사용하여 입력 위젯들은 입력 위젯대로, 출력은 출력대로 별개의 컴포넌트로 배치하는 것은 가장 간단하고 흔하게 사용되는 방법이다.

그런데 하나의 컴포넌트 안에서 입력과 출력을 배치하기 위해서는 flexdashboard 패키지가 기본적으로 사용하고 있는 "플렉스 박스" 시스템에 맞게 샤이니의 구성 요소들을 배치해야 한다.

플렉스 박스의 기본은 내용물이 콘테이너의 크기에 따라 신축적으로 채워지는 것이다. 샤이니의 구성 요소들이 이런 특성에 맞게 배치될 수 있도록 도와주는 것이 샤이니 패키지에 있는 `fillPage()`, `fillCol()`, `fillRow()` 함수다. 자세한 내용은 이들

426

함수의 도움말 페이지(?fillPage, ?fillCol 또는 ?fillRow)을 참고하기 바란다.

이러한 플렉스 박스 레이아웃들은 샤이니 개젯^{shiny gadget}을 만들 때 필요한 miniUI 패키지 등에서도 많이 사용된다. 자세한 내용은 다음 사이트를 참고하기 바란다.

- 샤이니 개젯: http://shiny.rstudio.com/articles/gadgets.html
- 샤이니 개젯 UI 디자인: http://shiny.rstudio.com/articles/gadget-ui.html

"플렉스 박스" 시스템에 맞게 구성 요소들이 들어가야 한다는 것은 무엇을 의미할까? 플렉스 박스 시스템에 맞게 들어간다는 이야기는 플렉스 박스 보관함이 존재하고 안에 어떤 내용물이 들어가 있는데, 이 내용물의 상하좌우가 보관함의 상하좌우에 연결되어 있어서 보관함의 크기가 바뀌면 이에 따라 자동으로 바뀌도록 설정되어 있어야 한다는 것이다.

샤이니의 renderPlot() 함수들은 이렇게 기본적으로 설정되어 있다. 그렇지만 plotOutout() 함수는 height="400px"로 고정되어 있다. 이것을 height="100%"로 바꾼다고 해서 문제가 해결되지 않는다. 플렉스 박스에 일반적인 HTML 요소들을 넣을 수 있도록 도와주는 특별한 중간 컨테이너가 필요하다. fillRow(), fillCol() 함수는 이런 중간 컨테이너를 만드는 역할을 한다.

그래서 일반적으로 fillCol(), fillRow() 함수 안에 콘텐츠들을 넣고, 이것을 다시 플렉스 박스 안에 넣게 된다. ?fillCol을 실행하여 함수 사용법을 자세하게 읽어 볼 것을 권한다.

이 함수들은 플렉스 레이아웃 모델에 따르는 행 또는 열 레이아웃을 만든다. 이 안에는 원하는 만큼의 UI 요소들을 넣을 수 있고(... 인자), 총열의 높이 또는 총행의 너비 등을 결정하는 height, width라는 옵션들이 있다. 이것들의 디폴트 값은 "100%"이다. flex는 안에 들어가는 UI 요소들의 상대적인 크기를 결정하는 인자다. flex 인자는 다음과 같이 사용된다.

- flex를 지정하지 않는 경우에는 모든 UI 요소들이 균등하게 배분된다. 하나의 숫자 값을 주는 경우도 이와 마찬가지다.

- flex에 숫자형 벡터를 지정하면 이 벡터의 요소는 포함된 UI 요소에 대응하고, 그 상대적인 크기를 나타낸다. 예를 들어 flex=c(1, 2)라고 하면 첫 번째 UI와 두 번째 UI가 1:2의 비율로 배분된다. 이 벡터에는 NA라는 요소를 사용할 수도 있는데, 이는 UI 요소의 원래의 높이 또는 폭을 그대로 유지한다는 것을 의미한다.

다음 예제 코드를 살펴보자.

```
fillCol(height = 600, flex = c(NA, 1),
  inputPanel(
    selectInput("region", "Region:", choices = colnames(WorldPhones))
  ),
  plotOutput("phonePlot", height = "100%")
)
```

이 경우에는 flex = c(NA,1)로 정해 주었고, fillCol() 안에 inputPanel()과 plotOutput()이라는 2개의 UI 요소가 들어가 있다. 그래서 fillCol()에 의해서 하나의 열이 만들어지고, 여기에 첫 번째 요소인 inputPanel()는 원래 크기대로 사용하며(flex 값이 NA), 나머지 plotOutput() 요소는 fillCol()이 만든 나머지 높이에 자동으로 채워진다(flex 값이 1). 그림에 제시한 예를 눈여겨보기 바란다.

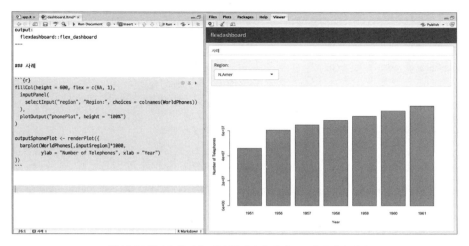

그림 16.21 하나의 컴포넌트에 입력 요소와 출력 요소가 들어가 있다.

그 다음 높이에 대해 알아 둘 내용이 있다. 이 내용은 ?fillCol 도움말 페이지에 보면 Details 섹션에 잘 설명되어 있다. 그대로 옮겨보면 다음과 같다.

If you try to use fillRow and fillCol inside of other Shiny containers, such as sidebarLayout, navbarPage, or even tags$div, you will probably find that they will not appear. This is due to fillRow and fillCol defaulting to height="100%", which will only work inside of containers that have determined their own size (rather than shrinking to the size of their contents, as is usually the case in HTML).

To avoid this problem, you have two options:

1. only use fillRow/fillCol inside of fillPage, fillRow, or fillCol

2. provide an explicit height argument to fillRow/fillCol

군이 번역하면 다음과 같다.

fillRow과 fillCol 함수를 sidebarLayout, navbarPage 심지어 tags$div 안에 넣어도 그 내용물이 제대로 나타나지 않을 가능성이 높다. 그 이유는 fillRow와 fillCol의 높이 값이 height="100%"로 설정되어 있기 때문인데, 외부의 영향을 받지 않는 자기의 고유 크기를 가지고 있는 컨테이너 안에 있을 때만 이것이 제대로 작동한다(일반적인 HTML에서 콘텐츠의 크기가 외부의 영향 등에 의해 오 므라들 수 있는 경우 등은 안 된다).

이것의 회피 전략은 두 가지다.

1. fillRow/fillCol을 fillPage나 다른 fillRow, fillCol 안에서만 사용하는 것이다.

2. fillRow/fillCol에 명시적인 height 값을 지정해 주는 것이다.

우리의 경우에는 fillCol(height = 600, ...)을 사용하고 있으므로 위의 두 번 째 방법을 사용하는 셈이다. height 옵션을 생략해도 제대로 작동한다. 왜냐하면 flexdashboard의 컴포넌트가 하나의 플렉스 상자이기 때문이다.

그 다음으로 고려해야 하는 것은 fillCol, fillRow에 내용으로 들어가는 자식 요소들의 크기다. 이런 자식 요소들이 fillCol, fillRow가 부여해 준 공간을 충분히 채우기 위해서는 높이나 너비 값을 항상 상대적인 "100%"로 줄 필요가 있다.

플렉스 박스 레이아웃을 사용하여 샤이니 앱 만들기

앞에서 배운 내용을 이용하여 다음과 같은 샤이니 앱을 만들어 보자.

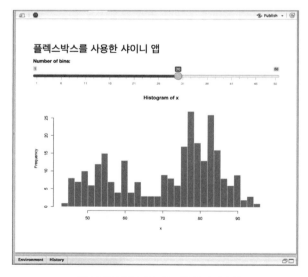

그림 16.22 플렉스 박스를 사용한 샤이니 앱

이 앱은 RStudio에서 메뉴를 사용하여 샤이니 앱을 만들 때 간단한 예제로 제시된 앱이다. 기존의 fluidPage()를 사용하는 대신 fillPage()을 사용하고, 그 안에 fillCol() 등을 사용하여 내용을 채워 본 것이다. ui를 다음과 같이 하면 될 것이다.

```
ui <- fillPage( padding = 50,
  fillCol(flex= c(NA, 1, 5),
    h2("플렉스 박스를 사용한 샤이니 앱"),
    sliderInput("bins", "Number of bins:", min = 1, max = 50, value = 30,
    width = "100%"),
    plotOutput("distPlot", height="100%")
  )
)
```

- fillPage()와 그 안에 fillCol() 하나를 사용하여 전체 앱을 넣었다.
- 하나의 열에 h2(), sliderInput(), plotOutput()이라는 세 가지 UI 요소를 배치했다.
- flex = c(NA, 1, 5)를 사용하여 h2()는 원래 높이가 사용되도록 배치했고, slider Input()과 plotOutput()은 1:5의 비율이 되도록 배치했다.
- fillCol()이 만든 레이아웃 공간에 각각의 UI 요소들이 모두 채워지도록 height="100%"로 지정했다.
- 전체 페이지의 콘텐츠의 패딩을 추가하기 위해 fillPage()의 padding = 50이라는 옵션을 추가했다.

여기에서 보면 앞에서 설명한 조건들을 모두 만족하는 것을 확인할 수 있다. fillCol()의 컨테이너가 fillPage, fillCol, fillRow 중의 하나이거나 높이가 확정되어 있는 요소가 되어야 한다는 조건이 만족되었고, fillCol()의 UI 요소가 공간을 모두 채우도록 height="100%"로 지정한 것도 확인할 수 있다.

다시 앞에서 살펴본 flexdashboard으로 샤이니 앱을 만든 코드를 보면, 왜 그렇게 했는지 알 수 있을 것이다.

```
fillCol(height = 600, flex = c(NA, 1),
  inputPanel(
    selectInput("region", "Region:", choices = colnames(WorldPhones))
  ),
  plotOutput("phonePlot", height = "100%")
)

output$phonePlot <- renderPlot({
  barplot(WorldPhones[,input$region]*1000,
          ylab = "Number of Telephones", xlab = "Year")
})
```

flexdashboard에 샤이니 앱을 적용한 사례들

flexdashboard의 공식 사이트에는 샤이니 앱을 적용한 다양한 사례들이 있으므로
이를 참고하여 공부하기 바란다.

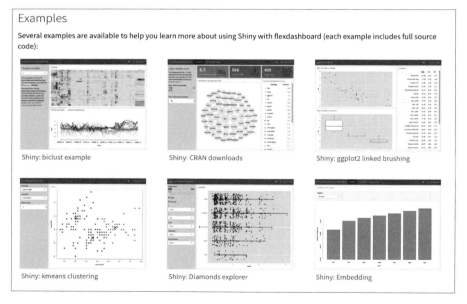

그림 16.23 flexdashboard에 샤이니 앱을 적용한 사례들

정리

flexdashboard는 플렉스 박스 레이아웃으로 htmlwidgets, 샤이니 앱 등을 통해 현재의 데이터에 대한 요약된 정보를 실시간으로 보여 주는 대시보드를 쉽게 만들 수 있는 기능을 제공한다.

플렉스 박스는 기존의 웹 페이지 레이아웃과 달라 이해하는 데 시간이 걸린다. 하지만 일단 이해하고 나면 기존의 레이아웃보다 오히려 쉽다는 느낌을 가질 수 있을 것이다.

17

책을 위한 북다운 패키지

북다운^{bookdown} 패키지는 이 책에서 소개하는 원리를 그대로 확장하여 책과 같은 복합 문서를 만들 수 있는 기능을 제공한다. 북다운 패키지로 깃북(https://www. gitbook.com), HTML 북, 전자책^{EPUB}, PDF 포맷을 가진 책을 만들 수 있다.

북다운 패키지는 니터^{knitr} 패키지의 저자인 이휘 지^{Yihui Xie}에 의해 개발되었으며, 이런 여러 .Rmd 소스파일들을 하나의 문서로 조직화하고, 참고 문헌이나 그림의 캡션 번호 등을 자동으로 부여할 수 있는 등 다양한 기능을 가지고 있다. 패키지에 대한 설명은 다음 사이트를 참고하기 바란다. 이 책은 실제 인쇄물로 출판되었다.

- 북다운 사이트: https://bookdown.org/yihui/bookdown/

그림 17.1 bookdown에 대한 웹 북. 웹 사이트에서 읽을 수 있다.

bookdown 패키지 설치

다음과 같은 방법으로 bookdown 패키지를 설치한다.

```
install.packages("bookdown")
```

북다운의 세부 내용을 살펴보기 전에 일단 한번 만들어 보자. 북다운 패키지가 여럿 포맷을 지원하기는 하지만, 깃북^{gitbook} 포맷이 가장 기본이기 때문에 이것을 중심으로 알아보자.

깃북(gitbook) 실제로 만들어 보기

우선 북다운 패키지를 사용하여 간단히 깃북^{gitbook} 형태의 책을 만들어 보자.

1. 먼저 RStudio의 프로젝트 기능을 사용하여 작업 프로젝트를 하나 구성한다. 여기서는 이름을 first_gitbook이라고 해 보자.

2. 여기에 3개의 파일을 만든다. 우선은 빈 파일을 하나씩 만들자. 하나는 index.Rmd이고, 나머지 하나는 _bookdown.yml, _output.yml 파일이다.

3. index.Rmd 파일에는 다음과 같이 YAML 헤더를 넣는다.

   ```
   ---
   title: "My First Book"
   author: "SBKo"
   ---
   ---


   # 깃북 만들기 연습 {#TryGitBook}

   이것은 'bookdown' 패키지를 사용하여 깃북을 만드는 연습이다.
   ```

4. _output.yml 파일에는 다음과 같은 내용으로 출력 포맷을 gitbook으로 정한다.

   ```
   bookdown::gitbook: default
   ```

5. 다음 툴 바에서 Knit 버튼을 누르면 깃북이 렌더링된다.

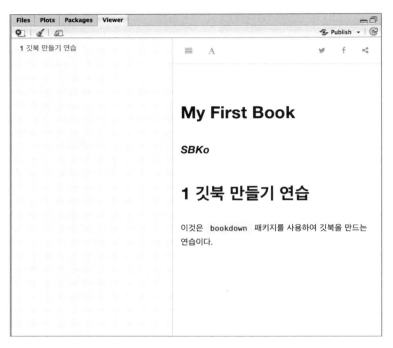

그림 17.2 처음 만들어 보는 깃북

6. 이제 .Rmd 파일을 2개 추가하여 장을 구성해 보자. 파일 이름은 intro. Rmd, rmd_gitbook.Rmd라고 한다. 이 파일들에는 굳이 YAML 헤더가 필요 없다. intro.Rmd에는 다음과 같은 내용을 입력한다.

```
# 깃북에 대한 소개 {#IntroGitbook}
```

rmd_gitbook.Rmd에는 다음과 같은 내용을 입력한다.

```
# 알마크다운으로 만드는 깃북 {#RmdGitbook}
```

이렇게 파일을 만든 후 어떤 한 파일을 열어 Knit 버튼을 클릭하면 앞에서 _output.yml 파일에 출력 포맷을 정의했기 때문에 현재 열려 있는 파일에 대해 깃북 모양의 파일로 렌더링된다. 하지만 책은 이 파일들을 종합하여 만들어진다. 이 파일들을 종합하는 방법이 필요하다. 우선 종합하면서 렌더링 순서를 줄 수 있다.

7. 이렇게 추가된 2개의 .Rmd 파일과 처음 만든 index.Rmd 파일까지 모두 3개의 .Rmd 파일이 있게 된다. 그래서 렌더링 순서를 정해 줄 필요가 있다. _bookdown.yml 파일을 열고 여기에 다음과 같은 내용을 입력한다.

```
rmd_files: ["index.Rmd", "intro.Rmd", "rmd_gitbook.Rmd"]
```

8. 렌더링 순서는 정했으므로 이들 .Rmd 파일들을 모아 하나의 책으로 렌더링될 수 있게 해야 한다. 이는 bookdown 패키지의 render_book() 함수가 담당한다. 앞의 bookdown.yml에서 rmd_files 필드로 값을 준 것은 단지 파일 렌더링 순서만 정했다고 생각하면 되고, 이들을 모아 렌더링하는 것은 render_book() 함수인 것이다. RStudio에서 Knit 버튼을 클릭했을 때 이 함수가 작동하게 만들려면, index.Rmd 파일의 YAML 헤더에서 다음과 같이 knit 필드로 내용을 추가해야 한다. 이것을 추가하지 않고 Knit 버튼을 추가하면 알마크다운 패키지의 render() 함수가 작동한다.

```
knit: bookdown::render_book
```

따라서 index.Rmd 파일은 다음과 같이 된다.

```
---
title: "My First Book"
author: "SBKo"
knit: bookdown::render_book
---


# 깃북 만들기 연습 {#TryGitBook}

이것은 'bookdown' 패키지를 사용하여 깃북을 만드는 연습이다.
```

9. 이제 준비는 끝났다. RStudio의 편집 창 상단의 Knit 버튼을 클릭한다. 그러면 다음과 같이 여러 챕터를 가진 깃북이 완성된다.

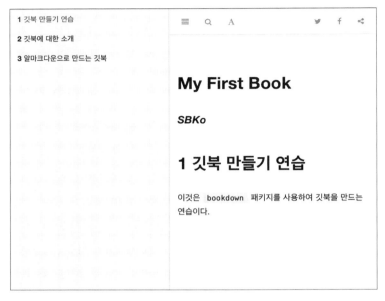

그림 17.3 완성된 깃 북

10. 프로젝트 디렉터리를 확인해 보면 '_book'이라는 폴더가 생성되어 있는 것을 확인할 수 있고, 그 안에 intex.html을 비롯하여 제목의 아이디로 사용했던 HTML 파일명을 사용하고 있는 것을 확인할 수 있을 것이다.

11. 그리고 나서 자동 빌드 환경을 추가한다. 이렇게 하면 Knit 버튼을 클릭할 때마다 모든 파일들이 통합된 상태로 빌드하게 된다. 이렇게 하려면 index.Rmd 파일에 다음 내용을 추가해야 한다.

```
site: bookdown::bookdown_site
```

결론적으로 index.Rmd 파일은 다음과 같이 된다.

```
---
title: "My First Book"
author: "SBKo"
knit: bookdown::render_book
site: bookdown::bookdown_site
---
```

그런 다음 knit: bookdown::render_book은 삭제해도 좋다. 왜냐하면 site: bookdown::bookdown_site 함수가 `render_book()` 함수를 내부에서 실행하기 때문이다.

12. 이렇게 빌드 시스템을 추가하면 RStduio 통합개발환경에서 build 창이 추가된다. 추가되지 않으면 프로젝트를 다시 열면 된다. 여기에서 버튼을 사용하여 책을 앞으로 빌드할 수 있다.

중요한 역할을 하는 세 가지 파일

bookdown을 사용하여 책을 만들 때는 다음 세 가지 파일로 시작한다. 핵심 역할은 다음과 같다.

1. _bookdown.yml: 전체 프로젝트에 관한 사항, 파일 순서 등을 비롯한 bookdown 패키지에서 정해 놓은 사항들을 설정한다.
2. index.Rmd: YAML 헤더에 팬독과 관련한 필드를 정의한다.
3. _output.yml: bookdown::gitbook 등 파일 출력 포맷과 그 세부 내용을 지정한다.

_bookdown.yml: 전체 프로젝트 정의

_bookdown.yml에서 다음과 같은 내용들을 정의한다.

- book_filename: bookdown 패키지는 책에 사용되는 모든 .Rmd 파일들을 하나로 머징한 후 이를 책으로 렌더링한다. 머징되는 파일 이름을 정하는 것이다. 별도로 정하지 않으면 디폴트는 _main.Rmd이다.
- before_chapter_script: 각각의 .Rmd 파일을 니팅할 때 사용하게 될 R 스크립트 파일을 지정한다. 하나 이상 설정할 수 있다.
- after_chapter_script: 각 장이 끝나고 난 후에 실행되게 하는 스크립트를 정한다.
- output_dir: 렌더링된 출력물을 보낼 디렉터리를 정한다.
- rmd_files: 파일들의 렌더링 순서를 정한다.

```
rmd_files: ["index.Rmd", "intro.Rmd", "aboutR.Rmd"]
```

HTML과 PDF 책을 동시에 렌더링할 때는 이들을 별도로 정의할 수 있다. html, latex라는 서브 필드를 사용한다.

```
rmd_files:
html: ["index.Rmd", "intro.Rmd", "aboutR.Rmd"]
latex: ["preface.Rmd", "intro.Rmd"]
```

- new_session: yes: 북다운^{bookdown} 패키지의 render_book() 함수는 디폴트로 프로젝트에 있는 .Rmd 파일들을 하나로 머징한 후에 하나의 R 세션에서 실행하고 렌더링한다. 이 필드는 이런 디폴트를 없애고 파일마다 새로운 세션에서 실행하고 싶은 경우에 사용한다.

표 17.1 _bookdown.yml에서의 설정

필드	효과
book_filename	머징될 .Rmd 파일 이름
output_dir	렌더링될 출력물이 보관될 디렉터리
rmd_files	책의 내용을 구성하는 .Rmd 파일들

필드	효과
new_session	true로 주면 각 장을 새로운 R 세션으로 실행
before_chapter_script	각 챕터 렌더링 전에 실행될 R 코드
after_chapter_script	각 챕터 렌더링 후에 실행될 R 코드

index.Rmd 파일의 YAML 헤더

index.Rmd 파일은 북다운 파일들을 렌더링할 때 가장 우선적으로 렌더링 대상이 되는 파일이다. .Rmd 파일에서 팬독^{Pandoc}과 관련된 내용들을 YAML 헤더에 정의한 다. 제목, 저자, 날짜 등을 지정할 수 있다.

그리고 또 중요한 것은 knit 필드에 bookdown::render_book을 지정하는 것이다. 이 필드의 역할은 RStudio의 편집 창 상단의 Knit 버튼과 북다운의 `render_book()` 함수를 연결시키고, 복수의 파일들을 모아 하나의 책으로 렌더링하는 것이다. 또는 이것 대신 site: boodkown::bookdown_site를 지정하여 빌드 시스템을 추가한다. 둘이 같이 있어도 문제가 없다. 다음은 이에 대한 예다.

```
---
title: "책 만들기"
author: "SBKo"
knit: "bookdown::render_book"
site: bookdown::bookdown_site
---
```

_output.yml에서 출력 포맷 결정

앞의 예에서는 북다운 패키지가 제공하는 책 출력 포맷에서 gitbook만을 사용했 다. 북다운^{bookdown} 패키지가 제공하는 책 포맷은 기본적으로 (1) HTML, (2) PDF

(LaTeX), (3) 이북 포맷이 있다. 그리고 HTML 포맷에는 깃북^{GitBook}, 부트스트랩^{Bootstrp}, 터프티^{Tufte} 스타일이 있다. 각각의 스타일을 _output.yml에서 지정할 수 있는데, 스타일 지정법은 뒤에서 다시 설명한다.

```
bookdown::gitbook: default
```

알마크다운을 사용하여 작업할 때 출력 포맷 함수를 지정할 때, 알마크다운 패키지가 제공하는 템플릿을 사용할 때는 별도의 네임스페이스 연산자를 쓰지 않지만, 추가 패키지로 제공하는 템플릿을 사용할 때는 이와 같이 네임스페이스 연산자(::)를 사용한다.

북다운 패키지의 렌더링 과정의 이해

북다운 패키지는 프로젝트 디렉터리에 있는 모든 .Rmd 파일들을 모아 `render_book()` 함수를 통해 하나의 책으로 만들어 낸다. 기본 과정은 다음과 같다.

- 북다운은 index.Rmd 파일을 가장 먼저 렌더링하고, 이후 파일 이름(오름차순)을 가지고 순차적으로 렌더링한다. 따라서 01-intro.Rmd가 02-overview.Rmd보다 먼저 렌더링된다. 이런 행동은 _bookdown.yml 파일에서 rmd_files: 필드를 사용하여 재설정할 수 있다.[1] 또 다음과 같이 하면 HTML과 PDF 책에서 사용될 파일들과 그 순서를 별도로 정의할 수 있다.

  ```
  rmd_files:
      html: ["index.Rmd", "abstract.Rmd", "intro.Rmd"]
      latex: ["abstract.Rmd", "intro.Rmd"]
  ```

---

1 보통 이 방법을 쓴다.

444

- 북다운은 언더스코어(_)로 시작되는 파일을 렌더링에서 제외한다. 그렇기 때문에 _bookdown.yml과 _output.yml 파일은 렌더링되지 않는다.
- 북다운은 전체 .Rmd 파일들을 머징한 후 하나의 R 세션을 가지고 니팅한다. 이런 사실에서 주의할 부분은 '청크들의 레이블'이다. 같은 이름의 청크가 있는 경우에는 문서 렌더링 과정에서 오류를 일으키기 때문이다. 만약 각각의 .Rmd가 독립적인 R 세션에서 실행되게 만들고 싶은 경우에는 _bookdown.yml에서 new_session: true를 설정해야 한다.
- 이 과정을 전체적으로 조율하는 것이 `bookdown::render_book()` 함수이고, RStudio 통합개발환경에서 Knit 버튼을 클릭했을 때 이 함수가 실행된다. 파일 하나만 있는 경우에는 이 함수로 충분할 수 있는데, 보통은 장별로 하나의 파일을 사용하여 여러 개의 파일로 작업한다. 이런 복수의 파일을 하나의 북다운 북으로 만들 때는 `bookdown_site()` 함수를 사용해야 한다. 이 함수를 사용하도록 지시하기 위해서는 첫 번째 파일(보통은 index.Rmd)의 YAML 헤더에서 다음과 같은 내용을 적어 놓는다.

```
site: bookdown::bookdown_site
```

다음은 전형적인 첫 번째 파일에서 YAML이다. https://bookdown.org/yihui/bookdown/usage.html#fnref1에서 인용했다. 이 경우에는 출력 포맷을 output: 필드로 사용했다. 이 경우에는 굳이 _output.yml 파일이 필요 없게 된다.

```
---
title: "Authoring A Book with R Markdown"
author: "Yihui Xie"
date: "2016-12-06"
site: "bookdown::bookdown_site"
output:
  bookdown::gitbook: default
documentclass: book
bibliography: ["book.bib", "packages.bib"]
```

```
biblio-style: apalike
link-citations: yes
---
```

책에 들어가는 콘텐츠

북다운을 사용하여 책을 만들 때 앞에서 배운 코드 청크와 그 결과물, 샤이니 앱, htmlwidgets 패밀리 패키지 등 모든 것을 포함시킬 수 있다. 여기에서 약간 주의할 부분들만 설명한다.

장절의 구성

index.Rmd 파일에서 knit: bookdown::render_book을 포함하는 YAML 헤더를 넣고, 제목, 저자명 등을 포함한다. 나머지 .Rmd 파일에는 YAML 헤더 없이 내용을 적어 나간다. 각각의 파일에서 #은 장의 제목으로 사용한다. 절은 ## 이하의 내용을 사용한다.

장절의 제목을 사용할 때, 특히 한글을 사용하는 경우에는 장절의 아이디를 부여해야 제대로 된 링크가 생성된다는 점에 유의해야 한다. 일반적으로 팬독이 제목을 가지고 자동으로 아이디를 만들려고 시도하는데, 한글 제목인 경우 이 아이디가 문제가 있을 수 있기 때문이다. 따라서 다음과 같은 형태로 아이디를 부여해야 한다.

```
# 깃북 만들기 연습 {#TryGitBook}
```

책의 형태이기 때문에 북다운에서 다음과 같은 특별한 헤더를 추가로 정의하여 사용한다.

- # (PART) Part I {-}: 책의 파트를 나누기 위한 문법
- # (APPENDIX) 부록 A {-}: 부록을 달기 위한 문법

가장 큰 헤더 #를 사용하고, 여기에 (PART) 와 (APPENDIX) 로 시작한 후 제목을 입력한다. 그리고 이것은 목차에 포함되지 않게 클래스를 {-}라고 지정했다. {-} 부분은 팬독에서 정의되어 있는 것으로, 이를 사용하는 제목은 목차에 포함시키지 않아야 한다. 이를 앞의 예에 적용해 보면 다음과 같다.

part1.Rmd 파일을 만들고 다음을 입력한다.

```
# (PART) part I 연습장 {-}
```

appendix.Rmd 파일을 만든 후 다음을 입력한다.

```
# (APPENDIX) 부록 A {-}
```

이 파일들을 _bookdown.yml 파일의 rmd_files 필드 값에 넣는다. 예를 들면 다음과 같다.

```
rmd_files: ["index.Rmd", "part1.Rmd", "intro.Rmd", "appendix.Rmd", "rmd_
gitbook.Rmd"]
```

이렇게 렌더링한 결과는 다음 그림과 같다. 부록인 경우에는 그 이하의 내용들의 장절 번호가 사라진다.

그림 17.4 파트와 부록 지정하기

상호 참조 만들기

장절의 번호는 물론 그림이나 표 번호들이 순차적으로 부여되는 책이 있다고 가정해 보자. 이번에는 이를 렌더링하는 방법을 알아보자.

그림에 대한 상호 참조

우선 그림에 대해 알아보자. 그림에는 R 코드가 생성하는 것과 외부 이미지 등을 불러 오는 것이 있다.

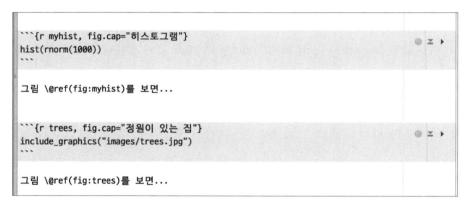

그림 17.5 그림에 대한 캡션, 코드 청크 레이블

그림 17.5에서 보는 바와 같이 그림에 대한 상호 참조를 만들 때는 우선 그림에 대한 캡션을 주어야 한다. 이는 니터 패키지의 fig.cap이라는 청크 옵션을 사용한다. fig.cap이라는 옵션을 주면 내부적으로 그림에 대해서 fig:⟨청크레이블⟩이라는 참조를 생성하게 되고, 이는 \@ref(그림 참조)(나는 이것을 "앳-레프"라고 읽는다.)의 형태로 접근할 수 있으며, 자동으로 번호가 부여된다.

위에서 myhist의 청크가 생성하는 플롯은 fig:myhist로 trees라는 청크에서 불러온 이미지의 경우, fig:trees라는 참조를 생성하게 되고, 이것을 지목하기 위해 \@

ref(fig:myhist), \@ref(fig:trees)로 접근하면 해당 위치에 다른 번호를 얻을 수 있다.

표에 대한 상호 참조

표는 가급적 니터의 kable() 함수를 사용하여 만드는 것이 좋다. 이 함수의 caption이라는 옵션을 사용하여 표를 만들면, 그림에서 본 것과 비슷하게 tab:으로 시작하는 참조를 가진다. 다음 그림을 살펴보자.

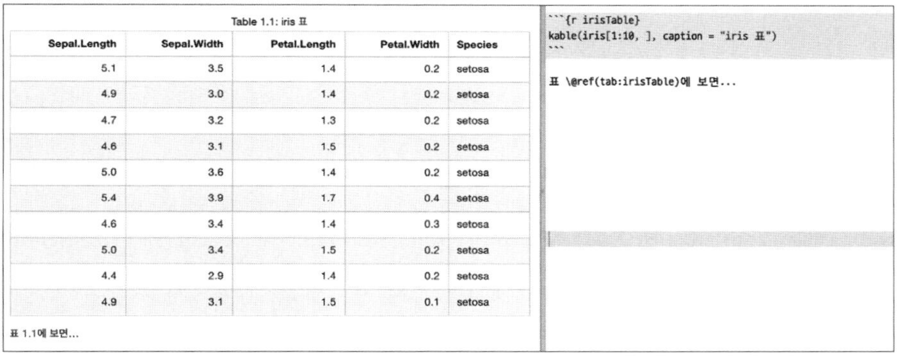

Table 1.1: iris 표

Sepal.Length	Sepal.Width	Petal.Length	Petal.Width	Species
5.1	3.5	1.4	0.2	setosa
4.9	3.0	1.4	0.2	setosa
4.7	3.2	1.3	0.2	setosa
4.6	3.1	1.5	0.2	setosa
5.0	3.6	1.4	0.2	setosa
5.4	3.9	1.7	0.4	setosa
4.6	3.4	1.4	0.3	setosa
5.0	3.4	1.5	0.2	setosa
4.4	2.9	1.4	0.2	setosa
4.9	3.1	1.5	0.1	setosa

표 1.1에 보면...

```
```{r irisTable}
kable(iris[1:10, ], caption = "iris 표")
```

표 \@ref(tab:irisTable)에 보면...
```

그림 17.6 표에 대한 상호 참조

먼저 kable() 함수를 사용하는 코드 청크의 레이블을 주었다. 이 경우에는 irisTable이라고 했다. 그런 다음 kable() 함수에 caption 옵션을 사용하여 캡션을 지정했다. 이렇게 하면 이 표에 대한 참조가 tab:irisTable이 된다. 그래서 이것은 \@ref(tab:irisTable)로 접근할 수 있다.

kable() 함수가 아닌 다른 함수들을 사용하여 표를 만드는 경우도 있다. 이 부분은 https://bookdown.org/yihui/bookdown/tables.html을 참고하기 바란다.

다른 장, 절에 대한 상호 참조

"2.1 절을 보면..."과 같이 장, 절의 번호로 상호 참조할 수 있도록 하는 방법도 위의 그림, 표와 거의 유사하다. 정확한 위치를 찾을 수 있기 위해서는 장절의 아이디가 부여되어야 한다. 앞에서 한글을 사용할 때 아이디를 꼭 붙여 사용할 것을 권한 적이 있다. 다음과 같이 제목이 되어 있다고 가정해 보자.

```
# 깃북 만들기 연습 {#TryGitBook}
```

이 경우에는 TryGitBook이 장절의 아이디가 된다. 이 부분을 가리킬 때 \@ref (TryGitBook)이라고 하면 이 부분의 해당 장절 번호로 디스플레이된다. 이때 주의할 점은 아이디 앞에 붙는 #은 사용하지 않는다는 점이다.

북다운에서 확장된 환경들과 상호 참조

북다운에서는 수식이나 정리, 정의 등 책에서 사용되는 부분들을 위해 확장된 환경들을 제공한다. 그리고 그런 환경들에 접근하는 방법들을 가지고 있다. 기본적으로는 앞에서 소개한 방법들과 비슷하다.

자세한 것은 https://bookdown.org/yihui/bookdown/markdown-extensions-by-bookdown.html#theorems를 참고하기 바란다.

국제화

북다운에서 디폴트 캡션은 표인 경우에 Figure 2.1, 표인 경우에 Table 1.1 등으로 시작하게 된다. 한글을 사용하는 우리로서는 그림 2.1, 표 1.1 등으로 시작하게 만들고 싶을 것이다.

이렇게 하기 위해서는 _bookdown.yml 파일에 다음과 같이 지정해야 한다.

```
language:
  label:
    fig: '그림 '
    tab: '표 '
    eq: 'Equation '
    thm: 'Theorem '
    lem: 'Lemma '
    def: 'Definition '
    cor: 'Corollary '
    prp: 'Proposition '
    ex: 'Example '
    proof: 'Proof. '
    remark: 'Remark. '
```

만약 다른 환경에서도 비슷한 효과를 가지게 하기 위해서는 해당 내용을 바꿔야
한다.

책의 출력 포맷

북다운 패키지로 다양한 포맷의 책을 만들 수 있다. 기본적으로는 HTML, PDF
(LaTeX), 이북 형태로 만들 수 있다.

index.Rmd 파일의 YAML 헤더의 output: 필드를 사용할 수도 있고, _outout.yml에
서 지정할 수도 있다. 후자를 권한다.

북다운 패키지가 제공하는 북 포맷에는 여러 개가 있지만, 여기서는 깃북만 소개하려
고 한다. 나머지는 북다운 공식 설명서 https://bookdown.org/yihui/bookdown/을
참고하기 바란다.

깃북 스타일

깃북 스타일은 프렌드코드라는 회사(https://www.gitbook.com)에서 만든 GitBook 이라는 프로젝트를 기반으로 이 책에서 소개하는 알마크다운 등에서 사용할 수 있 도록 바꾼 것이다. 이 도구는 자바스크립트 npm 패키지 등으로도 나와 있기도 하 고 데스크톱용으로 출시되어 있어서 아무나 사용할 수 있다. 북다운은 이런 깃북에 다음과 같은 기능을 추가했다.

- 알마크다운을 사용할 수 있다.
- 표현이 풍부한 팬독 마크다운을 사용하여 기술할 수 있다.
- 샤이니 앱이나 htmlwidgets 등의 다이내믹 콘텐츠를 쉽게 넣을 수 있다.

깃북 스타일의 책을 만들 때는 bookdown::gitbook이라는 출력 포맷을 사용한다. 이전에 rmarkdown 패키지에 설명했던 것과 마찬가지로 이것을 설정하는 함수는 gitbook()인데, 다음과 같은 형태를 사용한다.

```
gitbook(fig_caption = TRUE, number_sections = TRUE, self_contained =
FALSE, lib_dir = "libs", ..., split_by = c("chapter", "chapter+number",
"section", "section+number", "rmd", "none"), split_bib = TRUE, config =
list())
```

이 함수는 rmarkdown::html_document()을 기반으로 작성된 것으로, 여기에 명시 되지 않은 옵션(... 부분)은 html_document() 옵션들을 사용할 수 있다고 생각하면 된다. gitbook()에서 특이한 것은 split_by 옵션, split_bib, config과 같은 옵션이다.

- split_by 옵션은 하나의 책을 구성하는 여러 파일들을 어떻게 나눌 것인지 를 결정한다.
  - rmd: .Rmd 파일의 이름을 가지고 HTML 파일을 만든다.
  - none: 분리하지 않고 하나의 HTML 파일로 만든다.
  - chapter: 첫 헤더 레벨로 파일을 분리

- section: 두 번째 헤더 레벨로 파일을 분리
  - chapter+number, section+number: 번호를 부여하여 분리
- split_bib: 참고 문헌을 인용된 위치에 넣을지, 따로 떼어내 뒤에 넣을지 등을 결정한다.
- config 옵션은 렌더링된 깃북을 사용해 보면 알겠지만, 이 깃북의 여러 기능들을 조절한다. 이하에는 여러 가지 서브 옵션들이 존재한다.

다음은 config:의 서브 옵션들을 나열한 것이다.

```
bookdown::gitbook:
  config:
    toc:
      collapse: subsection
      scroll_highlight: true
      before: null
      after: null
    toolbar:
      position: fixed
    edit:
      link: null
      text: null
    download: null
    search: true
    fontsettings:
      theme: white
      family: sans
      size: 2
    sharing:
      facebook: yes
      twitter: yes
      google: no
      weibo: no
```

```
    instapper: no
    vk: no
    all: ['facebook', 'google', 'twitter', 'weibo', 'instapaper']
```

- **깃북의 목차**

  - toc 옵션: 목차를 조절한다.
    - collapse: 처음 로딩되었을 때 목차의 아이템을 감출지를 결정한다. subsection, section, none 또는 null 값을 가질 수 있다. collapse: section이라고 지정하면 섹션 이하를 감춘다. collaspe: none을 주면 모든 아이템을 보여 준다.
    - scroll_hightlight: 내용을 이동할 때 해당 장절이 하이라이트되도록 결정하는 것으로, 디폴트는 true다.
    - before, after: 목차의 전, 후에 HTML <li> 태그를 추가할 수 있다.

여기서 config의 서브 필드와 toc의 서브 필드인 before, after의 사용 예를 살펴보자.

```
bookdown::gitbook:
  config:
    toc:
      before: |
        <li>나의 첫 번째 깃북</li>
      after: |
        <li>다이내믹 문서</li>
```

그러면 다음과 같이 렌더링된다.

그림 17.7 목차의 전후에 필요한 내용을 적어 넣기

■ **깃북의 툴 바**

깃북은 다음과 같은 툴 바를 가지고 있다. 이런 툴 바를 사용하는 방법과 그 효과를 조절하는 방법을 설명한다.

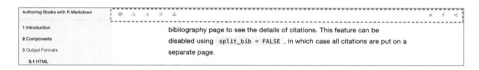

그림 17.8 깃북의 툴 바

툴 바의 위치는 config -> toolbar의 position이라는 옵션으로 지정할 수 있는데, 디폴트로 지정된 fixed를 그대로 사용하는 경우에는 콘텐츠를 스크롤해도 위치가 항상 위에 고정되어 보이도록 한다. 만약 static이면 스크롤할 때 사라진다.

툴 바의 첫 번째 버튼은 토글로 사이드 바를 보거나 가릴 때 사용한다. 브라우저의 단축키는 S다. 깃북의 장점 중 하나는 왼쪽의 사이드 바를 가리거나 대충 보던 위치를 기억하고 있다는 점이다.

툴 바의 두 번째 버튼은 검색을 위한 것으로 브라우저 단축키는 F다. 검색할 단어를 입력한 후 /아래 화살표로 찾아서 볼 수 있다. 검색 창의 밖에서 다시 F를 클릭하면 중단된다. 검색 기능을 없애고 싶은 경우에는 config의 하위 필드로 search: no를 사용한다.

세 번째 버튼은 폰트/테마를 설정한다. 사용해 보면 금방 알 수 있다.

위의 그림에서 보이는 네 번째 버튼은 edit, 다섯 번째 버튼은 download다. 그리고 오른쪽은 공유를 위한 버튼이다. 이 부분에 대한 것은 북다운 공식 문서를 참고하도록 한다.

bookdown.org 사이트

이런 식으로 만든 깃북은 북다운 사이트(https://bookdown.org)에 올려 쉽게 공유할 수 있다. 공유할 때는 `publish_book()`이라는 함수를 사용한다. 여기에는 설명하지 않았지만, 웹 사이트에 올리기 위해서는 추가로 필요한 옵션들이 있다. 이 부분은 https://bookdown.org/yihui/bookdown/html.html#gitbook-style 등을 참고하기 바란다.

다음은 bookdown.org에 올라온 책들을 캡처한 것이다. R에 대해 훌륭하게 쓰인 책이기도 하다. 또한 네 번째 edit 툴 바를 클릭하면 해당 책의 깃허브 사이트로 이동할 수 있는데, 깃북을 이용한 훌륭한 사례로 활용할 수 있을 것이다.

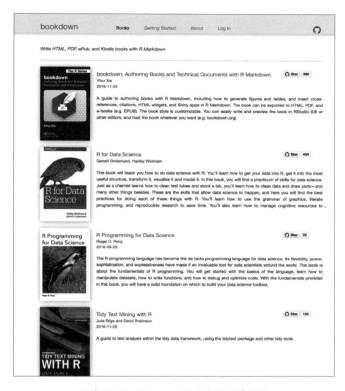

그림 17.9 bookdown.org의 사이트와 좋은 책들

정리

북다운 패키지는 깃북 등을 쉽게 만들 수 있게 해 준다. 여기에서는 깃북 자체에 대한 설명이 많았지만 이런 책 포맷에 앞에서 계속 설명된 R 코드뿐만 아니라 htmlwidgets 위젯 등과 같은 다이내믹 콘텐츠도 넣어 사용할 수 있다. 이 책을 쓰는 시점에서의 버전은 0.3으로, 앞으로도 계속 기능들이 추가될 것으로 기대한다.

# 5부

클라우드와 도커

18

클라우드 환경에서
R 사용하기

이 책을 읽는 독자들 중에는 웹 서버를 직접 다뤄 보지 않은 경우가 꽤 있을 것 같다. 이제 이런 웹 서버를 직접 다뤄 보려고 한다.

이 장에서는 디지털오션^{DigitalOcean}1 클라우드로 설명한다. 기업 단위의 크고 복잡한 데이터를 다루고, 뛰어난 성능을 발휘하기 위해서는 아마존 웹 서비스^{Amazon Web Service}나 마이크로소프트 애저^{Microsoft Azure} 등과 같은 클라우드가 좋지만, 소규모 작업, 특히 학습용으로는 디지털오션^{DigitalOcean}과 같은 서비스가 사용하기 간편하고 가격도 저렴하다. 디지털오션 사용에 대한 튜토리얼이 잘 구비되어 있다는 점도

---

1 https://www.digitalocean.com

마음에 든다. 필요하면 여기서 얻은 자신감을 가지고 언제든 더 나아갈 수 있으리라 생각한다.

여기서는 R과 재현 가능 저술 환경에 국한하여 가급적 기술적인 내용을 자제하고 처음 웹 서버를 사용하는 사람들이 쉽게 접근할 수 있도록 하는 데 집중하려고 한다. 이 장에서는 다음과 같이 디지털오션 가상 서버에서 R을 사용할 수 있는 환경을 만들고 활용하는 방법을 설명한다.

- 디지털오션 가상 서버 구성
- 서버에 서버용 R, RStudio Server, Shiny Server, nginx Server 설치하기

이 장에서 뭔가 해 보려고 할 때 시행착오를 많이 겪을 수 있을 것이다. 그래도 좌절하지 말고 여러 자료들을 찾으면서 하나씩 배워 나가면 많은 것을 배울 것이다. 먼저 밝혀 둘 것은 이 내용들은 서버를 다뤄 보지 않은 초보자들을 위한 것이므로 서버 보안 등과 같은 부분은 소개하지 않았다. 그래서 어디까지나 학습용으로 사용하기 바란다.

DigitalOcean 가입과 가상 서버 만들기

전체 과정을 요약해 보면 디지털오션 계정을 만들고, 디지털오션이 드롭플릿^{Droplet}이라 부르는 가상 서버를 구축한다. 드롭플릿이라는 것은 디지털오션의 가상 머신 컴퓨터이고, 우리는 여기에 원격으로 접속하여 필요한 일을 한다.

회원가입

먼저 DigitalOcean(https://www.digitalocean.com)에 접속하여 회원가입을 한다.

가상 서버(드롭플릿) 만들기

드롭플릿^{droploet}은 디지털오션에서 사용하는 용어로, 가상 서버를 말한다. 가상 서버인 드롭플릿을 구성하는 방법은 다음 사이트를 참고하기 바란다.

- https://www.digitalocean.com/community/tutorials/how-to-create-your-first-digitalocean-droplet-virtual-server

디지털오션 사이트에서 Create Droplet이라는 버튼이 눈에 띈다.

그림 18.1 Create Droplet 버튼을 클릭하여 드롭플릿을 만든다.

이 버튼을 클릭하면 드롭플릿을 구성하는 사이트로 이동한다.

Hostname, Size, Region, Image 등을 선택하여 가상 서버를 구성할 수 있다.

1. Image: Ubuntu 16.04, x64를 선택한다. 64비트 16.04 버전의 우분투 리눅스를 설치하는 것이다.
2. Size: 사이트에서 권하는 간단한 형태인 월간 10달러짜리 정도이면 무난하다.
3. Region: 우리에게 가장 가까운 '싱가폴'을 선택한다.
4. Hostname: 디지털오션에서 사용할 이름으로 여러 가상 머신을 구성하는 경우 구별하는 역할을 한다. 사용하지 않아도 된다.

드롭플릿은 이런 내용으로 한 페이지 안에 정의할 수 있다.

그림 18.2 Droplet에서 사용한 OS, 크기, 데이터 센터 등을 선택한다.

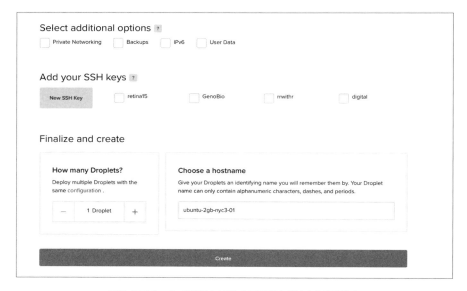

그림 18.3 Create 버튼을 누르면 드롭플릿이 생성되기 시작한다.

이렇게 선택한 후 페이지의 가장 아래쪽에 있는 Create Droplet 버튼을 누르면 1분 이내에 드롭플릿이 만들어지고, 회원가입 때 명시한 이메일로 해당 드롭플릿에 접근할 수 있는 정보를 보낸다.

그림 18.4 새로 생성된 드롭플릿

이제 새로 생성된 드롭플릿에 접근하려면 이메일로 받은 정보가 필요하다.

가상 서버에 로그인하기

가장 기초적인 방법으로 SSH^{secure shell}(시큐어 셸)를 사용하여 가상 서버에 로그인할 수 있는데, 다음 사이트를 참고하기 바란다.

- 디지털오션 가상 서버 로그인 방법
  - "How To Connect To Your Droplet with SSH"
  - https://www.digitalocean.com/community/tutorials/how-to-connect-to-your-droplet-with-ssh

실제로 접근할 때는 사용자의 이메일로 보내 준 드롭플릿의 IP 주소, 유저 이름 (root), 패스워드를 사용한다.

SSH를 사용하려면 SSH 클라이언트 프로그램이 있어야 한다. 맥과 리눅스 등 유닉스 계열의 컴퓨터에는 OpenSSH가 대부분 설치되어 있으므로 그대로 사용하면 되고, 윈도우의 경우에는 푸티^{PuTTY}라는 프로그램을 다운로드하여 사용하면 된다.

윈도우

윈도우에서 SSH를 사용하여 서버에 접근하기 위해서는 푸티[PuTTY]를 사용해야 한다. 다음 사이트에서 putty.exe를 다운로드한 후 putty.exe를 더블클릭한다.

- 푸티 다운로드 사이트: http://www.chiark.greenend.org.uk/~sgtatham/putty/download.html

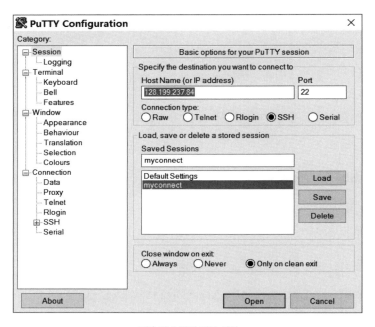

그림 18.5 푸티 기본 설정

그림과 같이 IP 주소를 입력하고, 디폴트로 설정된 22번 포트, 연결 타입은 SSH로 정한다. Saved Sessions에서 지금 설정한 내용을 저장하여 다음 번에 사용할 때 쓸 수 있다. 해당 내용을 더블클릭하면 된다.

처음 들어갈 때는 사용자명을 root로 하고, 패스워드는 이메일에서 보내 준 대로 입력하면 된다. 처음에 이 패스워드를 이용하여 들어가면, 패스워드를 바꿀 것인지 물을 것이다. 내용을 잘 읽은 후 현재의 패스워드를 입력하고, 새로운 패스워드, 새로

466

운 확인용 패스워드를 입력하면 된다. 다음에 들어갈 때는 root 사용자로 바뀐 패스워드를 사용하여 접근하면 된다.

맥, 리눅스

유닉스 계열의 컴퓨터에는 OpenSSH가 설치되어 있기 때문에 SSH를 바로 사용할 수 있다. 터미널에서 다음과 같이 실행한다. 이 역시 이메일의 내용을 보면서 작업한다.

```
$ ssh root@IP주소
```

만약 IP주소가 123.234.123.234이라면

```
$ ssh root@123.234.123.234
```

라고 하면 된다.

처음 들어갈 때는 사용자명을 root로 하고, 패스워드는 이메일에서 보내 준 대로 입력하면 된다. 처음 이 패스워드를 가지고 들어간 다음, 패스워드를 바꿀 것인지 물을 것이다. 내용을 잘 읽고 현재의 패스워드를 입력하고, 새로운 패스워드, 새로운 확인용 패스워드를 입력하면 된다. 다음에 들어갈 때는 root 사용자로 바뀐 패스워드를 사용하여 접근하면 된다.

그 다음에 할 일

이제 우리는 리눅스 계열의 우분투 서버를 가지게 되었고, SSH를 사용하여 로그인하는 방법도 알았다. 이제부터 공부를 많이 해야 한다.

우선 리눅스/우분투에 대한 지식이 필요하다. 나의 경우에는 다음 사이트의 자료들이 큰 도움이 되었다.

- 우분투 커맨드 라인(LinuxCommand.org): http://linuxcommand.org, 여기에서는 PDF 책도 다운로드할 수 있다.
- 디지털오션 리눅스 튜토리얼Linux Basics: https://www.digitalocean.com/community/tags/linux-basics?type=tutorials
- 디지털오션 커뮤니티: https://www.digitalocean.com/community/

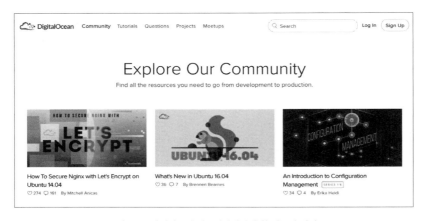

그림 18.6 디지털오션 커뮤니티에 유용한 자료가 많다.

다음은 우분투 서버를 사용하기 위한 최소한의 지식들이다.

사용자 계정과 권한 생성하기

리눅스를 다룰 때 가장 중요하게 신경 쓸 부분 중 하나가 사용자 계정이다. 리눅스/우분투는 유닉스 계열의 운영체계로, 사용자의 계정과 그 권한이 명확하게 정의되어 있어야 한다. 윈도우 GUI만 사용했던 독자라면 처음 이 부분이 헷갈릴 수 있으므로 잘 이해해야 한다. 다음 사이트들이 도움이 될 수 있다. 브라우저에서 제목으로 검색하는 것이 좋을 것이다.

- 디지털오션 우분투 계정 관리(How to Add and Delete Users on Ubuntu 16.04): https://www.digitalocean.com/community/tutorials/how-to-add-and

-delete-users-on-ubuntu-16-04

- 테크민트 사이트(The Complete Guide to "useradd" Command in Linux – 15 Practical Examples):http://www.tecmint.com/add-users-in-linux/, user add, adduser 등의 차이점 등이 잘 설명되어 있다.

앞에서 설명한 root 사용자는 모든 권한을 가지고 있으므로 아무런 제한 없이 패키지를 설치하거나 모든 파일을 삭제할 수 있다. 따라서 잘못 사용하는 경우에는 시스템을 모두 망가뜨릴 수 있다. 그래서 root 권한을 가지고 하는 작업은 최소화하는 것이 좋다. 그래서 보통은 다른 사용자 계정을 추가하고, 필요한 경우에 sudo를 통해 임시로 root 권한을 빌려 사용하는 것이 좋다. 사용자 계정을 추가할 때는 adduser 명령을 사용한다. 우분투에는 이와 비슷한 useradd 명령도 있는데, 이 부분은 구글링할 필요가 있다.

```
$ adduser sbko
```

이 명령을 실행하면 sbko라는 사용자가 사용할 패스워드를 물어온다. 패스워드를 제대로 입력하면 다음과 같은 내용들이 나타나는데, 굳이 입력할 필요는 없다. 엔터키를 누르고 나중에 Y를 입력한다.

```
Enter the new value, or press ENTER for the default
    Full Name []:
    Room Number []:
    Work Phone []:
    Home Phone []:
    Other []:
Is the information correct? [Y/n] Y
```

이렇게 하여 생성된 계정을 이용하면 시스템에 접근할 수는 있지만, 패키지를 다운로드하는 등과 같이 관리자 권한으로 할 수 있는 일은 불가능하다. 이 사용자에게 이러한 관리자 권한을 부여하기 위해서는 다음과 같이 해야 한다.

```
$ usermod -aG sudo sbko
```

또는 다음과 같이 해야 한다.

```
$ usermod -a -G subo sbko
```

이 명령은 sbko를 sudo라는 그룹(-G)에 추가(-a)한다. sudo라는 그룹은 명령을
실행할 때 앞에 sudo를 입력하면 루트의 권한을 행사할 수 있는 그룹을 의미한다.

명령 행에서 사용자를 바꾸기 위해서는 su <username>라는 명령을 사용해야 한다.
앞에서 만든 sbko로 바꾸기 위해서는 다음과 같이 해야 한다.

```
$ su - sbko
```

중간에 있는 - 옵션은 현재 상태를 다음 사용자에게 넘겨 주는 옵션이다. 사용자를
바꾸면 프롬프트도 따라서 바뀐다. 다음을 참고하기 바란다.

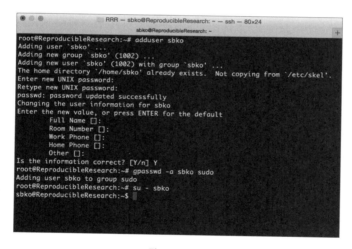

그림 18.7 su 명령

명령 행을 닫는 명령은 exit이다. 만약 여러 사용자 이름으로 우분투 서버에 접속했
다면 각각의 계정에서 실행할 필요가 있다.

```
$ exit
```

앞에서 sbko라는 사용자를 새로 추가했고, 이 사용자는 sudo 권한을 행사할 수 있는 그룹에 속해 있으므로, 다음에 우분투 서버에 접속할 때 이 사용자 계정을 사용하면 된다.

```
$ ssh sbko@128.199.110.131
```

우분투 파일의 소유와 접근 권한 설정

앞에서 사용자 계정을 추가하는 방법을 살펴보았다. 서버 컴퓨터는 여러 사람이 사용한다는 점을 항상 염두에 두어야 한다.

만약 계정이 sbko로 서버에 들어가면, 홈 디렉터리(보통 ~ 기호로 표시)에 /home/sbko가 할당된다. 만약 ksb1이라는 계정으로 들어가면 /home/ksb1 디렉터리가 홈 디렉터리가 된다.

이하의 내용에서는 sbko라는 계정으로 접근했다고 가정하고 모든 것을 설명한다. 즉, 이 사용자는 root 관리자는 아니지만 sudo 명령을 이용하여 관리자 권한을 발휘할 수 있는 사용자다.

우분투 패키지 관리

우분투에서 패키지라고 하는 것은 일반 컴퓨터에서의 어떤 소프트웨어라고 생각하면 된다. 우분투에서는 필요한 소프트웨어를 APT^Advanced Packaging Tool를 사용하여 관리하고, 설치 등은 apt-get, apt-cache와 같은 명령을 사용한다. 그리고 패키지 관리는 시스템의 /etc/apt/sources.list 파일에 기록되어 있는 소스 리스트와 밀접하게 상호작용하면서 작동한다. 이 파일은 우분투 패키지를 모아 놓은 다른 저장소에 대한 로컬 미러 데이터베이스라고 보면 된다.

여기서는 `apt-get update`, `apt-get install <pkg>`만 설명할 것인데, 자세한 내용은 다음 사이트를 참고하기 바란다.

- 패키지 관리 참고 사이트(How To Manage Packages In Ubuntu and Debian With Apt-Get & Apt-Cache): https://www.digitalocean.com/community/tutorials/how-to-manage-packages-in-ubuntu-and-debian-with-apt-get-apt-cache

패키지 관리와 관련된 것은 관리자 권한이 필요하다. 따라서 앞서 만든 sbko 계정을 사용할 때는 반드시 앞에 sudo를 붙여 실행해야 한다. 만약 sudo를 사용하지 않으면 권한 오류가 발생할 것이다.

```
$ sudo apt-get update
```

이 명령은 새로운 버전을 설치하는 것 같아 보이지만 전혀 그렇지 않다. 단지, 현재 컴퓨터에 있는 패키지에 대한 데이터베이스만을 업데이트한다. 따라서 처음 우분투에 들어가 반드시 한 번은 실행해 주는 것이 좋다.

어떤 패키지를 설치할 때는 다음과 같이 해야 한다.

```
$ sudo apt-get install <pkgname>
```

우분투와 관련된 패키지는 대부분 어떤 자료에서 읽고 파악하는 경우가 많지만, 가끔 자신이 필요한 것을 찾아 설치해야 하는 경우가 있다. 우분투 패키지는 다음 사이트에서 검색할 수 있다.

- 우분투 패키지 검색 사이트Ubuntu Packages Search: http://packages.ubuntu.com

나중에 레이텍에서 사용할 나눔폰트를 찾아 설치해 보자. 사이트에 nanum이라는 키워드를 입력하면 다음과 같은 패키지들이 검색된다.

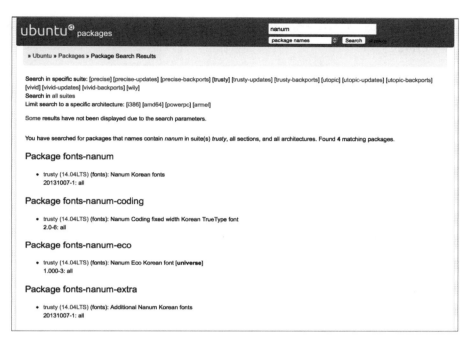

그림 18.8 우분투에서 나눔 폰트 찾기

fonts-nanum이라는 패키지가 보인다. 이를 설치하기 위해서는 다음과 같이 해야
한다.

```
$ sudo apt-get install fonts-nanum
```

우분투 가상 서버(드롭플릿)에 R과 R 패키지 설치

우분투 R의 설치에 대한 자세한 내용은 다음 사이트를 참고하기 바란다. 이는
CRAN에 대한 미러 사이트다.

- 우분투 R^{UBUNTU PACKAGES FOR R}: https://cran.rstudio.com/bin/linux/ubuntu/
  README.html

상황에 따라 잘 이해가 안 되는 경우에는 관련 내용을 정리한 다음 블로그를 참고하기 바란다.

- 디지털오션에 RStudio, Shiny 서버 만들기^{How to get your very own RStudio Server and Shiny Server with DigitalOcean}: http://deanattali.com/2015/05/09/setup-rstudio-shiny-server-digital-ocean/

먼저 다음 명령을 실행한다.

```
$ sudo sh -c 'echo "deb http://cran.rstudio.com/bin/linux/ubuntu trusty/"
>> /etc/apt/sources.list'
```

이 명령은 /etc/apt/sources.list 파일에 deb http://cran.rstudio.com/bin/linux/ubuntu trusty/라는 내용을 추가(>>)한다. vim과 같은 텍스트 에디터를 사용할 줄 안다면 /etc/apt/sources.list 파일을 열어 내용을 추가한 후에 저장해도 된다. 앞의 패키지 관리에서 잠깐 설명했지만, 이 사이트의 내용을 현재 컴퓨터에 데이터베이스에 등록해 놓는 것이라고 이해하면 된다.

다음은 공개 키를 등록한다. 보안과 관련된 것으로 자세한 것은 앞에서 소개한 R 사이트를 참고하기 바란다.

```
$ gpg --keyserver keyserver.ubuntu.com --recv-key E084DAB9
$ gpg -a --export E084DAB9 | sudo apt-key add -
```

이제 R을 설치할 준비가 다 되었다. 다음과 같이 실행한다. apt-get -y install ...에서 -y는 설치 과정에서 어떤 질문을 하는 경우, yes라고 생각하고 설치하라는 의미다.

```
$ sudo apt-get update
$ sudo apt-get -y install r-base
```

설치가 완료되면 명령 행에서 다음과 같이 하면 R이 실행된다. 리눅스에서는 대소 문자를 구분하기 때문에 반드시 대문자로 사용해야 한다.

```
$ R
```

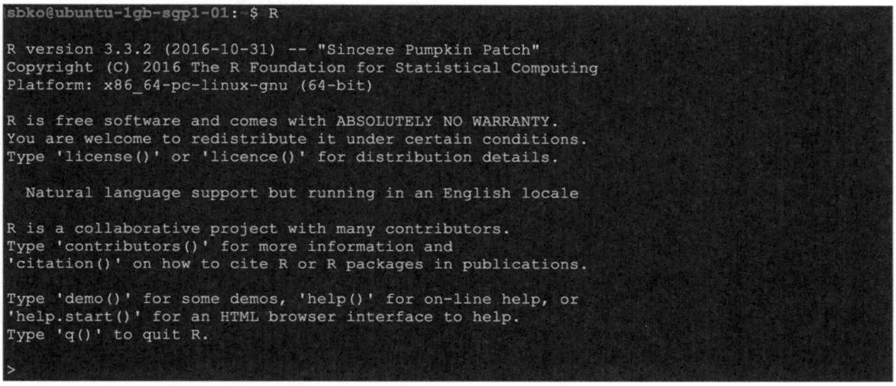

```
sbko@ubuntu-1gb-sgp1-01:~$ R

R version 3.3.2 (2016-10-31) -- "Sincere Pumpkin Patch"
Copyright (C) 2016 The R Foundation for Statistical Computing
Platform: x86_64-pc-linux-gnu (64-bit)

R is free software and comes with ABSOLUTELY NO WARRANTY.
You are welcome to redistribute it under certain conditions.
Type 'license()' or 'licence()' for distribution details.

  Natural language support but running in an English locale

R is a collaborative project with many contributors.
Type 'contributors()' for more information and
'citation()' on how to cite R or R packages in publications.

Type 'demo()' for some demos, 'help()' for on-line help, or
'help.start()' for an HTML browser interface to help.
Type 'q()' to quit R.

>
```

그림 18.9 우분투에서 R을 실행한 결과

종료하고자 할 때는 R 콘솔에서 q() 함수를 실행하면 된다.

이제 R 패키지를 설치해 볼 차례다. 서버 컴퓨터는 로컬 컴퓨터와 달리 여러 사용자들이 자신들의 계정을 가지고 공동으로 사용한다. 어떤 사용자가 들어와 설치한 패키지는 개인용 라이브러리 폴더에 저장되고, 그 자신만이 사용할 수 있다.

접속한 사람들이 모두 사용할 수 있도록 패키지를 설치해야 하는 경우도 있을 수 있다. 가장 간단한 방법은 root 유저로 R을 실행 R에서 install.packages() 함수를 사용하여 패키지를 설치하는 것이다.

또 패키지를 설치하다 보면 서버의 메모리가 적을 수 있는데, 이를 해결하는 방법은 http://deanattali.com/2015/05/09/setup-rstudio-shiny-server-digital-ocean/ 사이트를 참고하기 바란다.

```
$ sudo /bin/dd if=/dev/zero of=/var/swap.1 bs=1M count=1024
$ sudo /sbin/mkswap /var/swap.1
$ sudo /sbin/swapon /var/swap.1
$ sudo sh -c 'echo "/var/swap.1 swap swap defaults 0 0 " >> /etc/fstab'
```

다음 사이트에는 스왑을 추가하는 방법이 자세히 설명되어 있다.

- How To Add Swap on Ubuntu 14.04: https://www.digitalocean.com/
  community/tutorials/how-to-add-swap-on-ubuntu-14-04

이제 패키지 개발을 도와주는 devtools 패키지를 설치해 보자. 이 패키지 설치를 설명하는 이유는 가장 까다롭기 때문이다.

devtools 패키지는 우분투를 설정할 때 디폴트로 설치되는 C 라이브러리 이외에 통신 관련 라이브러리들이 필요하다. 이 패키지의 install_github() 함수만 생각해 보더라도 깃허브 사이트에 접속하여 콘텐츠를 끌고 온다고 있을 것이다. devtools는 네트워크에 필요한 라이브러리들에 의존하기 때문에 실험해 보면 알겠지만 이 라이브러리들이 설치되지 않은 경우에는 R에서 설치되지 않는다.

먼저 명령 행에서 다음과 같은 라이브러리를 차례대로 설치한다.

```
$ sudo apt-get -y install libcurl4-gnutls-dev
$ sudo apt-get -y install libxml2-dev
$ sudo apt-get -y install libssl-dev
```

설치를 마치면, 접속하는 모든 사용자들이 devtools 패키지를 사용할 수 있도록 다음과 같이 실행해 본다.

사용자를 su root를 실행하여 루트 사용자로 바꾼 후 R을 실행한다(R). R 콘솔에서 다음과 같은 함수를 실행한다. 헷갈리지 않도록 R 콘솔을 R>로 표시했다.

```
R> install.packages("devtools")
```

전체 설치하는 데는 시간이 꽤 걸릴 것이다. 설치가 완료되면 shiny, knitr, rmark down, ggplot2와 같은 패키지도 설치해 보자.

```
R> install.packages(c("shiny", "knitr", "rmarkdown", "ggplot2"))
```

설치를 마치면 R을 q()로 종료하여 su sbko로 사용자를 다시 바꿔 놓는다.

드롭플릿에 RStudio 서버, 레이텍, Shiny 서버 설치하기

흔히 서버라고 하면 큰 컴퓨터를 머릿속에 그려볼 수도 있겠지만, 서버는 다음 두 가지 의미를 가지고 있다.

- 서버 컴퓨터: 머리 속에 그려지는 하드웨어 컴퓨터
- 서버 프로그램: 서버 컴퓨터에서 작동하는 프로그램

서버는 맥락에 따라 서버 컴퓨터를 가리킬 수도 있고, 서버 프로그램을 가리킬 수도 있다. RStudio 서버, Shiny 서버 그리고 뒤에서 설명할 NGINX HTTP 서버는 모두 서버 프로그램을 말한다. 앞에서 만든 드롭플릿은 일종의 서버 컴퓨터라고 보면 된다.

이제 서버 컴퓨터에 서버 프로그램들을 설치해 보자.

RStudio Server 설치

우분투에서 R이 문제 없이 설치되었다면 이제 RStudio Server를 설치해 보자. RStudio Server 설치에 대한 정보는 RStduio의 아래 페이지에 나와 있는데, 여기를 보면서 설치한다.

- RStudio Server 설치 정보: https://www.rstudio.com/products/rstudio/download-server/

사이트에는 다음과 같은 명령들이 있는데, 이를 차례대로 실행한다(64비트를 선택했다고 가정한다). 사이트에서는 최신 버전을 설치하도록 할 것이므로 이 책과 다를 수 있다.

```
$ sudo apt-get install gdebi-core
$ wget https://download2.rstudio.org/rstudio-server-1.0.44-amd64.deb
$ sudo gdebi rstudio-server-1.0.44-amd64.deb
```

RStudio 서버 프로그램은 설치되자마자 바로 실행된다. 그래서 브라우저를 통해 RStudio Server에 들어갈 수 있다. 브라우저를 열고 앞의 이메일에서 받은 IP 주소를 사용하여 접근한다. 이 IP 주소를 브라우저 창에 붙이고, http:// 다음에 IP 주소를 쓰고, 끝에 :8787이라고 입력한다. 그 이유는 RStudio 서버의 포트 번호를 8787로 정해 놓고 배포하기 때문이다. 여기서 드롭플릿의 사용자명과 패스워드를 입력하면 RStudio Server에 들어갈 수 있다.

그림 18.10 실행된 RStudio 서버 프로그램: 우분투 사용자 이름과 패스워드를 사용하여 로그인한다.

root 계정이 아닌 계정으로 들어간 후 R 패키지를 인스톨하면 개인 라이브러리에 패키지가 저장된다. 만약 전체 사용자들을 위한 패키지들을 제공할 것이라면 root

계정으로 들어간다.

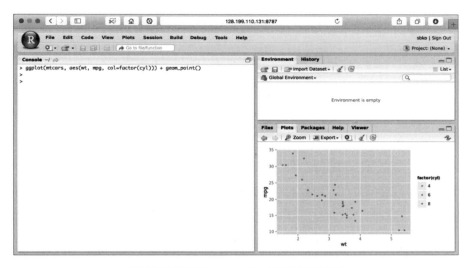

그림 18.11 로그인해서 ggplot2를 사용하여 작업해 본다.

세션을 종료할 때는 오른쪽 위의 빨간색 버튼을 클릭한다.

Shiny 서버 프로그램 설치

샤이니 서버는 다음 사이트를 보면서 설치한다.

- RStudio 샤이니 서버 설치 정보: https://www.rstudio.com/products/ shiny/download-server/

샤이니 서버가 작동하기 위해서는 shiny 패키지가 설치되어 있어야 한다. 그리고 이 패키지는 이 서버에 속하는 모든 사용자가 사용할 수 있게 해야 한다.

앞에서 루트 계정으로 shiny를 설치했다면 이 과정을 통과해도 좋다. 위 사이트에 보면 다음과 같은 방법으로도 설치할 수 있다고 나와 있다. 이 방법은 root 사용자로 R에 들어가 install.packages("shiny")를 실행하는 것과 같은 효과를 가진다.

자신이 선호하는 방법을 선택하면 된다.

```
$ sudo su - \
  -c  "R -e \"install.packages('shiny', repos='https://cran.rstudio.
  com/')\""
```

참고로 su - \의 백슬래시는 커맨드 라인에서 줄을 바꿀 때 사용하는 것이고, 큰따옴표 안에서 사용된 백슬래시는 "를 이스케이프하기 위해 사용하는 것이다.

다음 명령들을 명령 행에서 한 줄씩 차례대로 실행하여 샤이니 서버 프로그램을 설치한다. 앞에서와 마찬가지로 이 부분은 버전이 계속 업데이트되기 때문에 웹 사이트에서 명령을 복사하여 사용할 것을 권한다. 여기 적혀 있는 내용과 다를 수 있다.

```
$ sudo apt-get install gdebi-core
$ wget https://download3.rstudio.org/ubuntu-12.04/x86_64/shiny-server-
1.5.1.834-amd64.deb
$ sudo gdebi shiny-server-1.5.1.834-amd64.deb
```

만약 앞에서 RStudio 서버를 설치하면서 gdebi-core를 이미 설치했다면 첫 행을 실행하지 않아도 된다. 앞의 RStudio Server도 그렇지만 Shiny Server도 설치되자마자 이들 프로그램이 구동되게 만들어 놓았다.

설치가 완료되면, 웹 브라우저를 통해 샤이니 서버에 접속해 보자. 샤이니 서버의 디폴트 포트는 3838이다. 주소 창에서 http://128.199.110.131:3838과 같이 이메일로 보내 준 IP 주소 뒤에 :3838을 붙이면 된다. 이 화면은 .Rmd 파일에 샤이니 앱을 임베딩시킨 다이내믹 문서의 한 예다. 문서는 비교적 빨리 렌더링되지만, 앱은 시간이 좀 더 걸린다.

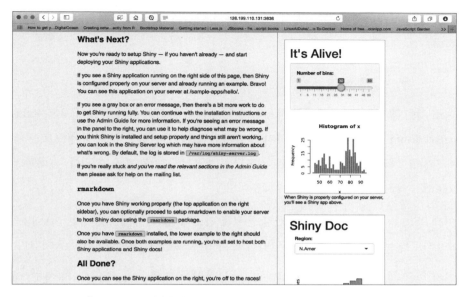

그림 18.12 Shiny 서버에 접근한 화면: 이 화면이 나타나면 제대로 설치된 것이다.

만약 샤이니 서버만을 설치하고 `shiny`, `rmarkdown` 패키지를 설치하지 않았다면 화면의 오른쪽 아래에 있는 앱에서 오류가 나타날 것이다. 이것은 .Rmd 파일에 포함된 샤이니 앱이기 때문에 .Rmd 파일을 컴파일하지 못하기 때문에 생기는 현상으로 `rmarkdown` 패키지를 설치하면 해결된다. 그런 경우라면 앞에서 설명한 방법으로 root 계정으로 로그인하여 패키지를 설치하면 된다.

레이텍 설치

우분투에 재현 가능 저술 환경을 만들어 보자. PDF 문서를 만들기 위해서는 레이텍이 필요하고, 한글을 사용하기 위해서는 ko.tex 패키지 등이 필요하다.

먼저 texlive를 설치한다. 레이텍은 양이 커서 시간이 걸린다.

```
$ sudo apt-get install texlive-full
```

만약 앞에서 나눔폰트를 설치하지 않았다면 다음과 같은 명령을 사용하여 설치한다.

```
$ sudo apt-get install fonts-nanum
```

이제 레이텍과 RStudio 서버를 사용하여 한글 문서를 시험 삼아 만들어 보자. knitr, rmarkdown 패키지 등을 설치하지 않았다면 앞에서 설명한 루트 계정으로 이들 패키지를 설치한다. 참고로 pandoc은 굳이 별도로 설치할 필요가 없다. 왜냐하면 RStudio Server에 내장되어 있기 때문이다.

이제 RStudio 서버를 사용하여 한글 문서를 만들어 보자. 앞에서 설명한 대로 IP주소:8787을 브라우저 주소 창에 입력하고 아이디/패스워드를 사용하여 들어간다.

먼저 한글 설정을 위한 파일을 하나 만든다. 파일 이름은 preamble.tex라 하고, 내용은 다음과 같이 썼다. 설치한 나눔 폰트에서 나눔 명조를 사용했다.

```
\usepackage{kotex}
\setmainfont{NanumMyeongjo}
\setmainhangulfont{NanumMyeongjo}
```

RStudio의 File | New File | R Markdown...을 선택하여 문서를 작성한다.

그리고 다음과 같이 YAML 헤더를 수정한다. 레이텍 엔진을 xelatex으로 사용하고, 한글 설정 파일을 읽어들인다.

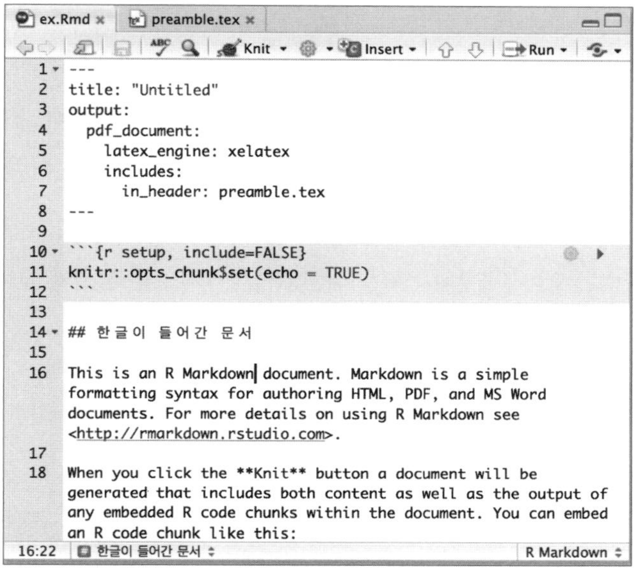

그림 18.13 한글 PDF 만들어 보기

다음 상단의 Knit 버튼을 누르면 된다.

참고로 워드 문서로 렌더링해 보기 바란다. 워드 문서를 렌더링하면 문서를 다운로드할 것인지를 묻는다. 예를 선택하면 렌더링된 문서가 로컬 컴퓨터에 다운로드된다.

가상 서버에 NGINX HTTP 서버 설치하기

우리가 인터넷에서 가장 많이 보는 웹 페이지는 HTTP Server에 의해 서빙되는 콘텐츠다. 보통 웹 서버라고 하면 이 HTTP Server를 의미한다. 여기서는 이것을 대용할 엔진엑스라는 웹 서버 프로그램을 설치해 보려고 한다. 앞에서 본 RStudio 또는 Shiny Server는 일반 웹 페이지라기보다 웹 애플리케이션에 해당하기 때문에 이런 서버가 유리한 경우가 많다.

웹 브라우저에서 주소 창에 주소를 입력하는 것은 일종의 명령으로, HTTP 요청 request라고 부른다. HTTP 서버는 요청을 읽은 후 필요한 내용을 찾아 HTML 텍스트를 HTTP 반응response으로 보내 주면, 사용자는 브라우저를 통해 내용을 읽게 된다. 이제 우리의 가상 서버 컴퓨터에서 이런 역할을 하는 HTTP 서버를 설치하려고 하는 것이다.

다음과 같이 디지털오션 우분투 16.04에서 NGINX 서버를 설치해 보자.

먼저 nginx를 설치한다.

```
$ sudo apt-get update
$ sudo apt-get install nginx
```

엔진엑스가 설치되면 디폴트로 엔진엑스 HTTP 서버가 바로 구동되기 시작한다. 이메일에서 받은 IP 주소로 접근해 보자. 이를테면 웹 브라우저의 주소 창에 http://128.199.110.131를 입력하면, 디폴트로 설정된 페이지를 볼 수 있다.

그림 18.14 초기 엔진엑스에 접근한 화면

참고로 앞에서 샤이니 서버로 들어갈 때는 http://128.199.110.131:3838, RStudio 서버로 들어갈 때는 http://128.199.110.131:8787와 같이 끝에 :3838, :8787과 같은 포트 번호를 지정했는데, 여기서는 그러지 않다. 그 이유는 이 포트 번호를 지

정하지 않으면 :80을 디폴트로 사용하는 것이 관례이기 때문이다. 따라서 IP 주소 이후에 :80을 사용하지 않으면, 80을 포트 번호로 사용한다는 의미다. 대부분의 HTTP 서버가 이 관례를 따른다.

엔진엑스가 설치되고 나면 다음 파일, 디렉터리의 역할을 꼭 알고 있어야 한다. 먼저 엔진엑스의 설정에 관한 모든 파일들은 /etc/nginx 디렉터리에 들어간다. 보통 이 디렉터리 안에 nginx.conf 파일이 있게 되는데, 엔진엑스의 글로벌 설정을 정한다. 이 파일을 읽어 볼 필요는 있겠지만 사용자가 이 파일을 수정하는 일은 거의 없다. 엔진엑스에서 서버에 대한 설정은 /etc/nginx/sites-available 디렉터리에 있는 파일들에 작성하게 된다. 처음 엔진엑스를 설치했을 때 default라는 파일만 있게 된다. 이 파일은 잘 들여다볼 필요가 있다.

우분투에 내장되어 있는 에디터들이 있는데, 아마도 nano라는 에디터가 처음 접하는 분들에게 가장 쉬울 것이다. 명령 행에서 nano 파일 이름을 입력하면 실행된다. 이 경우에는 다음과 같이 한다. 들어가면 에디터 창 아래 메뉴를 위한 단축키들이 있으므로 사용하기 편리할 것이다.

```
$ cd /etc/nginx/sites-available
$ nano default
```

다음과 같은 행을 찾을 수 있을 것이다.

```
root /var/www/html;
```

이것은 /var/www/html 디렉터리를 루트로 사용한다는 의미다. 만약 우분투 14.04 버전에서 엔진엑스를 설치한 경우라면 이 디렉터리와 다를 것이다. 이 경우, default 파일을 열어 보면 그 위치를 알 수 있다.

이 디렉터리에 우리가 만든 .html 파일을 넣으면 서빙된다는 것을 의미한다. 이 서버 디렉터리에 파일들을 올리는 방법을 알아보자.

서버에 파일 올리기

우리가 만든 웹 페이지 또는 샤이니 앱을 서버로 올려 사용하고 싶은 경우, 어떻게든 서버로 콘텐츠를 올려놓아야 한다. 이렇게 파일을 전송할 때는 파일 전송 프로토콜을 사용하게 된다. 이에는 FTP, SCP, SFTP 등의 프로토콜이 있는데, S가 붙은 것은 콘텐츠가 보안이 유지된다는 것을 의미한다. 또 이런 프로토콜을 사용할 수 있게 도와주는 소프트웨어들이 많이 있다. 커맨드 라인 툴과 GUI를 지원하는 툴들이 있다.

앞에서 SSH 방법으로 가상 서버에 접근하는 법을 알아보았는데, 이와 비슷한 방법으로 파일을 올리는 방법은 유닉스 계열의 scp나 윈도우 계열의 WinSCP(https://winscp.net/eng/docs/lang:ko) 등을 사용하는 것이다. 이런 툴들은 커맨드 라인에 익숙하지 않은 사용자들에게는 다소 불편할 것이다.

그래서 GUI를 제공하는 비교적 간단한 도구로 FieZilla(https://filezilla-project.org)가 있다. FileZilla를 사용하여 디지털오션에 연결하는 방법은 다음에 사이트를 참고하기 바란다.

- 디지털오션과 FileZilla 사용하기: https://www.digitalocean.com/community/tutorials/how-to-use-filezilla-to-transfer-and-manage-files-securely-on-your-vps

이런 도구를 사용할 때 잊지말아야 할 것은 계정과 그 권한이다. 이를테면 샤이니 앱은 /srv/shiny-server라는 디렉터리에 올려놓아야 하는데, 여기에 파일을 올려놓기 위해서는 쓰기 권한이 있어야 한다. 리눅스의 chown 명령을 사용하여 권한 등을 설정할 수 있는데, 이런 저런 것들이 복잡하다면 처음 디지털오션 드롭프릿을 만들 때 부여된 root 계정을 사용하면 된다.

FileZilla를 사용하여 앞의 웹 사이트 만드는 방법을 설명하면서 만들었던 웹 사이트를 올려보자. FileZilla를 실행하면 다음과 같이 나온다.

그림 18.15 FileZilla 사용하기

가장 위쪽에서 IP 주소, 사용자명 root, root 계정의 패스워드, 포트는 22번을 선택하여 연결한다.

왼쪽은 로컬 컴퓨터의 위치, 오른쪽은 서버 컴퓨터의 디렉터리 위치를 맞추는데, NGINX 서버의 콘텐츠를 담는 /var/www/html 디렉터리를 선택한다.

그런 다음, 로컬 컴퓨터에서 올릴 파일들을 선택하고, 오른쪽을 클릭하여 업로드를 선택하면 끝난다.

과정을 마치고 나면 브라우저로 들어가보면 올린 콘텐츠를 볼 수 있을 것이다. 브라우저의 캐싱 기능으로 NGINX 환영 페이지만 보일 수도 있는데, 이 경우에는 방문 기록을 모두 삭제한 후에 다시 접근해 본다.

앞에서 웹 사이트를 만드는 방법을 소개했는데, 그 방법에 따르면 렌더링된 문서들이 _site 디렉터리에 모인다. 여기에 있는 파일들을 모두 이 방법을 사용하여 여기에 올리면 된다. 그림 18.16는 그런 예다.

그림 18.16 웹 사이트

도메인 구입과 네임 서버 설정

이 절에서 소개할 내용을 실행해 보기 위해서는 비용이 든다. 도메인 이름을 구입해야 하기 때문이다. 앞에는 우리는 128.199.110.131이라는 IP 주소를 계속 사용해 왔다. 인터넷을 사용할 때 지금까지 설명한 방법과 같이 직접 이 주소를 사용한 경험이 있는 독자는 많지 않을 것이다. 대부분 google.co.kr, naver.com과 같은 주소를 사용하여 서버스를 이용한다. 이렇게 IP 주소를 사람들이 알아보기 편하게 만든 것을 도메인^{domain}이라고 한다.

만약, 우리가 가진 IP 주소를 mySite.com이라는 도메인으로 사용하여 들어가게 하고 싶으면, IP 주소인 128.199.110.131과 mySite.com을 연결시켜 주어야 할 것이다. 그리고, 만약 다른 사람들이 이미 mySite.com이라는 도메인 이름을 사용하고 있다고 해서 이것을 사용할 수는 없다. 이런 것들을 관리하고, 실제로 우리가 도메인 이름을 입력했을 때 해당 IP 주소로 연결시켜 주는 서비스를 전달하는 업체들이 있다. 구글에서 도메인 등록이라는 키워드로 검색하면 회사들을 쉽게 찾을 수 있다.

그래서 가장 먼저 할 일은 이런 회사들을 통해 도메임 이름을 구매하여 확보하는 것이다.

나는 후이즈(http://whois.co.kr)라는 회사를 통해 rrwithr.com이라는 도메인 이름을 확보했다. 이제 원래의 IP 주소를 이 도메인 이름과 맞춰 줄 필요가 있다.

디지털오션 웹 사이트에서 드롭플릿^{Droplets} 메뉴를 클릭하면 드롭플릿이 있는 곳으로 안내된다. 해당 드롭플릿의 오른쪽에 있는 More라는 메뉴 안에서 Add a Domain을 선택한다. 빈칸에 구매한 도메인(rrwithr.com)을 입력한다. 그런 다음 Create Record 버튼을 누른다.

그림 18.17 Domain 칸에 구매한 도메인 이름을 적어 넣고, Create Record를 클릭한다.

다음 페이지의 상단에 있는 CNAME 탭을 선택한 후 다음과 같이 입력한다. 중요한 것은 두 번째 칸의 도메인 이름 끝에 마침표를 반드시 사용해야 한다는 점이다. 그런 다음, Create CNAME Record 버튼을 누른다.

그림 18.18 CNAME 만들기

그러면 다음 그림과 같이 될 것이다.

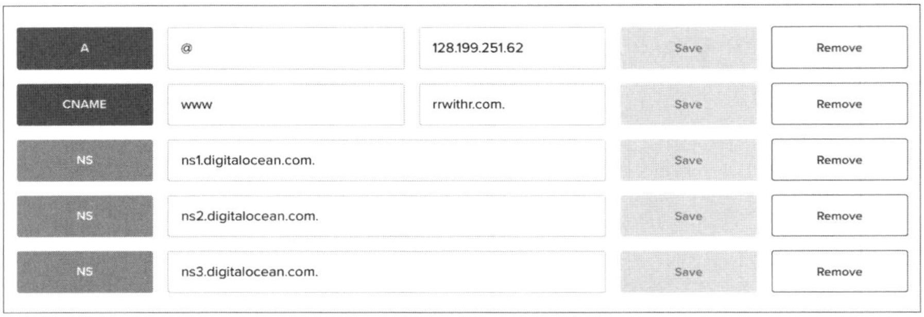

A	@	128.199.251.62	Save	Remove
CNAME	www	rrwithr.com.	Save	Remove
NS	ns1.digitalocean.com.		Save	Remove
NS	ns2.digitalocean.com.		Save	Remove
NS	ns3.digitalocean.com.		Save	Remove

그림 18.19 항목 완성

그 다음 작업은 도메인을 구입한 회사 사이트(나의 경우에는 "후이즈")에 의해 이뤄진다. 사이트에서 네임 서버를 지정하는 서비스를 찾을 수 있을 것이다. 예를 들어, '후이즈'라는 회사에는 다음과 같은 항목을 찾을 수 있다. 여기에 ns1.digitalocean.com, ns2.digitalocean.com, ns3.digitalocean.com을 차례대로 입력하면 된다. 등록한 도메인 이름으로 사이트를 사용할 수 있기까지는 몇 시간에서 하루, 이틀 정도 걸릴 수 있다.

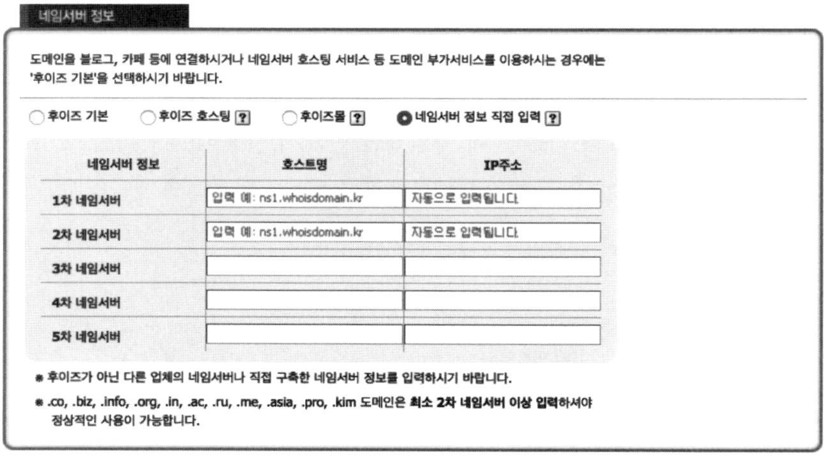

그림 18.20 whois의 네임 서버 정보 입력

나는 이와 같은 방법으로 만든 http://rrwithr.com이라는 사이트를 가지고 있다.

먼저 주소 창에 rrwithr.com만 입력한 경우다. 이 경우 디폴트 포트는 80이다.

그림 18.21 나의 웹 사이트

다음 rrwithr.com:8787을 주소 창에 입력하면 RStudio Server로 접근될 것이고, rrwithr.com:3838이라고 하면 Shiny Server로 접근될 것이다.

이렇게 DNS가 설정되면 이제는 직접 IP 주소를 사용할 필요가 없고, IP 주소가 들어갈 위치에 rrwithr.com을 사용하면 된다. SSH를 사용하는 경우는 다음과 같다.

```
$ ssh usrname@rrwithr.com
```

서버 프로그램들의 사용법

앞에서 우리는 가상 서버 컴퓨터에 엔진엑스 HTTP 서버, Shiny 서버, RStudio 서버 등 여러 서버들을 설치했다. 이런 서버를 제대로 사용하기 위해서는 이들을 관리하는 방법을 알아야 한다. 그 내용이 많지만 중요하다고 판단되는 내용만을 정리해 보았다.

RStudio 서버의 사용

가상 우분투 드롭플릿에서 RStudio 서버를 설치하면 디폴트로 RStudio 서버가 실행되기 때문에 웹 브라우저 주소 창에서 http://128.199.110.131:8787이라고 입력하면 RStudio로 접근할 수 있다.

우분투 드롭플릿에서 다음과 같은 명령으로 멈출 수 있다.

```
$ sudo rstudio-server stop
```

이렇게 중지한 RStudio 서버를 다시 가동하기 위해서는 다음과 같이 해야 한다.

```
$ sudo rstudio-server start
```

서버를 완전히 정지하지 않고, 설정 등을 수정한 후 수정한 내용을 반영할 때는 다음과 같이 restart라는 옵션을 사용한다.

```
$ sudo rstudio-server restart
```

현재 RStudio 서버의 상태를 확인할 때는 다음과 같이 해야 한다.

```
$ sudo rstudio-server status
```

시스템 보수 등을 목적으로 RStudio 서버를 오프라인으로 만들기 위해서는 다음과 같이 해야 한다.

```
$ sudo rstudio-server offline
```

오프라인 상태에서 RStudio 서버에 접근하면 다음과 같은 안내 화면을 볼 수 있다.

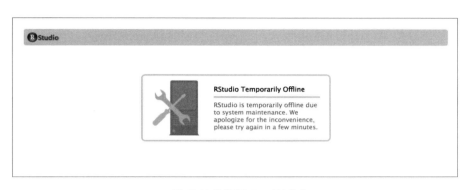

그림 18.22 일시적인 오프라인 상태

다시 온라인 상태로 만들 때는 다음과 같이 해야 한다.

```
$ sudo rstudio-server online
```

RStudio는 uid라고 부르는 리눅스 사용자 계정 번호 100번 이내에 있는 시스템 사용자 계정으로는 들어갈 수 없다. 루트 사용자는 uid가 0번으로 사용할 수 없다. 현재 로그인된 상태에서 id라는 명령을 실행하면 uid를 확인할 수 있다.

```
$ id
```

가상 서버에 사용자 등록은 앞에서 설명한 대로 adduser 명령을 사용하는데, 이 명령을 사용하면 uid가 100 이상의 값으로 부여되기 때문에 이 명령으로 등록한 사용자라면 RStudio 서버에 접속할 수 있다. 예를 들어 현재 sbko로 sudo 그룹에 속한 계정으로 접속된 상태라고 한다면 다음과 같은 방법을 사용하여 sbko2를 사용자로 등록할 수 있다.

```
$ sudo adduser sbko2
```

명령을 실행하면 우선 sbko의 패스워드를 묻는다. 따라서 sbko2 계정으로 사용할 패스워드를 지정할 필요가 있다. 이제 이 정보를 가진 RStudio Server에 접근할 수 있다.

만약 sbko라는 계정으로 RStudio에 들어가면, R의 워킹디렉터리가 /home/sbko로 설정된다. 만약 hotdog이라는 계정으로 접속하면 /home/hotdog 디렉터리가 워킹디렉터리가 된다.

RStudio에 들어가서 필요한 패키지를 다운로드하는 경우, 각 사용자들은 개인별로 만들어지는 패키지 라이브러리에 등록된다. 따라서 전체 사용자들에게 제공되는 패키지를 설치하는 경우에는 서버에 접속하여 앞에서 설명한 대로 루트 권한을 가진 상태로 패키지를 설치해야 한다.

- root 계정으로 R을 실행하여, R 콘솔에서 `install.packages()`을 실행
- 명령 행에서 `sudo su - -c "..."` 를 사용하여 패키지를 설치

RStudio 서버에 대한 설정은 다음 사이트를 참고하기 바란다.

- RStudio 서버 설정: https://support.rstudio.com/hc/en-us/articles/200552316-Configuring-the-Server

유닉스 계열 컴퓨터에서 /은 루트 디렉터리를 의미하고, 파일 경로가 /로 시작하면 절대 주소라는 것을 의미한다. 컴퓨터 설정과 관련된 파일들은 대부분 /etc 디렉터리에 있다.

위의 웹 사이트에서는 Rstudio 서버 설정과 관련된 파일을 디폴트로 만들어지지 않고 필요한 경우 직접 작성하여 사용한다고 되어 있는데, 바뀌었는지는 모르지만 글을 쓰는 지금은 해당 파일이 마련되어 있다.

- /etc/rstudio/rserver.conf
- /etc/rstudio/rsession.conf

필요한 설정이 있다면 해당 파일에 설정 값을 정해 주면 된다. 이렇게 설정을 바꾼 후에는 항상 다음과 같이 새로운 내용이 반영되도록 한다.

```
$ sudo rstudio-server restart
```

Shiny Server 관리

샤이니 서버를 설치하면 바로 실행되도록 디폴트가 설정되어 있다. 샤이니 서버를 중단하기 위해서는 다음과 같이 해야 한다.

```
$ sudo stop shiny-server
```

그리고 샤이니 서버를 시작하기 위해서는 다음과 같이 해야 한다.

```
$ sudo start shiny-server
```

설정 등을 바꾼 후 바꾼 내용이 반영되게 하려면 다음과 같이 해야 한다.

```
$ sudo restart shiny-server
```

샤이니 서버의 기본 설정은 /etc/shiny-server/shiny-server.conf 파일을 보면 된다. 우분투에서 다음과 같이 실행하면 내용을 볼 수 있다.

```
$ cat /etc/shiny-server/shiny-server.conf
```

그 내용은 다음과 같다.

```
# Instruct Shiny Server to run applications as the user "shiny"
run_as shiny;

# Define a server that listens on port 3838
server {
  listen 3838;

  # Define a location at the base URL
  location / {

    # Host the directory of Shiny Apps stored in this directory
```

```
  site_dir /srv/shiny-server;

  # Log all Shiny output to files in this directory
  log_dir /var/log/shiny-server;

  # When a user visits the base URL rather than a particular
application,
  # an index of the applications available in this directory will be
shown.
  directory_index on;
 }
}
```

설정을 보면 3838 포트를 사용하고, 디폴트 디렉터리는 /srv/shiny-server로 되어 있다. 그래서 웹 브라우저에서 http://128.199.110.131:3838이라고 입력하면 샤이니 사이트로 접근이 가능한 것이다. 우분투에서 이 페이지로 이동해 본다.

```
$ cd /srv/shiny-server
```

로컬 컴퓨터에서 샤이니 앱을 하나 개발하고 이것을 가상 서버에 올린다고 생각해 보자. 보통의 샤이니 앱은 기본적으로 하나의 디렉터리로 구성한다. 그래서 이 디렉터리를 /srv/shiny-server로 복사하면 된다. 만약, 이 디렉터리 이름이 myShinyApp(디렉터리 이름)이라고 했을 때, 복사한 후 웹 브라우저에서 http://128.199.110.131:3838/myShinyapp/이라고 입력하면 앱이 실행되는 것을 확인할 수 있다.

Shiny Server에서는 hello라는 앱이 들어 있는데 이것은 /srv/shiny-server/sample-apps/hello 디렉터리 안에 ui.R, server.R 파일이 있는 형태로 가지고 있다. 그래서 이것은 http://128.199.110.131:3838/sample-apps/hello/로 입력되면 실행이 가능하다.

알마크다운 문서(.Rmd)에 샤이니 앱을 포함시켜 인터랙티브 문서를 만들 수 있다는 것을 앞에서 설명했다. 이 경우에는 YAML 헤더에서 runtime: shiny라는 항목을 넣을 필요가 있다. 그래서 runtime: shiny가 들어 있는 .Rmd 문서를 샤이니 디렉터리에 옮겨 놓은 후 웹 브라우저에서 이 파일에 접근하면 .Rmd 파일이 자동으로 컴파일되면서 렌더링된 문서가 나타난다. 이 경우에는 ex.html 문서가 만들어지지 않고 바로 브라우저에 렌더링된 결과가 나타난다. 알마크다운 문서에 htmlwidgets 패밀리 패키지들을 사용하는 경우에 이런 방법을 사용하면 문서가 서버에서 렌더링할 때 시간이 너무 오래 걸리는 현상이 있으므로 주의해야 한다(이 경우에는 이 방법을 사용하지 않고, html로 완전히 렌더링한 후에 사용하는 것이 좋다).

샤이니 서버 관리와 관련된 문서는 http://docs.rstudio.com/shiny-server/ 사이트를 참고하기 바란다.

엔진엑스 HTTP 서버 관리

앞에서 HTTP 서버로 엔진엑스를 설치했다. 엔진엑스는 시스템에 설치하자마자 자동으로 정해진 디렉터리의 내용을 서빙하기 시작한다. 이렇게 사용자에게는 겉으로 드러나지 않으면서 작동하는 프로그램을 데몬daemon이라고 부른다. 어떤 컴퓨터에서 서버를 구동하는 프로그램들은 대부분 이렇게 데몬 방식으로 작동한다. 그래서 이런 프로그램들의 이름에는 끝에 d가 들어가는 경우가 많다.

서버 설정을 바꾸기 위해서는 nginx을 더 자세히 공부할 필요가 있으며, 인터넷이나 다음과 같은 책들을 보아야 한다.

- Nginx HTTP Server 한국어판(2011, 에이콘출판사)

데몬의 동작을 멈추게 하기 위해서, 즉 인터넷을 중단하기 위해서는 다음과 같은 명령을 사용해야 한다.

```
$ sudo service nginx stop
```

다시 시작하기 위해서는 다음 명령을 사용해야 한다.

```
$ sudo service nginx start
```

nginx의 설정들이 적용되게 하려면 다음과 같이 해야 한다.

```
$ sudo service nginx restart
```

엔진엑스로 리버스 프록시 설정

앞에서부터 지금까지 따라왔다면 현재 디지털오션의 드롭플릿에 3개의 서버 프로그램을 설치한 셈이다. 이를 그림으로 실펴보면 다음과 같다.

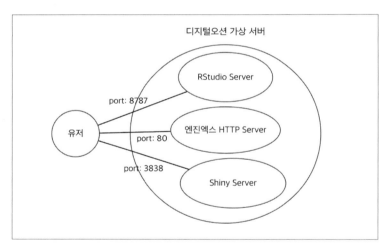

그림 18.23 현재까지의 서버 상태

웹 브라우저에서 rrwithr.com을 입력하면 nginx를 사용한 HTTP Server로 연결되고, rrwithr.com:8787은 RStudio Server로 연결되며, rrwithr.com:3838로 연결하면 Shiny Server로 연결된다.

nginx 서버 프로그램은 단순히 HTTP 서버 역할을 하는 것 이상의 것을 한다. 로드

분산기 역할을 할 수도 있고, 여기서 설명한 리버스 프록시 역할도 할 수 있다. 프록시란 무엇이고, 왜 사용하는지는 프록시서버 구축하기(http://www.joinc.co.kr/w/Site/System_management/Proxy)와 같은 블로그에 잘 정리되어 있다.

여기서는 rrwithr.com/rstudio나 rrwiwthr.com/shiny를 입력하면 해당 서버로 이동할 수 있도록, 엔진엑스를 가지고 리버스 프록시를 설정해 보려고 한다. 앞의 설정을 다음과 같은 모습으로 바꾼다고 보면 된다. 이런 경우 다음과 같다. 리버스 프록시를 만드는 것은 중간에 연결 지점을 하나 더 만드는 셈이 된다.

- http://rrwithr.com만 주소 창에 입력하면, 엔진엑스 HTTP 서버에 연결되어 웹 페이지로 연결된다.
- http://rrwithr.com/rstudio라고 하면, 먼저 HTTP 서버에 연결을 형성하고, 이것이 다시 로컬네트워크를 통해 RStudio 서버로 연결된다. http://rrwithr.com/shiny도 이와 마찬가지다.

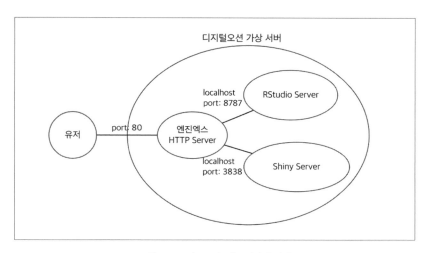

그림 18.24 바꾸고자 하는 서버의 상태

이와 관련된 내용은 다음 사이트에 자세하게 소개되어 있다.

- RStudio 서버에 대한 리버스 프록시 설정Running RStudio Server with a Proxy: https://support.rstudio.com/hc/en-us/articles/200552326-Configuring-the-Server/
- Shiny 서버에 대한 리버스 프록시 설정Running Shiny Server with a Proxy: https://support.rstudio.com/hc/en-us/articles/213733868-Running-Shiny-Server-with-a-Proxy

사이트에서는 아파치와 엔진엑스에 대한 방법이 모두 설명되어 있는데, 여기서는 엔진엑스만 설명한다.

엔진엑스가 설치되면 다음을 확인할 필요가 있다.

- /etc/nginx/nginx.conf: 엔진엑스에 관한 글로벌 설정
- /etc/nginx/sites-available/ 디렉터리, /etc/nginx/sites-enabled/ 디렉터리: 서버 블록에 대한 설정 파일들을 놓는다. /etc/nginx/sites-available/에 있는 파일에 대한 심볼릭 링크symbolic link를 /etc/nginx/sites-enabled/ 디렉터리 파일로 연결한다. 그래서 /etc/nginx/sites-available/에 있는 파일을 /etc/nginx/nginx.conf에서 읽게 된다.

처음 설치되었을 때 /etc/nginx/sites-available/default라는 파일이 제공되고, 여기에 대한 심볼릭 링크로 /etc/nginx/sites-available/default가 주어진다.

```
$ sudo nano /etc/nginx/sites-enabled/default
```

실제로 보면 다음과 같이 되어 있다. 우리는 이 파일을 내용을 추가해 보려고 한다.

```
##
# You should look at the following URL's in order to grasp a solid
understanding
# of Nginx configuration files in order to fully unleash the power of
Nginx.
```

```
# http://wiki.nginx.org/Pitfalls
# http://wiki.nginx.org/QuickStart
# http://wiki.nginx.org/Configuration
#
# Generally, you will want to move this file somewhere, and start with a
clean
# file but keep this around for reference. Or just disable in sites-
enabled.
#
# Please see /usr/share/doc/nginx-doc/examples/ for more detailed
examples.
##

# Default server configuration
#
server {
    listen 80 default_server;
    listen [::]:80 default_server;

    # SSL configuration
    #
    # listen 443 ssl default_server;
    # listen [::]:443 ssl default_server;
    #
    # Note: You should disable gzip for SSL traffic.
    # See: https://bugs.debian.org/773332
    #
    # Read up on ssl_ciphers to ensure a secure configuration.
    # See: https://bugs.debian.org/765782
    #
    # Self signed certs generated by the ssl-cert package
    # Don't use them in a production server!
    #
    # include snippets/snakeoil.conf;
```

```
        root /var/www/html;

        # Add index.php to the list if you are using PHP
        index index.html index.htm index.nginx-debian.html;

        server_name _;

        location / {
            # First attempt to serve request as file, then
            # as directory, then fall back to displaying a 404.
            try_files $uri $uri/ =404;
        }

        # pass the PHP scripts to FastCGI server listening on 127.0.0.1:9000
        #
        #location ~ \.php$ {
        #    include snippets/fastcgi-php.conf;
        #
        #    # With php7.0-cgi alone:
        #    fastcgi_pass 127.0.0.1:9000;
        #    # With php7.0-fpm:
        #    fastcgi_pass unix:/run/php/php7.0-fpm.sock;
        #}

        # deny access to .htaccess files, if Apache's document root
        # concurs with nginx's one
        #
        #location ~ /\.ht {
        #    deny all;
        #}
}


# Virtual Host configuration for example.com
#
# You can move that to a different file under sites-available/ and symlink
```

```
that
# to sites-enabled/ to enable it.
#
#server {
#    listen 80;
#    listen [::]:80;
#
#    server_name example.com;
#
#    root /var/www/example.com;
#    index index.html;
#
#    location / {
#        try_files $uri $uri/ =404;
#    }
#}
```

양은 많아 보이지만 대부분은 코멘트 처리되어 있다.

앞에서 소개한 Running RStudio Server with a Proxy 사이트에서 RStudio 서버 관련 내용은 다음과 같다.

```
http {

  map $http_upgrade $connection_upgrade {
      default upgrade;
      ''        close;
    }

  server {
    listen 80;

    location /rstudio/ {
      rewrite ^/rstudio/(.*)$ /$1 break;
      proxy_pass http://localhost:8787;
```

```
        proxy_redirect http://localhost:8787/ $scheme://$host/rstudio/;
        proxy_http_version 1.1;
        proxy_set_header Upgrade $http_upgrade;
        proxy_set_header Connection $connection_upgrade;
        proxy_read_timeout 20d;
    }
  }
}
```

Running Shiny Server with a Proxy에서 Shiny 서버 관련된 내용은 다음과 같다.

```
http {

  map $http_upgrade $connection_upgrade {
      default upgrade;
      ''       close;
  }

  server {
    listen 80;

    location /shiny/ {
      rewrite ^/shiny/(.*)$ /$1 break;
      proxy_pass http://localhost:3838;
      proxy_redirect http://localhost:3838/ $scheme://$host/shiny/;
      proxy_http_version 1.1;
      proxy_set_header Upgrade $http_upgrade;
      proxy_set_header Connection $connection_upgrade;
      proxy_read_timeout 20d;
    }
```

둘의 공통되는 부분이 있다. 이를테면 다음과 같은 부분은 중복된다.

```
  map $http_upgrade $connection_upgrade {
      default upgrade;
```

```
    ''        close;
    }
```

그래서 RStudio 서버와 Shiny 서버에 대한 내용을 종합해 보면 다음과 같이 정리된다. 이것을 노트 패드 등에 저장해 놓는다.

```
map $http_upgrade $connection_upgrade {
    default upgrade;
    ''        close;
  }

server {

        location /rstudio/ {
          rewrite ^/rstudio/(.*)$ /$1 break;
          proxy_pass http://localhost:8787;
          proxy_redirect http://localhost:8787/ $scheme://$host/rstudio/;
          proxy_http_version 1.1;
          proxy_set_header Upgrade $http_upgrade;
          proxy_set_header Connection $connection_upgrade;
          proxy_read_timeout 20d;
        }

        location /shiny/ {
          rewrite ^/shiny/(.*)$ /$1 break;
          proxy_pass http://localhost:3838;
          proxy_redirect http://localhost:3838/ $scheme://$host/shiny/;
          proxy_http_version 1.1;
          proxy_set_header Upgrade $http_upgrade;
          proxy_set_header Connection $connection_upgrade;
          proxy_read_timeout 20d;
        }
      }
```

그래서 default 파일에서 server {...} 밖에 다음 부분을 넣는다.

```
map $http_upgrade $connection_upgrade {
    default upgrade;
    ''        close;
  }
```

그리고 server 블록 안에 location 블록에 맞추어 위의 두 location 블록을 가져다
놓는다.

이 작업은 앞에서 파일 전송에 사용한 FileZilla를 사용할 수 있다. 파일을 찾은 다
음, 마우스 오른쪽을 클릭하여 과정을 진행한다.

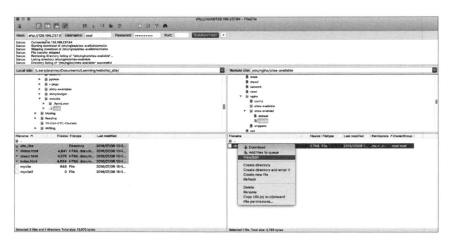

그림 18.25 FileZilla를 사용하여 올려놓기

최종적으로 default 파일은 다음과 같이 될 것이다.

```
##
# You should look at the following URL's in order to grasp a solid
understanding
# of Nginx configuration files in order to fully unleash the power of
Nginx.
# http://wiki.nginx.org/Pitfalls
# http://wiki.nginx.org/QuickStart
```

```
# http://wiki.nginx.org/Configuration
#
# Generally, you will want to move this file somewhere, and start with a
clean
# file but keep this around for reference. Or just disable in sites-
enabled.
#
# Please see /usr/share/doc/nginx-doc/examples/ for more detailed
examples.
##

# Default server configuration
#

map $http_upgrade $connection_upgrade {
    default upgrade;
    ''      close;
  }

server {
    listen 80 default_server;
    listen [::]:80 default_server;

    # SSL configuration
    #
    # listen 443 ssl default_server;
    # listen [::]:443 ssl default_server;
    #
    # Note: You should disable gzip for SSL traffic.
    # See: https://bugs.debian.org/773332
    #
    # Read up on ssl_ciphers to ensure a secure configuration.
    # See: https://bugs.debian.org/765782
    #
    # Self signed certs generated by the ssl-cert package
```

```
# Don't use them in a production server!
#
# include snippets/snakeoil.conf;

root /var/www/html;

# Add index.php to the list if you are using PHP
index index.html index.htm index.nginx-debian.html;

server_name _;

location / {
    # First attempt to serve request as file, then
    # as directory, then fall back to displaying a 404.
    try_files $uri $uri/ =404;
}


  location /rstudio/ {
  rewrite ^/rstudio/(.*)$ /$1 break;
  proxy_pass http://localhost:8787;
  proxy_redirect http://localhost:8787/ $scheme://$host/rstudio/;
  proxy_http_version 1.1;
  proxy_set_header Upgrade $http_upgrade;
  proxy_set_header Connection $connection_upgrade;
  proxy_read_timeout 20d;
}

location /shiny/ {
  rewrite ^/shiny/(.*)$ /$1 break;
  proxy_pass http://localhost:3838;
  proxy_redirect http://localhost:3838/ $scheme://$host/shiny/;
  proxy_http_version 1.1;
  proxy_set_header Upgrade $http_upgrade;
  proxy_set_header Connection $connection_upgrade;
  proxy_read_timeout 20d;
```

```
    }

    # pass the PHP scripts to FastCGI server listening on 127.0.0.1:9000
    #
    #location ~ \.php$ {
    #    include snippets/fastcgi-php.conf;
    #
    #    # With php7.0-cgi alone:
    #    fastcgi_pass 127.0.0.1:9000;
    #    # With php7.0-fpm:
    #    fastcgi_pass unix:/run/php/php7.0-fpm.sock;
    #}

    # deny access to .htaccess files, if Apache's document root
    # concurs with nginx's one
    #
    #location ~ /\.ht {
    #    deny all;
    #}
}


# Virtual Host configuration for example.com
#
# You can move that to a different file under sites-available/ and symlink
that
# to sites-enabled/ to enable it.
#
#server {
#    listen 80;
#    listen [::]:80;
#
#    server_name example.com;
#
#    root /var/www/example.com;
```

```
#    index index.html;
#
#    location / {
#        try_files $uri $uri/ =404;
#    }
#}
```

이렇게 해서 엔진엑스의 기본 설정을 바꾸었는데, 다시 실행하지 않으면 설정이 반
영되지 않는다. 따라서 서버에서 다음과 같은 명령을 실행해 주어야 한다.

```
$ sudo service nginx restart
```

rrwithr.com/rstudio라고 주소 창에 입력하면 RStudio 서버로 이동할 수 있다. 만
약 도메인을 구입하지 못한 경우에는 IP 주소를 입력하고 /rstudio를 붙여 접근한
다. 끝에 /shiny로 접근하면 샤이니 서버에 접근할 수 있다.

그림 18.26 정의된 라우트를 통해서 RStudio에 접근

510

정리

이 장에서는 디지털오션을 사용하여 가상서버에 R, RStudio Server, Shiny Server, nginx HTTP server 등을 만들어 보았다. 지면의 문제도 있고, 서버마다 처리해야 되는 문제도 다를 수 있으므로 이 정도로만 정리하려고 한다. 어떤 경우라도 여기에서 접하는 비슷한 문제들일 것이다.

여기서는 편의를 위해 root 계정을 마음대로 사용했고, 엔진엑스의 default 파일들을 직접 수정했다. 이는 어디까지나 학습을 위한 것이다. 웹은 보안이 굉장히 중요하다. 그래서 리눅스 서버 관련 지식들을 넓혀 나가면서 차츰 그런 것들을 사용하지 말 것을 권한다. 단지 된다는 것을 보여 주려고 했을 뿐, 보안에 대한 것들은 설명하지 않았다.

다음 장에서는 여기에서 배운 기초 내용을 바탕으로 도커^{docker}라는 도구를 소개하려고 한다. 이 장에서 배운 내용을 한 단계 업그레이드할 수 있을 것이다.

19

도커 환경에서
R, RStudio 사용

도커^{Docker1}는 리눅스 컨테이너^{container}에 기반을 둔 가상화 도구로, 컨테이너^{container}라고 불리는 작은 공간에 거의 완벽하게 고립된 환경을 구축할 수 있다. 이 책의 내용을 따라해 온 독자라면 R을 웹 또는 클라우드로 올려 사용하는 방법을 어느 정도 터득했거나 적어도 감을 가지고 있을 것이다. 도커는 이런 과정도 쉽게 수행할 수 있다.

이 장에서는 Docker에서 R 사용을 위한 rocker라는 프로젝트를 중심으로 설명한다. 나는 도커를 재현 가능 연구^{reproducible research} 중 하나라고 생각하기 때문에 한 번

---

1 https://www.docker.com

배워 보고 싶었다. 이 밖에도 도커를 배우는 것은 여러 가지 의미를 가진다.

- 로컬 컴퓨터에 도커를 구동하여 가상의 서버 환경을 만들고 여러 가지 것들을 테스트할 수 있다. 대부분의 서버가 리눅스를 사용하기 때문에 리눅스를 잘 모르는 경우, 로컬 컴퓨터에서 연습하거나 공부하는 데 도움이 된다.
- 많은 유명 클라우드 서버스들이 도커를 지원하기 때문에 어렵지 않게 도커의 사용 환경을 구축할 수 있다. 필요한 항목을 이용하여 만든 도커 이미지를 빠르고 가볍게 설치하여 사용할 수 있다.
- 재현 가능 저술이라는 입장에서 본다면 이는 '분석 플랫폼의 재현성'이라는 데 의미가 있다. .Rmd 파일로 데이터, 코드를 통한 분석 과정, 결과물의 재현 가능성을 넘어 사용된 계산 환경까지 재현할 수 있도록 해 주는 것이다.

가상화 도구로서의 도커는 여기에서 설명하는 것 외에도 다양한 응용 범위를 가지고 있다. 여기서는 R과 관련된 이미지들을 중심으로 설명하고, R 사용자들에게 도커라는 세계를 소개하는 것이 목적이다. 나와 같이 도커를 재현 가능 연구[reproducible research]의 툴로 보는 데 관심 있는 독자라면 다음 글을 읽어 보자.

- http://www.carlboettiger.info/2014/08/25/reproducible-research-environments-with-Docker.html
- http://melissagymrek.com/science/2014/08/29/docker-reproducible-research.html

도커(Docker) 배우기

도커 웹 사이트(https://www.docker.com)에 설치법과 사용법 등이 잘 나와 있다. 웹 사이트에는 "Getting Started with Docker"라는 버튼이 있는데, 이 버튼을 클릭하면 윈도우, 맥, 리눅스 등의 시스템에 맞는 튜토리얼을 볼 수 있다.

이후의 내용은 적어도 도커를 컴퓨터에 설치했다고 가정하고 설명한다.

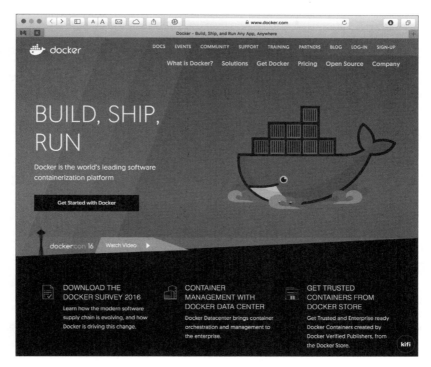

그림 19.1 docker.com에서 도커를 설치한 후에 기본 내용을 배울 수 있다.

여기에는 (1) 도커의 설치법, (2) 도커 컨테이너^{container}와 이미지^{images}의 개념, (3) 도커 허브 등을 통해 기존에 만든 도커 이미지를 사용하는 방법, (4) 도커 파일 ^{Dockerfile}을 사용하여 직접 도커 이미지를 만드는 방법, (5) 자신의 도커 이미지를 도커 허브 등에 올려 공유하는 방법들이 순서대로 설명되어 있다.

도커에 익숙해지기 위해서는 다음의 개념과 역할을 잘 이해하는 것이 필요하다.

- 도커 파일^{Dockerfile}: 소프트웨어를 설치하기 위한 배치 파일이라고 볼 수 있다. 운영 환경을 설치하고, 그 위에 필요한 프로그램들을 올려놓는 것과 비슷하다. 텍스트 파일을 작성한 후 이름을 Dockerfile이라고 한다.

- 도커 이미지$^{\text{dokcer image}}$: Dockerfile을 빌드하면 도커 이미지가 된다. 곧바로 실행하여 사용할 수 있는 상태라고 볼 수 있다. 사용자들은 도커 파일과 이 도커 이미지를 도커 허브$^{\text{Docker Hub}}$ 저장소로 올려 다른 사람들과 공유할 수 있다. 바로 해당 소프트웨어를 사용하는 경우에는 도커 이미지를 사용하고, 그 이전에 자신에 맞게 수정하여 사용하려면 도커 파일을 사용하는 경우가 많다.
- 도커 컨테이너$^{\text{docker container}}$: 도커 이미지를 실행시킨 하나의 인스턴스를 도커 컨테이너라고 부른다. 하나의 컴퓨터에서 하나의 도커 이미지를 가지고 여러 개의 도커 컨테이너를 실행할 수도 있고, 몇 개의 컨테이너를 묶어 소통하게 만들 수도 있다.

까다롭다고 느껴질 수 있는 개념

처음 도커를 사용하는 경우, 이해하기 어려운 개념을 몇 가지만 소개한다.

도커는 컨테이너를 실행할 때는(`docker runn` 명령을 사용한다) 소프트웨어가 다음과 같은 세 가지 타입으로 실행된다.

1. 전경으로 실행^{foreground}: 대부분 이 방법으로 실행된다. 다음과 같은 경우에 해당한다.

```
$ docker run ubuntu ls
```

2. 배경으로 실행^{background}, 데몬^{daemon}: 배경으로 실행된다. 배경으로 실행된다는 말은 입출력이 따로 없는 상태에서 계속 실행된다는 의미다. 이 경우에는 -d 또는 --detach 옵션을 사용한다. 서버, 데이터베이스와 같은 프로그램들을 실행할 때가 이에 해당한다.

```
$ docker run -d -p 8787:8787 rocker/rstudio
```

3. 인터랙티브 모드로 실행: R 콘솔과 같이 사용자와 입출력을 통해 인터랙션하면서 실행되는 형태다. 이 경우 -i 와 -t 옵션을 사용한다. 이를 합쳐 -it라고 해도 된다.

```
$ docker run -i -t rocker/r-base
```

도커를 구성하는 요소들 간의 소통은 대부분 HTTP 프로토콜(Web의 방식과 같은)을 사용하기 때문에 호스트 컴퓨터와 컨테이너 사이의 소통에서 포트port를 맞추는 것이 중요하다. 따라서 포트는 -p 옵션을 사용하여 정한다. -p 8787:8787은 호스트 머신의 포트 8787를 컨테이너 포트 8787로 맞춘다는 의미다. 콜론의 앞은 호스트, 뒤는 컨테이너라는 것을 기억해야 한다.

도커 컨테이너는 실행될 때만 한시적으로 존재하기 때문에 파일에 데이터를 저장하는 것이 무의미하다. 이 컨테이너는 마치 저장 장치가 없는 컴퓨터와 비슷하다고 볼 수 있다. 이를 극복하기 위해 volume이라는 개념을 사용하며, -v 옵션을 통해 볼륨을 마운트하여 사용한다. -v hostdir:containerdir 또한 콜론 앞은 호스트, 뒤는 컨테이너의 경로를 사용한다.

docker run 명령들과 사용되는 이 개념들은 중요하므로 잘 이해하고 있는 것이 좋다.

표 19.1 주요 docker run 옵션

옵션	설명
-i	인터랙티브 모드, 주로 -t와 같이 사용
-t	터미널 인터페이스, 주로 -i와 같이 사용
-p	포트, -p 〈host〉:〈port〉
-d	데몬 모드
-v	볼륨을 마운트
—rm	프로그램을 종료하면 컨테이너도 종료(앞에 하이픈이 2개)

rocker 프로젝트

rocker와 기본 도커 명령들

rocker는 R 관련 도커 이미지들을 제공하기 위한 프로젝트다. 다음 사이트를 참고하기 바란다.

- rocker 개발 깃허브: https://github.com/rocker-org/rocker
- rocker 위키: https://github.com/rocker-org/rocker/wiki

이 글을 쓰는 시점에서 rocker 프로젝트에서 지원하는 도커 파일과 도커 이미지는 다음과 같다.

- r-base: R과 기본 패키지만 있는 컨테이너
- r-devel: R과 기본 패키지, 개발 툴이 포함된 컨테이너
- rstudio: R, RStudio 서버
- shiny: R, Shiny 서버
- hadleyvers: R, RStudio 서버, 레이텍(영문)
- ropenscie: hadleyverse + rOpenScie 패키지들

이것들을 로컬 컴퓨터로 가져오려면 도커 커맨드라인 인터페이스에서 다음과 같이 docker pull이라는 명령을 사용한다. 이 명령을 실행하면 우선 로컬 컴퓨터에 해당 이미지가 있는지의 여부를 살펴보아야 한다. 있으면 그것을 사용하고, 없으면 도커 허브^{Docker Hub}(https://hub.docker.com)에서 다운로드한다.

```
$ docker pull rocker/r-base

$ docker pull rocker/rstudio

$ docker pull rocker/shiny
```

도커 이미지의 이름들은 이 경우와 같이 rocker/r-base를 사용하는데, 이는 '개발자/이미지 이름'이라는 뜻이다. 좀 더 자세히 지정하는 경우에는 태그를 사용할 수 있는데, 이 경우 개발자/이미지 이름:태그의 형태를 사용한다. 태그가 없는 경우에는 :latest가 사용되고 있다고 생각하면 된다.

도커 이미지들이 어떤 기능을 가지고 있는지 확인하기 위해서는 Dockerfile을 읽을 필요가 있다. Dockerfile들은 도커 허브 사이트에서 확인할 수 있고, 위의 깃허브 사이트 https://github.com/rocker-org/rocker를 확인해도 된다. 개발자들은 깃허브 사이트를 많이 사용하기 때문에 깃허브에 Dockerfile을 도커 허브 사이트와 연동하여 자동으로 빌드하는 시스템을 많이 사용한다. 자동화 빌드 시스템에 대해서는 다음 사이트를 참고하기 바란다.

- 자동화 빌드 시스템 구축: https://docs.docker.com/docker-hub/builds/

이를테면 r-base 이미지를 만드는 데 사용된 Dockerfile의 내용은 다음과 같다. Dockerfile에 사용되는 FROM, RUN, CMD 등은 도커 사이트에 잘 설명되어 있다. 그 나머지는 대부분 리눅스 명령어들이다. 리눅스의 패키지 관리 시스템인 Apt-Get을 많이 사용하는데, 이에 대해서는 https://help.ubuntu.com/12.04/serverguide/apt-get.html 사이트 등을 참고하기 바란다.

지금의 R 버전은 ENV R_BASE_VERSION 3.3.1로 되어 있는데, 버전이 3.3.2으로 변경될 경우, 깃허브에 있는 이 Dockerfile의 내용만 수정하면 자동화된 빌드 시스템에 의해 도커 허브 사이트에서 자동 빌드되어 항상 최신의 이미지를 얻을 수 있게 된다.

```
## Emacs, make this -*- mode: sh; -*-

FROM debian:testing

## This handle reaches Carl and Dirk
MAINTAINER "Carl Boettiger and Dirk Eddelbuettel" rocker-maintainers@
```

eddelbuettel.com

```
## Set a default user. Available via runtime flag `--user docker`
## Add user to 'staff' group, granting them write privileges to /usr/
local/lib/R/site.library
## User should also have & own a home directory (for rstudio or linked
volumes to work properly).
RUN useradd docker \
    && mkdir /home/docker \
    && chown docker:docker /home/docker \
    && addgroup docker staff

RUN apt-get update \
    && apt-get install -y --no-install-recommends \
        ed \
        less \
        locales \
        vim-tiny \
        wget \
        ca-certificates \
    && rm -rf /var/lib/apt/lists/*

## Configure default locale, see https://github.com/rocker-org/rocker/
issues/19
RUN echo "en_US.UTF-8 UTF-8" >> /etc/locale.gen \
    && locale-gen en_US.utf8 \
    && /usr/sbin/update-locale LANG=en_US.UTF-8

ENV LC_ALL en_US.UTF-8
ENV LANG en_US.UTF-8

## Use Debian unstable via pinning -- new style via APT::Default-Release
RUN echo "deb http://http.debian.net/debian sid main" > /etc/apt/sources.
list.d/debian-unstable.list \
    && echo 'APT::Default-Release "testing";' > /etc/apt/apt.conf.d/
    default
```

520

```
ENV R_BASE_VERSION 3.3.1

## Now install R and littler, and create a link for littler in /usr/
local/bin
## Also set a default CRAN repo, and make sure littler knows about it too
RUN apt-get update \
    && apt-get install -t unstable -y --no-install-recommends \
        littler \
                r-cran-littler \
        r-base=${R_BASE_VERSION}* \
        r-base-dev=${R_BASE_VERSION}* \
        r-recommended=${R_BASE_VERSION}* \
        && echo 'options(repos = c(CRAN = "https://cran.rstudio.com/"),
        download.file.method = "libcurl")' >> /etc/R/Rprofile.site \
        && echo 'source("/etc/R/Rprofile.site")' >> /etc/littler.r \
    && ln -s /usr/share/doc/littler/examples/install.r /usr/local/bin/
    install.r \
    && ln -s /usr/share/doc/littler/examples/install2.r /usr/local/bin/
    install2.r \
    && ln -s /usr/share/doc/littler/examples/installGithub.r /usr/local/
    bin/installGithub.r \
    && ln -s /usr/share/doc/littler/examples/testInstalled.r /usr/local/
    bin/testInstalled.r \
    && install.r docopt \
    && rm -rf /tmp/downloaded_packages/ /tmp/*.rds \
    && rm -rf /var/lib/apt/lists/*

CMD ["R"]
```

로컬 컴퓨터로 가져온 이미지들을 나열하기 위해서는 docker images라는 명령을
사용해야 한다.

```
$ docker images
```

이미지를 통해 컨테이너를 실행할 때는 docker run 명령을 사용한다. 이 명령을 사용할 때는 앞에서 설명한 세 가지 실행 모드에 신경 쓸 필요가 있다. 그리고 데몬 방식으로 실행하는 경우에는 포트를 지정해야 한다.

rocker/rstudio 컨테이너를 실행하는 방법은 다음과 같다.

```
$ docker run -d -p 8787:8787 rocker/rstudio
```

앞에서 -d와 -p 옵션을 사용하는 이유를 설명했다. 이 경우에는 RStudio Server를 사용하며, 이는 브라우저를 통해 접근한다. 이와 같은 이유 때문에 -d 모드를 실행했고, 그 포트를 8787:8787로 정했다. 따라서 웹 브라우저에서 http://localhost:8787 을 입력하면 접근할 수 있다. 아이디와 패스워드는 rstudio와 rstudio이다.

rocker/r-base 컨테이너를 실행하는 경우에는 다음과 같이 해야 한다. -i, -t 옵션을 사용하는 이유는 앞에서 설명했다.

```
$ docker run -i -t rocker/r-base
```

현재 실행 중인 도커 컨테이너 리스트를 보는 방법은 다음과 같다.

```
$ docker ps
```

ps는 프로세스의 약자다. 도커는 소프트웨어를 프로세스 단위로 실행한다. 실행했던 모든 프로세스를 보기 위해서는 끝에 -a 옵션을 사용하고, 마지막으로 실행한 프로세스를 보기 위해서는 -l 옵션을 사용한다.

```
CONTAINER ID       IMAGE               COMMAND        CREATED
STATUS             PORTS               NAMES
374ab54d6922       rocker/rstudio        "/init"        3 seconds ago
Up 3 seconds       0.0.0.0:8787->8787/tcp  stoic_wright
```

docker ps 명령을 실행해 보면 컨테이너 아이디CONTAINER ID라고 하는 것이 있는데, 이렇게 모든 컨테이너는 고유한 아이디를 가지고 있다.

만약 앞에서 rstudio 컨테이너를 데몬 방식으로 실행 중이라고 했을 때, 이를 중단하기 위해서는 docker stop이라는 명령과 함께 그 아이디를 써 주면 된다. 예를 들어 그 아이디가 e8caf4f8c58b라면 다음과 같은 방법을 사용한다.

```
$ docker stop e8caf4f8c58b
```

이 상태에서 docker ps 명령을 실행하면 아무것도 없다는 것을 확인할 수 있다. 다시 시작하려면 docker start라는 명령에 아이디를 주면 된다. 만약 아이디가 기억나지 않는다면 이전 프로세스들을 모두 출력하는 docker ps -a 명령으로 확인하면 된다.

```
$ docker start e8caf4f8c58b
```

이 아이디 대신 이름을 사용해도 된다.

```
$ docker stop stoic_wright
```

사실 이것은 자동으로 부여된 이름인데, 사용자가 직접 이름을 부여할 수 있다. 컨테이너를 실행할 때 --name이라는 옵션을 사용하여 이름을 부여할 수 있다. 가급적이 이름을 사용할 것을 권한다.

```
$ docker -d -p 8787:8787 --name mytrial rocker/rstudio
```

이렇게 하면 이름이 mytrial로 부여된다. 이 이름은 하나의 컴퓨터 안에서 고유해야 한다. 이 이름은 컨테이너 아이디 대신 사용할 수 있다. 이를테면 다음과 같은 방법으로 컨테이너를 중지할 수 있다.

```
$ docker stop mytrial
```

이런 이름은 해당 컨테이너를 지정하는 용도 외에 여러 가지가 있는데, 자세한 내용은 Docker 공식 사이트를 참고하기 바란다.

rocker/r-base 사용

rocker/r-base는 맥의 터미널이나 윈도우의 명령 프롬프트에서 실행하는 것과 유사하다. 다만 이 경우에는 그래픽 창이 없기 때문에 플롯을 만들어도 볼 수 없다. R의 리눅스 버전이라고 생각하고 사용하면 된다.

```
$ docker run -it rocker/r-base
```

위에서처럼 -i 옵션과 -t 옵션은 함께 사용하는 경우가 많기 때문에 대부분 붙여서 사용한다. 종료할 때는 Ctrl+D를 누른다.

rocker/rstudio 사용

rocker/rstudio의 사용법은 다음 사이트를 참고하기 바란다.

- rocker/rstudio 설명 사이트: https://github.com/rocker-org/rocker/wiki/Using-the-RStudio-image

rocker/rstudio에는 R 베이스와 RStudio 서버가 포함되어 있다. 이 서버를 구동할 때는 앞에서 설명한 대로 보통은 데몬 방식(-d) 옵션을 쓰고, -p 옵션으로 포트를 맞춘다. 그래서 다음과 같은 방법을 주로 사용한다.

```
$ docker run -d -p 8787:8787 rocker/rstudio
```

도커 커맨드라인 인터페이스에 이렇게 명령한 후 웹 브라우저를 열고 http://local host:8787로 접근하여 RStudio 서버를 사용한다. 유저네임과 패스워드는 모두 rstudio를 사용한다.

이렇게 하여 데몬 방식으로 rocker/rstudio를 실행한 후 RStudio 서버를 사용하는 경우에는 셸로 접근하여 뭔가를 할 필요가 있다. 이 경우에는 docker exec 명령을 사용한다. 이 명령은 현재 실행 중인 컨테이너에 접근할 때 사용하는데, 주로 데몬 방식으로 실행되는 컨테이너에 인터랙티브 모드로 들어갈 때 사용한다.

이 명령에는 사용 중인 컨테이너의 아이디를 주고, 컨테이너 안에서 실행할 명령어를 입력한다. 먼저, 앞에서 소개한 docker ps 명령을 사용하여 docker/rstudio의 컨테이너 아이디들을 확인한다. 예를 들어, 아이디가 4da99f59beca이라면 다음과 같이 해야 한다.

```
$ docker exec -i -t 4da99f59beca /bin/bash
```

리눅스는 사용자 계정에 따라 그 권한이 뚜렷하게 구분되는 시스템이다. 위와 같은 방법으로 rocker/rstudio를 실행한 경우에는 권한이 없기 때문에 셸로 가서 라이브러리 등을 추가할 수 없다.

이 경우에는 rocker/rstudio를 실행하면서 -e ROOT=TRUE라는 옵션을 주면 해결된다. 이렇게 하면 RStudio의 메뉴에서 Tools > Shell...로 들어가 R을 실행하거나 셸을 조작할 수 있다.

```
$ dockr run -d -p 8787:8787 -e ROOT=TRUE rocker/rstudio
```

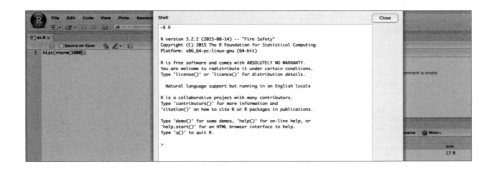

rocker/shiny 사용하기

rocker/shiny는 R 베이스에 Shiny 서버가 들어 있는 컨테이너다. 자세한 설명은 다음 사이트를 참고하기 바란다.

- rocker/shiny 설명서: https://github.com/rocker-org/shiny

rocker/shiny 컨테이너는 기본적으로 다음 명령을 사용하여 실행한다.

```
$ docker  run -d -p 3838:3838 rocker/shiny
```

이름(--name) 옵션을 사용하는 경우에는 다음과 같이 해야 한다.

```
$ docker run -d -p 3838:3838 --name myshiny rocker/shiny
```

앞에서도 설명했지만, 이것은 Shiny Server를 데몬 방식(-d)으로 실행하는 것이다. 호스트의 포트(앞의 3838)를 컨테이너의 포트(뒤의 3838)로 포트를 맞추었고, 그 이름을 myshiny(--name myshiny)라고 지정하여 실행한다. 이 명령을 실행하면 웹 브라우저에서 http://localhost:3838로 샤이니 서버에 접근할 수 있다.

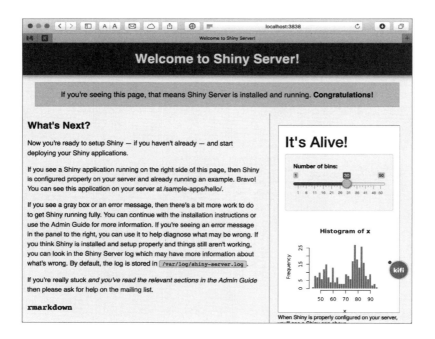

데이터 볼륨과 실행 컨테이너에 접근

앞의 rocker/shiny 이미지를 통해 도커의 볼륨^{volume} 개념과 실행 컨테이너에 접근하는 docker exec 명령의 사용법을 알아보자.

이전 장에서도 설명했지만 Shiny Server 프로그램은 기본적으로 /srv/shiny-server 폴더에 있는 앱들을 서빙한다. 우선 다음과 같이 도커 컨테이너가 실행되었다고 가정해 보자.

```
$ docker run -d -p 3838:3838 --name myshiny rocker/shiny
```

우선 이 컨테이너의 /srv/shiny-server에 접근해 보자. 인터랙티브 툴이 없기 때문에 현재로서는 접근할 방법이 없다.

앞에서 이렇게 데몬으로 실행되는 컨테이너에 접근하기 위해서는 docker exec 명령을 사용한다고 했다. 우리는 이름을 myshiny라고 정했기 때문에 다음과 같이 할 수 있다.

```
$ docker exec -i -t myshiny /bin/bash
```

이 명령을 실행하면 루트 유저로 해당 컨테이너로 들어간다. 이제 해당 위치로 이동해 보자.

```
$ cd /srv/shiny-server
$ ls -al
```

아마도 샤이니 패키지에 포함된 예제 앱들이 나열되어 있을 것이다. 예를 들어 04_mpg가 있다. 04_mpg 앱이 서버에서 실행되는 것을 보려면 주소 창에 http://localhost:3838/04_mpg/라고 입력하면 된다.

당신이 샤이니 앱을 하나 만들었고, 이를 이 컨테이너를 통해 실행해 보고 싶다고 가정해 보자.

'샤이니 앱을 srv/shiny-server 폴더로 옮겨놓으면 Shiny Server가 실행해 주겠지' 라는 생각을 할 수 있다. 맞는 말이기는 하지만 보통은 그렇게 하지 않는다.

도커를 사용할 때는 데이터와 프로그램을 분리하여 사용한다고 생각하는 것이 좋다. 그리고 도커 컨테이너에 데이터를 사용하려면 볼륨^{volmune}이라는 개념을 사용한다. 우리 주변에서는 볼륨을 마운트하여 사용한다는 이야기를 많이 한다. 도커에서 일반적인 볼륨 사용법은 https://docs.docker.com/v1.10/engine/userguide/containers/dockervolumes/를 참고하기 바란다.

볼륨을 마운트할 때는 docker run 명령의 -v 옵션을 사용해야 한다. 다음과 같은 형식으로 사용한다.

```
$ docker run -v 호스트 절대 경로:컨테이너 절대 경로 ......
```

rocker 프로젝트에서 사용자 데이터를 사용하기 위한 볼륨에 관한 내용은 https://github.com/rocker-org/rocker/wiki/Sharing-files-with-host-machine를 참고하기 바란다.

맥이나 윈도우를 사용하는 경우에는 도커를 실행하는 도커 데몬이 맥이나 윈도우 파일 시스템에 대한 접근이 매우 제한되어 있기 때문에 맥인 경우에는 /Users/..., 윈도우의 경우에는 C:\Users 아래에 디렉터리를 만들고 이 폴더를 서로 연결해야 한다.

이를 테면 나의 맥에서 /Users/my_shiny_apps 디렉터리에 샤이니 앱을 놓는 경우에는 다음과 같은 방법을 사용해야 한다.

```
$ docker run -d -p 3838:3838 -v /Users/my_shiny_apps:/srv/shiny-server
rocker/shiny
```

윈도우의 경우, C:\Users\my_shiny_app에 샤이니 앱을 놓는다면 다음과 같이 해야 한다. 도커가 리눅스를 기준으로 하기 때문에 원래의 윈도우 경로를 지정하는 방법과 조금 다르다.

```
$ docker run -d -p 3838:3838 -v /c/Users/my_shiny_apps:/srv/shiny-server
rocker/shiny
```

이렇게 하면 Shiny server가 실행될 때 호스트 컴퓨터에 있는 /Users/my_shiny_apps에 있는 내용을 서빙하게 된다.

rocker/hadleyverse와 재현 가능 저술 환경 구축

rocker/hadleyverse 이미지는 R, RStudio 서버, 레이텍(영문), 흔하게 사용되는 R 패키지들을 포함하고 있다. 사용하는 방법은 기본적으로 rocker/rstudio와 같다. 그래서 이 책에서 주로 사용한 .Rmd 문서를 사용하여 재현 가능 문서 제작 환경을 구현한다.

그런데 한글을 사용하는 입장에서는 부족한 부분이 있다. 우선 레이텍이 설치되어 있기는 한데, 시험 삼아 사용해 보면 한글을 위한 ko.tex, 한글 폰트가 설치되어 있지 않고, XeLaTeX 또한 설치되어 있지 않다. 나중에 R 패키지가 필요할 수도 있다.

이 상황에서는 두 가지 방법을 취할 수 있다. 하나는 도커 파일을 다운로드하여 해당 내용을 넣은 후 빌드 과정을 거쳐 컨테이너를 얻는 방법이다. 다른 하나는 앞에서 배운 내용들을 가지고 필요한 부분을 컨테이너에 직접 추가로 설치하여 사용하는 것이다. 도커 파일을 다루는 것은 다음 절에서 간략하게 소개하고, 여기서는 두 번째 방법을 알아보자.

우선 rocker/hadleyverse를 다음과 같이 실행해 보자. 포트는 8888를 사용한다. 도커 커맨드라인 인터페이스에서 다음과 같이 실행한다.

```
$ docker run -d -p 8888:8787 rocker/hadleyverse
```

그런 다음 웹 브라우저로 이동하여 http://localhost:888과 rstudio/rstudio를 각각 입력하고 로그인하여 사용한다. 여기서 지금까지 해 왔던 방법으로 알마크다운 파일을 만들고, 문서를 렌더링해 본다. 영문만 들어가 있는 경우에는 문제가 없지만 한글이 들어간 PDF 문서는 렌더링되지 않고, XeLaTeX도 설치되어 있지 않다는 것을 알 수 있을 것이다. 이를 위해 소프트웨어를 컨테이터에 설치할 필요가 있다. 이 경우에도 앞에서 본 docker exec 명령을 사용한다.

앞에서 했던 방법대로 docker ps를 실행하여 rocker/hadleyverse가 실행되고 있는 컨테이너의 아이디를 파악하고 docker exec -it 명령을 사용하여 셸로 접근한다.

```
$ docker exec -it 47d47defc50b /bin/bash
```

그러면 셸이 루트 계정으로 들어간다. 여기에서 앞의 디지털오션 서버에서 사용했던 명령을 사용한다. 루트 계정이기 때문에 앞의 sudo는 필요 없다.

```
$ apt-get update
```

그런 다음, ko.tex를 설치한다.

```
$ apt-get install ko.tex
```

다음으로 시스템에 나눔 폰트를 설치한다.

```
$ apt-get install fonts-nanum
```

다음으로 XeLaTeX를 설치한다.

```
$ apt-get install texlive-xetex
```

이것들을 설치하고 다시 브라우저로 되돌아와 문서를 렌더링해 본다. 이 책의 앞부분에서 설명한 한글 설정을 위한 파일을 새로 만들고, 필요한 사항을 넣은 후 이를 YAML 헤더에서 includes:의 서브나 in_header: preamble.tex로 불러 사용한다. xelatex 엔진을 사용하도록 지정한다. 이를테면 YAML 메타데이터 블록을 다음과 같이 지정한다.

```
---
title: "Untitled"
```

```
output:
  pdf_document:
    latex_engine: xelatex
    includes:
      in_header: preamble.tex
---
```

preamble.tex의 내용은 다음과 같다.

```
\usepackage{kotex}
\setmainfont{NanumGothic}
\setmainhangulfont{NanumGothic}
```

이렇게 docker exec 명령을 사용하는 대신, 처음 rocker/hadleyverse를 실행할 때 -e ROOT=TRUE라는 옵션을 사용하면 웹 브라우저의 RStudio 메뉴에서 Tools > Shell...로 들어가 sudo를 입력하고 앞의 명령들을 사용하여 필요한 내용들을 추가로 사용할 수도 있다. 결과는 둘 다 똑같다.

도커 파일 다루기

도커 파일Dockerfile은 플레인 텍스트로 도커 이미지를 생성하는 명세를 적어 놓은 파일을 말한다. 앞에서 '도커 시작하기 튜토리얼'을 공부했다면 간단하게나마 도커 파일로 이미지를 만들어 보았을 것이다. 자세한 도커 파일을 작성하는 자세한 문법은 도커 웹 사이트를 보고 공부하면 된다. 모든 것을 ABC부터 시작할 필요는 없다. 우리는 rocker/hadleyverse의 도커 파일을 얻어 우리가 필요한 사항을 추가한 후에 빌드해 보는 연습을 할 것이다.

우선 사용한 hadleyverse 디렉터리를 만들고, 여기에 rocker/hadleyverse의 도커 파일Dockerfile을 복사한다. 깃허브 사이트나 도커 허브 사이트에서 복사하면 되고, 파일명 자체가 Dockerfile이며, 확장자는 없다. 텍스트 에디터를 이용하여 이 파일을 열고 다음과 같이 바꾼다. 앞에서 살펴본 바와 같이 ko.tex, texlive-xetex, fonts-naum 패키지를 추가로 설치했다.

```
RUN apt-get update \
  && apt-get install -t unstable -y --no-install-recommends \
    aspell \
    aspell-en \
    ghostscript \
    imagemagick \
    lmodern \
    texlive-fonts-recommended \
    texlive-humanities \
    texlive-latex-extra \
    texinfo \
    texlive-xetex \
    ko.tex \
    fonts-nanum \
  && apt-get clean \
  && rm -rf /var/lib/apt/lists/ \
  && cd /usr/share/texlive/texmf-dist \
  && wget http://mirrors.ctan.org/install/fonts/inconsolata.tds.zip \
  && unzip inconsolata.tds.zip \
  && rm inconsolata.tds.zip \
  && echo "Map zi4.map" >> /usr/share/texlive/texmf-dist/web2c/updmap.cfg \
  && mktexlsr \
  && updmap-sys
```

원래 rocker/hadleyverse의 Dockerfile에서 다음 내용을 추가한 것이다.

```
texlive-xetex \
ko.tex \
fonts-nanum \
```

이렇게 수정하고 저장한 후 이 도커 파일을 빌드한다. 도커 커맨드라인을 사용하여 이 디렉터리로 이동한 후 다음 명령을 실행한다.

```
$ docker build -t hadley_hangul .
```

끝에 마침표가 있다는 것을 잊지 말자. 그러면 hadley_hangul라는 이미지가 만들어진다. 빌드를 하는 데는 시간이 좀 걸린다. 빌드를 마치면 docker iamges 명령으로 이미지가 완성되었는지 확인한다.

```
$ docker images
```

이렇게 완성된 이미지는 앞으로 계속 사용할 수 있고, 도커 허브에 올려 공유할 수도 있다.

먼저 도커 허브[2]에 등록한다.

다음 docker images로 완성된 이미지 아이디를 확인한다. 아이디가 5c1e57a39430라고 생각해 보자.

다음과 같이 docker tag 명령을 사용하여 새로운 태그를 준다.

```
$ docker tag 5c1e57a39430 koseokbum/hadleyverse_hangul
```

도커 커맨드라인 인터페이스에서 docker login을 실행하여 도커 허브에 접속한다.

```
$ docker login
```

다음 명령으로 도커 허브를 만든 이미지를 올린다.

```
$ docker push koseokbum/hadleyverse_hangul
```

웹 브라우저로 도커 허브에 가서 자신이 만든 이미지가 올라와 있는지 확인한다.

---

2 https://hub.docker.com

그림 19.2 이미지를 도커 허브에 올릴 수 있다.

그리고 이것을 공개한 상태로 두면 누구나 이것을 다운로드하여 사용할 수 있다. 다운로드할 때는 docker pull 명령을 사용한다.

```
$ docker pull koseokbum/hadleyverse_hangul
```

도커를 사용하여 웹 서버 설치하기

앞에서 도커 이미지로 도커 컨테이너를 만든 후에 이를 실행하는 방법을 살펴보았다. 도커 파일을 가지고 실제로 자신만의 도커 이미지를 만들 수 있다. 그런데 도커의 원래 목적은 로컬 컴퓨터에서 사용한다기보다는 웹에서 사용하는 데 있다. 이제 도커를 사용했을 때 얼마나 편리하게 웹을 구축할 수 있는지 알아보자. 여기서는 앞에서 사용했던 DigitalOcean을 사용할 것이다.

DigitalOcean에서 도커를 사용할 수 있는 드롭플릿을 구성하는 것은 간단하다. 디지털오션 사이트에 드롭플릿을 생성할 때 Applications 탭에서 도커를 포함하는 배포판Digital Ocean Docker Application을 이용하면 된다.

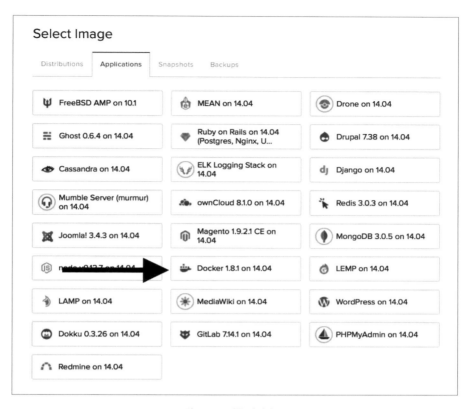

그림 19.3 도커를 가진 우분투

이 세팅은 이 가상 서버에 도커가 이미 구동되고 있는 상태를 만든다. ssh를 사용하여 서버에 접속한다. 다음을 실행해 보자.

```
$ docker info
```

만약, 이 서버에 앞에서 만든 koseokbum/hadleyverse_hangul을 설치하고 싶다면, 다음과 같이 해야 한다. 서버에 접속한 상태에서 다음 내용을 입력한다.

```
$ docker pull koseokbum/hadleyverse_hangul
```

이미지를 서버로 가져온다. 그런 다음 이것을 실행하면 된다.

```
$ docker run -d -p 8787:8787 koseokbum/hadleyverse_hangul
```

그러면 웹 브라우저에서 서버의 IP 주소에 8787 포트로 사용할 수 있게 된다.

정리

이 장에서는 rocker 프로젝트를 중심으로 도커에서 R을 사용하는 방법을 소개했다.

도커는 이보다 훨씬 많은 응용 범위를 가지고 있기 때문에 관심 있는 독자라면 별도로 공부할 필요가 있다. 도커 홈페이지를 이용하여 공부했다면, 다음 책이 도움이 될 것이다.

- Docker in Action:(Manning Publications, 2016)

| 찾아보기 |

통계 분석 너머 R의 무궁무진한 활용

워드/PDF/HTML 문서, 웹 사이트, 웹 애플리케이션,
다이내믹 데이터 시각화, 웹 북, 대시보드, 클라우드와 도커까지

인 쇄 | 2017년 1월 19일
발 행 | 2017년 1월 26일

지은이 | 고 석 범

펴낸이 | 권 성 준
편집장 | 황 영 주
편 집 | 나 수 지

에이콘출판주식회사
서울특별시 양천구 국회대로 287 (목동 802-7) 2층 (07967)
전화 02-2653-7600, 팩스 02-2653-0433
www.acornpub.co.kr / editor@acornpub.co.kr

한국어판 ⓒ 에이콘출판주식회사, 2017, Printed in Korea.
ISBN 978-89-6077-950-1
ISBN 978-89-6077-446-9 (세트)
http://www.acornpub.co.kr/book/infinite-r

이 도서의 국립중앙도서관 출판시도서목록(CIP)은 서지정보유통지원시스템 홈페이지(http://seoji.nl.go.kr)와
국가자료공동목록시스템(http://www.nl.go.kr/kolisnet)에서 이용하실 수 있습니다.(CIP제어번호: CIP2017001423)

책값은 뒤표지에 있습니다.